U0816842

会计学与财务管理系列

会计信息系统

（第三版）

毛元青　郭　红　主　编
鲁啸军　章刘成　副主编

科　学　出　版　社
北　京

内 容 简 介

本书主要介绍在信息技术日新月异的情形下会计信息系统的基本原理、开发方法和实际应用技术。本书内容共分两个部分 15 章。第一部分共 8 章，论述会计信息系统的理论内容，重点介绍了基本概念、开发方法、会计信息系统审计、企业资源计划中的会计信息系统和电子商务支付结算系统；第二部分共 7 章，主要讲解财务软件的实践内容，重点介绍了系统管理、总账、UFO 报表、薪资管理、固定资产、往来账管理，并用一个实例介绍会计信息系统的实现过程。全书涉及的知识面广，知识要点综合且交叉，深入浅出，简明易懂，结合作者多年教学经验，本着实用、创新原则编写而成。

本书可作为大专院校会计信息化、理财信息化、会计信息系统等课程的教材，也可作为职业技术学院和民办高校、成人教育的教材，而且对于财经类研究生以及从事会计信息化工作的人员，也是一本值得一读的参考书。

图书在版编目（CIP）数据

会计信息系统 / 毛元青，郭红主编. —3 版. —北京：科学出版社，2018.3

会计学与财务管理系列

ISBN 978-7-03-056112-1

Ⅰ. ①会… Ⅱ. ①毛… ②郭… Ⅲ. ①会计信息-财务管理系统-教材 Ⅳ. ①F232

中国版本图书馆 CIP 数据核字（2017）第 317129 号

责任编辑：王京苏 郝 静 / 责任校对：彭 涛
责任印制：张 伟 / 封面设计：蓝正设计

科 学 出 版 社 出版
北京东黄城根北街 16 号
邮政编码：100717
http://www.sciencep.com
北京厚诚则铭印刷科技有限公司印刷
科学出版社发行 各地新华书店经销
*
2007 年 8 月第一版 开本：787×1092 1/16
2012 年 3 月第二版 印张：18 1/2
2018 年 3 月第三版 字数：439 000
2022 年 7 月第二十次印刷

定价：45.00 元

（如有印装质量问题，我社负责调换）

“会计学与财务管理系列教材”编委会

顾　问　于玉林　曲晓辉

主　任　张　林　唐现杰

委　员　王福胜　田国双　常树春

孙长江　谭旭红　任秀梅

刘东辉　张劲松　徐　鹿

第三版总序

“会计学与财务管理系列教材”第一版于2007年5月出版，2012年系列教材再版，到2017年已历经10年时间，系列教材发行总量超过50万册，部分教材已经累计印刷数十次，全国有数十所高校的数万名师生使用了我们的教材，对这套教材给予了充分的信任与关注。在服务广大读者和师生的同时，系列教材得到了诸多荣誉：《基础会计学》《高级财务会计》《财务管理》《财务通论》《会计制度设计》被评为普通高等教育“十一五”国家级规划教材，并获得省级教学成果一等奖；《基础会计学》《财务管理》分别获得黑龙江省第十四届社科成果一等奖、二等奖；《基础会计学》《中级财务会计》《财务管理》《成本会计》被确认为省级精品课配套教材；《基础会计学》《成本会计》荣获教育部“十二五”普通高等教育本科国家级规划教材。一套系列教材能够获得如此多的奖励与成就，皆源于广大读者的支持与厚爱。

伴随着我国走进新时代，“创新驱动”“一带一路”倡议成为我国社会经济发展的重要战略，大数据、云计算、互联网、人工智能等新科技的高速发展，推动着新业态、新模式和新理念不断涌现；数字经济的迅猛发展更令会计和财务管理等相关专业人才培养重新思考、重新定位；新的会计规范出台，新的理论不断产生、完善，都要求我们的教材无论从内容上还是形式上与时俱进、不断更新完善，才能为培养出更多符合社会发展的创新型、应用型、复合型高素质专门人才提供支撑。为此，本系列教材进行第三次改版。承蒙读者们10年关注与厚爱，更加激励我们将此套系列教材打造成为精品，以成为“经典教材”为奋斗目标。

本次再版修订，本系列教材继续保持所具有的优势特色。

（1）知识体系完整，各教材内容相互紧密衔接。

（2）内容新颖全面，逻辑思维清晰严谨，知识点讲解准确，语言表述通俗易懂。

（3）理论与实际结合紧密，操作性、应用性强。

（4）习题资料及案例内容翔实，突出学生的能力训练和综合素质的培养。

（5）注重现实，放眼未来。许多教材中对学科研究前沿做出专题介绍，开阔学生视野，形成良好的专业发展引导和思维延展，培养学生创新意识。

此外，教材的主编又根据实际情况做出相应的修订，主要包括以下几种情况。

（1）由于社会发展、环境变化，所形成的新思想、新理念、新方法及科学研究新成果，在相应教材中予以反映。

（2）国家法规及会计准则、会计制度（如《政府会计制度》）等的修订，导致原有教材内容的不适应。

（3）增加最近几年出现的引起学术界普遍关注的经典商业案例。

（4）部分教材的习题资料进一步充实完善。

（5）由读者建议而适当调整的内容。

本系列教材在第三版修订中，得到科学出版社的责任编辑王京苏、郝静的大力支持，也得到许多读者提供的意见与建议。在教材编写过程中，借鉴和参考了国内外学者的相关研究成果，在此一并表示感谢。

张　林

2018 年 1 月

第二版总序

2007年5月，黑龙江省高校会计学教师联合会组织编写的“会计学及财务管理系列教材”由科学出版社出版发行，本套系列教材是中国科学院规划教材。其中，《基础会计学》《高级财务会计》《会计制度设计》《财务管理》《财务通论》被评为普通高等教育“十一五”国家级规划教材，并获得省级优秀教学成果一等奖；《基础会计学》《财务管理》分别获得黑龙江省第十四届社科成果一等奖、二等奖。本套系列教材的再版，是在原系列教材的基础上结合近几年国内外会计及财务管理领域理论、方法及应用的变化和教学内容、教学方法改革的需要，在保持原教材特色与优点的前提下，对会计学及财务管理专业领域的技术方法、阐述内容进行全面修订而形成的系列新作。

针对普通地方高校培养应用型、复合型人才需要的“会计学及财务管理系列教材”自出版至今，重印了多次，取得了很好的社会反响。此系列教材已成为哈尔滨商业大学、哈尔滨工业大学、东北农业大学、东北林业大学、东北石油大学、黑龙江大学、黑龙江八一农垦大学和黑龙江科技学院等多所高校经济管理类专业学生的专业课指定教材、硕士研究生入学考试教材，同时作为会计学和财务管理专业课教材，被国内多所高校选用。各高校的教师和同学在使用的过程中给予了此系列教材一致好评，认为此系列教材不仅详细地介绍了理论知识、专业技术，而且运用大量的案例将晦涩的理论知识变得易于理解和掌握，可以说很好地将理论与实践结合了起来，填补理论空白的同时，为学生日后的实践提供了很好的指导。越来越多的高校选择此系列教材作为经济管理类专业学生的指定用书。

虽然此系列教材自出版以来取得了一定的成绩，但是我们清楚地知道仍有很多地方需要修订及进一步完善。21世纪的头10年中，会计学及财务管理领域的发展日新月异，无论是国际、国内的理财环境，还是会计学及财务管理运用的具体方法都有了翻天覆地的变化，这也对会计学及财务管理的学习提出了更高的要求。在这样的大环境下，我们绝对不敢停下前进的步伐，必须紧跟发展的大潮，把握发展的方向，紧扣发展的脉搏，为会计学及财务管理的发展贡献力量，并为提高会计学及财务管理的教学质量而努力。各界同仁的支持与肯定就是我们发展的原动力，各方的质疑声更是我们改正的明镜，在各个方面的共同作用下，我们一定会越走越好。我们再版本系列教材的目的就是更好地为各位教师、同学服务，你们的满意就是对我们最大的肯定。

在再版“会计学及财务管理系列教材”的过程中，我们虽然收集了大量的素材，作了全面的准备，但是我们发现在相关理论、方法、实务的理解上仍然存在一定的差距，所以不可能对会计学及财务管理领域出现的所有问题都进行全面的阐述。加之编写人员学识所限，教材中难免有不恰当之处，恳请各位读者不吝赐教，以便进一步修订、完善。

“会计学及财务管理系列教材”的再版，借鉴和参考了国内外许多专家学者的研究成果，在此一并表示感谢！

2011 年 6 月

第一版总序

21 世纪是一个以网络化、信息化、数字化、知识化为重要特征的新经济时代。新时代飞速发展的市场经济对经济与管理类的专业教育提出了新的要求。顺其大势，我国会计学和财务管理学科的理论研究、实践改革和人才培养都呈现出一派前所未有的繁荣景象。这表明我国的会计学和财务管理学科正以蓬勃的生机向前发展着。随着我国市场经济和现代企业制度的建立和逐步完善，新世纪的会计、财务管理教育面临新的挑战。因此，培养通晓商业惯例和会计准则，掌握财务与会计管理技术与方法，适应 21 世纪市场竞争的高级财务与会计管理人才，已经成为普通高等院校会计学与财务管理专业人才培养的基本目标。

2006 年 2 月，新会计准则和审计准则的颁布以及 2007 年 1 月 1 日新会计准则在上市公司的实施，是我国会计改革进程中的一次重大举措，会计热又一次被推向了高潮。为了更好地将新会计准则贯彻下去，更快地让学生掌握新的会计准则体系，适应新准则下的财务与会计管理工作，我们借鉴了国内外优秀的会计和财务管理类教材，以新会计准则和新审计准则为基础，编写了会计学及财务管理专业系列教材，共计 20 本，包括：《基础会计学》《会计学》《中级财务会计》《高级财务会计》《成本会计》《会计制度设计》《政府与非营利组织会计》《审计学》《财会专业英语》《财务管理》《财务通论》《公司财务》《高级财务管理》《管理会计》《财务报告分析》《国际财务管理》《会计信息系统》《证券投资与评估》《资产评估》《纳税筹划理论与实务》。其中，《基础会计学》《高级财务会计》《会计制度设计》《财务管理》和《财务通论》被评为普通高等教育“十一五”国家级规划教材。

本套系列教材由黑龙江省高校会计学教师联合会组织编写，由科学出版社出版。我们认为在大众化教育的背景下，集中各校优势，通过合作方式实现教学资源优化配置，编写一套适用于普通地方高校培养应用型、复合型人才要求的教材，对加强各校的合作交流、推动师资培养、促进相关课程的教学改革，是一件一举多得的好事。编审委员会由哈尔滨商业大学、哈尔滨工业大学、东北林业大学、东北农业大学、黑龙江八一农垦大学、大庆石油学院、黑龙江大学、黑龙江科技学院、齐齐哈尔大学、哈尔滨理工大学 10 所高校的教师组成，其中包括教学经验丰富、学术造诣较深的老教师，风华正茂的中年教师以及具有足够成长后劲的青年骨干教师。本系列教材的主编均由教学经验丰富的教授担任。

我们从多年的教学实践中深切感受到，教材和教学质量有着十分密切的关系。教材规定了教学内容，是教师授课取材之源，也是学生求知和复习之本，没有优秀的适用教材，也就无法提高教学质量。丢开教材，欲求提高教学质量，不啻缘木求鱼。换言之，没有优秀的教材，就没有优秀的高等教育；没有高质量的人才培养，就没有高水平的大学。我国目前各高等院校会计学专业和财务管理专业所使用的教材，尽管版本众多，内容和结构有所差别，各校可选择的空间较大，但仍有进一步改革之必要。这是因为：第一，目前各高校所使用的教材，大都编写于21世纪初，很多都没有体现2007年实施的新会计准则，再加上计算机、网络技术和电子商务的不断发展，原有的教材内容需要大范围的更新；第二，随着会计和财务管理理论与实践的发展，人们对会计和财务管理的认识不断发生变化，对于原有教材的有些内容也需要在新的认识基础上重新解读，使学生能够在更宽广的视野和更高的层次上掌握会计和财务管理的专业知识；第三，尽管各种版本的会计和财务管理专业教材内容和结构都不尽相同，但是侧重理论教学、奠定科研基础、培养本科生毕业后从事研究工作的教材偏多，而适合于培养应用型、复合型人才的普通地方高校的教材却少之又少；第四，现有教材在体系结构上大多采用教材、案例、习题相分离的编排形式，而且有的教材根本没有案例，这给强调动手能力和实际操作能力的大众化教育模式的专业课教学带来诸多不便，需要加以改进。正因为如此，我们在不断反思会计与财务管理教育改革与创新培养目标、不断修正完善教学计划的基础上，摸索培养特色人才的新定位、新理念、新途径，针对现有教材存在的缺点，改善以往简单地选用重点大学教材的状况，编写了本系列教材，力图为普通地方高校会计学和财务管理专业提供一套具有理论性、实践性、指导性的优秀教材。这套系列教材的编写本着务实、求新、继承与开拓的精神，定位于会计学、财务管理本科专业必修课，是对两个专业本科教学内容的总体设计和完善，目的是为进一步建立和完善会计学和财务管理学科体系奠定基础，以求通过科学、先进、实用的教学体系培养出适合我国经济发展需要的会计和财务管理应用型和复合型人才。为了保证教材具有高起点、高质量，我们在编写与出版过程中突出以下三点：①“质量第一，开拓创新”是编写教材的指导思想。通过本系列教材，期望展示我们各所学校的教学改革和教材建设的成果。②以“借鉴国际通用教材体例、实现系列教材的国际化风格”为编写教材的基本原则。广泛借鉴国际流行的教材编写风格，适应新世纪人才培养的新要求。③以“主编负责，合约约束”为质量保证手段。

本套教材主要体现了以下几个特点。

（1）内容新颖全面。本系列教材的编写建立在新颁布的《企业会计准则》《企业会计准则——应用指南》《审计准则》《公司法》《证券法》等制度和法律的基础上，融合了新准则、新法规中的新规定，是新准则颁布之后较早、较全的一套系列教材。其中，不仅体现出了会计专业教材中的很多具体准则变化的业务处理（例如《企业会计准则——金融工具确认和计量》《企业会计准则——资产减值》），而且财务管理相关知识的最新变化也同样出现在本套系列教材中（如新《公司法》中关于利润分配的变化、财务报表分析中财务指标的变化）。

会计是一种国际商业语言，随着世界经济的一体化、市场竞争的国际化，需要国际惯例协调的范围越来越广，所以在系列教材的编写过程中，我们参考了相当多的会计学和财务管理学方面的经典国际知名教材，以国际会计最新发展趋势为依据，充分体现我国的会计准则和国际准则的实质性趋同，力争使本套教材成为教师指导学生的一个有用工具，使学生能够通过学习教材掌握最新的财务与会计知识的专业技能，同时具有国际“变通”能力。

（2）系统性和可操作性。系统性是指本系列教材体现了知识体系的架构、知识点的交叉渗透，以及各自的逻辑关系。一方面，在内容结构体系安排上体现了由简单到复杂、由易到难的渐进过程，适用于教与学。另一方面，在内容选择和体例编排上都充分考虑了不同阶段、不同知识结构学生的需要，基本解决了教学层次多，但教材单一、内容滞后的矛盾。两个专业的教材分别包括了初级（如《基础会计学》《财务通论》）、中级（如《中级财务会计》《公司财务》）和高级（如《高级财务会计》《高级财务管理》）三个层次的教学内容，而且最大限度地避免了课程内容的交叉与重复。本套教材的可操作性主要体现了理论与实际的紧密联系，强调实际操作能力的培养，从培养应用型、复合型人才的宗旨出发，各教材根据需要设置了复习思考题、计算分析题及案例分析等，旨在培养学生独立思考、独立处理业务、独立解决问题的能力。

（3）便于教师教学和学生学习。为了方便教师教学和学生学习，在每部教材中均安排了如下内容：①每章前面设有导言和重要概念，章后有小结；②注重对习题和案例的编写，每章后面根据需要设置有复习思考题（其中包括简答题、计算题）和案例分析。如此安排便于学生明确各章学习重点并对学习内容产生兴趣。通过大量的习题和经典案例，让教师的教学达到更好的效果，为学生的学习和理解提供了更好的工具，有利于锻炼学生综合分析问题和解决问题的能力。

（4）突出学生综合素质和创新能力的培养。我们认为，社会经济的发展状况将本科会计学和财务管理教育定位为：为企事业单位、金融机构和财务咨询或服务机构培养从事会计、理财工作和其他相关经济管理工作的具有综合素质的人才。这类人才应该具有以下特点：有很强的适应性；有不断吸收新知识的能力；有进一步发展的潜力；有一定的创新能力；有较高的综合素质；有国际化意识或全球意识。

作为培养新世纪高级应用型、复合型人才的系列教材，除了要强化学生的基础知识和基本技能以外，还应注意学生综合分析能力和判断决策能力的培养，引导学生打破常规、勇于创新，将素质教育融入教材之中。以学生自主创新能力培养为核心的教学，要求教师在完成必要的知识教学和技能培训目标的同时，培养学生的自主学习能力和创新能力，最终达到提高学生综合素质的目的。在编写教材时，每位作者都努力站在企业或组织的整体角度考虑和阐述问题，以期达到扩展会计学及财务管理专业学生视野的目的，实现对学生综合能力和创新意识的培养。

（5）突出现实性和适应性。根据新世纪人才的培养目标，本系列教材立足于我国国情和当前经济现实，与我国正在进行的市场经济建设相适应，具有较强的应用性。同时又面向未来，在吸收国际先进理论与技术方法的基础上，注意了我国普通地方高校本科教学的适用性。本套教材以新颁布的《公司法》《证券法》等法律规范为依据进行编写，以保证教材中介绍的会计、财务管理知识能够在新的法律环境下更好地应用。

本套系列教材能够顺利出版，要感谢哈尔滨商业大学等 10 所高校领导和教师们的大力支持，感谢科学出版社的鼎力帮助，感谢所有主编和参编人员的通力合作，感谢所有有关兄弟院校会计、财务管理界同仁多年来的友好协作与真诚关怀。不积跬步，无以至千里。

我们希望通过这套会计学和财务管理专业系列教材的编撰，能够对会计和财务管理的理论与实务做出一个相对清晰的描述和阐释。我们越深入这一过程，就越强烈地意识到，在传播会计和财务管理知识体系这一艰巨而复杂的任务中，我们尚处于开端处。尽管我们做了较长时间的准备，所有编写人员也付出了艰辛的劳动，但由于经济环境的迅速变化，对国内外现状的掌握不可能全面、透彻，加之编写人员学识所限，教材中难免有不妥甚至谬误之处，恳请读者不吝赐教，以便在今后修订时更正和完善。

2007 年 7 月

前　言

以信息技术为代表的新一轮科技和产业革命正在萌发，为经济社会发展注入了强劲动力，尤其是互联网、大数据、云计算、区块链、量子卫星、人工智能的迅猛发展，使经济生态和交易方式快速变革。会计行业作为推动经济发展、稳定金融市场的核心力量，必须跟上经济和技术发展的步伐，满足会计信息化发展的需求。

保证会计行业和会计信息化发展的基础是会计人才。会计人才不仅关系到提高会计行业核心竞争力、确保会计工作促进经济社会发展的职能作用有效发挥，而且关系到实施人才战略、建设创新型国家的大局。而会计人才的保证就是会计教育，特别是对高等院校的会计信息化教育提出了更高的要求。作为实现会计信息化教育的会计信息系统教材的重要性则毋庸置疑地凸显了出来。本书自 2007 年 8 月出版以来，被全国多所学校使用。这次是第三版的修订，仍保持了第二版教材编写的思路：从应用的角度出发，以实用性为重点，遵循由浅入深、循序渐进的原则，促使学生在知识、能力、素质等方面全方位提高；在内容和结构上继续突出了先进性、注重理论与实务的结合、突出学生应用能力培养的特点，进一步彰显了教材编写的案例化。在内容的组织结构方面，修改、更换了不合时宜的条文和章节，增加了相关的国家规范标准、当前环境下会计信息系统组成的最先进技术和方法。调整后的教材，整体框架更完善、重点更突出，使学习者能够系统地掌握应用、管理和评价会计信息系统的知识与技能。

本课程要求学生先修完计算机基础和会计学原理。由于目前全国各院校对本课程的培养要求、学生基础和教学时数都不尽相同，所以本书的教学目标分为基础、中级和高级三个层次。基础目标是使学生了解会计信息系统的基本知识，掌握一种商品化会计软件的操作使用（大约 24 学时）；中级目标是除了基础目标外，能组织本单位会计信息系统的规划、实施和实现后的管理维护工作（大约 45 学时）；高级目标是除了中级目标的要求外，要掌握会计信息系统开发的一般知识，能参与会计软件开发过程中的系统分析与设计，经过学生自己的努力和实践，也可从事会计软件的开发工作（大约 60 学时）。

参加本书编写和修订的共有七位老师，由哈尔滨商业大学毛元青和黑龙江科技学院郭红担任主编。他们的分工是：毛元青编写第一、二、三章、实验资料并负责全书的统编；郭红编写第六、七、八章；哈尔滨商业大学鲁啸军编写第四、五、九章；哈尔滨商业大学章刘成编写第十、十三、十五章；哈尔滨商业大学陈金昌编写第十一章；哈尔滨商业大学王宏伟编写第十二章；哈尔滨商业大学刘阳编写第十四章。

本书在编写过程中，参考和吸收了国内很多学者的相关研究成果，在此向有关作者表示谢意。在本书的编写和出版过程中，我们得到了用友软件股份有限公司的大力支持，在此表示衷心的感谢。

现代信息技术发展的日新月异，要求我们不断地更新课程的教学内容。本书不仅在内容上反映了现代信息技术应用的最新发展，而且在体系的组织上也做了精心调整，更加注重实用性、先进性；但由于内容的更新，书中不成熟之处恐难避免，敬请各位专家和读者批评指正。

编　者

2017 年 12 月

目 录

第一章

会计信息系统基础

在经济全球化和信息技术飞速发展的今天，企业信息化是带动企业各工作创新和升级，提升管理水平和竞争力的有力武器，企业信息化的难点不是技术，也不是资金，而是管理思想的转变和更新。我国企业的信息化历来是以会计信息化为起点展开的，会计信息系统是企业管理信息系统中的一个重要子系统，该系统产生了企业70%以上的信息，在企业管理中发挥着极其重要的作用，所以不实现会计工作的信息化也就谈不上企业管理的信息化。本章主要介绍会计信息化的目标与任务、会计信息系统的基本组成、企业会计信息化基本工作规范和会计信息系统的发展趋势。

【重要概念】 信息社会 信息 会计信息化 会计信息系统 XBRL 财务共享中心

第一节 信息社会与会计信息化

人类从远古开始就一直在同信息打交道，今天，信息、材料与能源已是客观世界的三大基本要素，尤其以计算机为核心的信息技术更以磅礴之势促进经济全球化和信息网络化的进程，形成了当今世界最为先进的生产力。

一、信息社会

20世纪是人类科技发展最为辉煌的世纪，其中始于40年代的信息技术革命，无论在深度还是广度上对人类社会进步和经济发展的影响，都远远超越了以往任何一次技术革命。尤其进入20世纪90年代以来，互联网的爆炸式发展以及它向人类社会的全方位渗透，终于催生了一种新的社会经济时代——信息社会。

信息社会又称知识社会，与原始社会、农业社会、工业社会一样，都是人类文明模式的一种。尽管学者至今尚无法准确地对这种经济形态做出全面阐述，但毫无疑问，它已经呈现出与工业社会明显不同的诸多特征。信息社会的主要特征及其与其他社会模式的区别如表1-1所示。

表1-1 信息社会的主要特征及其与其他社会模式的区别

特征	原始社会	农业社会	工业社会	信息社会
主要技术手段	石器、木器等	青铜器、铁器、犁、耕作制等	机器、电器、社会化生产等	信息技术以及遗传等其他技术
主要资源	天然食物	耕地、淡水等	矿产、资本、人力等资源	智力、知识、信息等资源
主导产业	采集、狩猎	农业	工业	第三产业、信息产业
社会管理方式	家庭、部落	家庭、社会组织	核心家庭、层次组织	网络组织、多样化组织
人类活动空间	群体聚集地	村落、区域、国家	国家和国际	全球范围
经济模式	原始农业经济	农业经济	工业经济	知识经济

信息技术是信息社会的核心支撑和本质内涵，它将对社会经济生活产生深远影响。以至未来学家阿尔温•托夫勒敏锐地指出："世界已经离开了依靠暴力与金钱控制的时代，而未来世界政治的魔力将在拥有信息强权的人手中，他们会使用手中掌握的网络控制权、信息发布权，利用英语这种强大的语言文化优势，达到暴力和金钱无法达到的目的。"

二、信息资源

信息社会以信息或知识为基础，那么到底什么是信息？其基本特征是什么？对管理有什么作用？下面我们就来回答这些问题。

（一）信息

信息（information）一般指人类一切知识、学问以及从客观事物中产生的各种消息的总和。但不同学科对信息的认识是不尽相同的，其中信息论认为信息是经过加工、具有一定意义的数据。例如，生产计划和会计报表都可以称为信息。

信息与数据是两个既密切联系又有明显区别的概念。数据是指可以记录、通信和识别的符号。信息以数据为载体，但只有经过加工之后获得的有用数据才能称为信息。例如"625"本身是一个数据，并不能说明什么，但当高考成绩处理完毕之后决定它为重点高校录取分数线时，它就是一个信息。

（二）信息的分类

信息可以从不同的角度进行分类。例如，按照应用领域可分为经济信息、社会信息、科技信息和军事信息；按重要性可分为决策信息、常规信息、战略信息、战术信息；按形式可分为数字信息、声音信息、图像信息；按处理方式可分为原始信息和综合信息等。

（三）信息的特性

信息具有共享性、准确性、时效性、可存储性、可传输性、有序性、可再生性以及适用性等特性。多数特性是不言而喻的，只需对个别特性稍做解释。其中，信息的有序性是指一系列信息的产生在时间上是连贯的、相关的和动态的，因而人们可以利用过去的信息分析现在、预测未来。信息的可再生性是指信息经过一系列分析、预测、挖掘等处理可以得到更加有价值的甚至以前未被发现的信息。信息的适用性是指信息的利用价值因人而异，如有关企业的综合信息、市场信息、竞争对手信息、国家产业政策信息，对企业决策者是最有用的，但对一般员工来说却是不重要的信息。

（四）信息是一种资源

信息与人、财、物都是企业的主要资源，其中后三种资源是有形的，我们统称为物质资源，而信息资源是无形的，我们称之为概念资源。在工业社会，人、财、物是企业成功的主要因素，但今天信息在生产力体系中的地位越来越突出，在某种程度上比其他资源更为重要，以至管理的艺术就在于善于驾驭信息，用概念资源来管理物质资源。可以说信息是管理的基础，是企业管理人员完成计划、组织、指挥、协调、控制等职能的依据。

现代企业的整个生产经营活动存在三种“流”，即物流、资金流和信息流。其中，物流是指从原材料等资源投入到转换为产品输出的过程中，物质形态变化的运动过程，包括采购、运输、库存、加工、外协、装配、存储、销售和发运。资金流指企业资金的运动过程，包括资金的筹集、运用和分配。信息流是为了实现管理职能，伴随物流、资金流所产生的信息传递过程。一方面信息流伴随物流和资金流而产生，另一方面管理者又可依据客观信息做出决策，再以决策信息控制物流和资金流的运动。

三、企业信息化及其任务

（一）企业的变革

当前企业的经营环境即客户、竞争和市场已经发生巨大的改变，不仅客户需求的个性化、多样化以及厂商竞争日趋激烈化，而且变化节奏加快，产品更新换代和新技术的应用都越来越快。为了敏捷反映市场和客户需求的变化，企业制造模式从单件制造、批量制造进入了敏捷制造阶段。敏捷的含义是有活力、对多变的市场需求响应灵敏度高、实现客户需求的反应时间短、有效满足客户需求。敏捷制造（agile manufacturing，AM）是一种基于信息技术的集中协作的制造模式。

（二）用信息技术获取企业竞争优势

信息技术对AM模式的形成和维持起了关键作用。它既为企业带来了发展的契机，又使企业面临严峻的挑战，给企业带来了一种全新的战略思维方式。当前，信息技术给企业竞争力已经带来如下影响。

1. 信息技术改变了企业竞争方式

企业之间的竞争逐步转变为直接面向消费者的竞争；从以产品或服务设计与管理为中心的竞争，转变为以产品或服务营销为中心的竞争；由成本与质量的有形竞争转变为争取消费者信心的无形竞争。

2. 信息技术扩大了企业竞争领域

信息技术超越时空的效应，一方面使企业的激烈竞争延伸到了网上，而且扩大了企业可以选择的供应商、销售商、制造商、目标市场的范围，意味着企业的竞争领域由区域化向全球化发展；另一方面使企业本身在地理位置上的分布也越来越广，跨国企业在越来越多的国家建立了子公司。

3. 信息技术影响了企业战略的制定

现代信息技术使企业的生产方式、组织结构、营销方式、内部协调、客户服务等方面都发生了重大的变革，企业原有的战略可能已经无法适应新的形势，结果必然引起企业竞争战略的转变。

企业管理者必须认识信息技术对企业竞争力的影响，创造条件建立信息技术平台和信息系统，实现企业信息化，用信息技术获取企业竞争优势。

（三）企业信息化及其内涵

企业信息化是以开发和利用企业内外部信息资源为出发点，利用现代信息技术以提高效率和效益、增强企业竞争力为目的，实现企业现代化管理的过程。企业的主要任务是产品的设计、生产、营销以及伴随发生的管理活动，因此企业信息化必须覆盖业务信息化与管理信息化两个方面，具体包括以下几方面的内容。

1. 产品设计信息化

产品设计信息化即通过采用计算机辅助设计（computer aided design，CAD）或仿真模拟技术加速产品的研发，实现设计自动化，缩短产品设计周期，降低产品设计成本。

2. 生产过程信息化

生产过程信息化即通过电子信息和自动控制技术对生产过程的制造、测量和控制实现自动化，为此企业需要采用计算机辅助制造（computer aided manufacturing，CAM）以及其他自动控制技术控制生产过程，以减轻人们的劳动强度和提高产品的质量。

3. 管理信息化

管理信息化即实现计划、财务、人事、物资、办公等方面的管理自动化。为此企业方面要建立管理信息系统（manage information system，MIS）、决策支持系统（decision support system，DSS）、专家系统（expert system，ES）以及办公自动化系统（office automation，OA），还有近来成为热门话题的企业资源规划（enterprise resource planning，ERP）、供应链管理（supply chain management，SCM）、客户关系管理（customer relationship management，CRM）等。

4. 商务营运信息化

商务营运信息化即基于 Internet 实施全过程的电子商务，包括广告浏览、市场调查、谈判、网上订货、电子支付、货物配送、售后服务等全程信息化。

（四）企业信息化的任务

企业信息化的实现是一个过程，需要做好总体规划，明确目标，按效益驱动的原则分期实施。具体工作包括如下几方面。

（1）开发信息资源。要规范企业各类数据，按集成的需求分类编码，建立相应的数据库。同时，还要制定信息资源开发的有关规章制度，按物流、资金流及业务流来组织信息流，建立相应的加工方法。

（2）建设企业信息化的基础设施。如建设数据采集设备、用于生产过程的控制系统、用于辅助设计和辅助管理的计算机系统以及覆盖企业的通信网络系统。

（3）开发信息系统。例如支持制造的控制系统、辅助设计系统以及管理信息系统。为此，必须调整组织机构，对业务流程进行适当重组，以支持这些信息系统的集成。

（4）对企业各级人员进行培训，使他们了解信息化的基础知识，学习信息技术并应用到自己的业务活动中。企业领导也应该接受培训。

四、会计信息化

会计信息化是企业信息化的一个重要组成部分，其目标是通过建立会计信息系统或借助其他理财工具，实现财务与会计工作的现代化。

（一）会计信息化的基本内容

会计信息化包括财务会计、管理会计、财务管理的计算机普及应用，主要包括如下内容。

1. 财务会计信息化

财务会计信息化俗称会计电算化，是会计信息化的早期目标，即用计算机代替手工来完成诸如记账、算账、报账等会计核算工作。这个目标在20世纪90年代中期就从技术上全面实现，从而提高了会计工作效率，改善了会计信息的质量，及时为企业提供经济活动的信息。

2. 管理会计与财务管理信息化

管理会计与财务管理信息化以业务流程重组为基础，利用现代信息技术集成和控制企业管理活动中的所有信息，基于复杂的数学模型与分析工具，提供经营预测、决策、控制和分析手段，实现企业内外财务管理信息的自动处理以及共享利用，以分析过去、控制现在、规划未来，为企业正确决策和改善经营管理服务。

管理会计与财务管理信息化比财务会计信息化艰难得多，不能指望在短时间内依靠一种会计软件就可以实现。但可以肯定，其发展方向必定是用计算机辅助管理、定量与定性相结合、单目标向多目标综合管理。

（二）会计信息化的意义与基本任务

实现会计信息化是会计史上的一场革命，对会计科学本身以及对国民经济建设都具有重要的意义。

（1）可以减轻财务人员的工作强度，节省人员，提高工作效率。

（2）促进会计职能转变。

（3）全面、及时、准确地提供会计信息。

（4）提高会计人员素质，促进会计工作规范化。

（5）促进会计理论和技术的发展，推进会计管理制度的改革。

企业会计信息化的基本任务包括广泛的内容，如需要设置组织机构、制定发展规划、建立会计信息系统、培训会计信息化工作人员、制定会计信息化管理制度等。

（三）会计信息化的管理

由于会计信息处理关系到各方面的经济利益，世界各国特别是经济发达国家对会计信息化管理都比较重视。例如，美国注册会计师协会（American Institute of Certified Public Accountants，AICPA）在 1976 年就发布了管理咨询服务公告第 4 号《计算机应用系统开发和实施指南》。我国也十分重视会计信息化的管理工作，从 20 世纪 80 年代开始财政部以及各级财政部门就通过制度建设加强对其进行宏观管理。其中前期影响最大的是财政部 1994 年 6 月同时发布的三个有关会计信息化管理的文件，即《会计电算化管理办法》《商品化会计核算软件评审规则》和《会计核算软件基本功能规范》，以及 1996 年 6 月针对企业发布的《会计电算化工作规范》。这些制度涉及会计核算软件的开发、评审、使用，以计算机替代手工记账的审批，会计电算化后的会计资料生成与管理，商品化会计软件评审后的管理等诸多方面。2013 年 12 月 6 日财政部制定并印发、实行了《企业会计信息化工作规范》，对新时期企业的会计信息化工作做出了全面、详细的要求和规定（本章第三节有详细介绍），前期发布的四个相关文件同时废止。

第二节 会计信息系统

会计信息系统是一个将会计数据转换为信息的信息系统，由于会计在经济管理中的重要地位，无论它是一个独立的系统还是 ERP 的一个子系统，都是组织信息化的一个重要系统。

一、会计信息系统的基本概念

（一）会计信息系统的定义

会计信息系统是一个通过人或计算机对物流、资金流、信息流实施管理的信息系统，其目标是将会计数据转换为会计信息。从远古的结绳记事到今天的计算机记账，会计都是一种信息处理的科学。它所从事的就是数据的采集、存储、加工、传递和提供信息，为管理者进行预测、计划、控制和决策等管理活动服务，具有信息系统的全部特征，所以人们将会计称为会计信息系统（accounting information system，AIS）。

美国教科书一般认为“会计信息系统是基于计算机的，将会计数据转换为信息的系统。但我们更广泛地使用会计信息系统这一概念，使其包括交易处理循环、信息技术的使用以及信息系统的开发”。但我国教科书一般将会计信息系统作为企业管理信息系统（如 ERP）的一个子系统，内容不仅包括财务会计，而且包括管理会计甚至财务管理。其中财务会计信息系统已基本获得解决，而管理会计与财务管理信息系统正在艰难跋涉，这是会计信息系统今后发展的方向之一。

会计信息系统可以是手工系统，也可以是以计算机为工具的信息系统。本书阐述的是基于计算机的会计信息系统，“会计信息系统”一词指的就是计算机会计信息系统。

（二）会计信息系统的基本功能

会计信息系统必须具有会计信息处理、会计业务处理、会计组织管理以及辅助决策等功能。其中会计信息处理也包括数据采集、存储、处理、传输和输出五个方面的基本功能。会计数据的采集包括填制或取得原始凭证以及从企业内外取得其他数据，会计数据的处理指对收集到的会计数据进行分类、汇总、记账、制表等核算处理，以及在此基础上进行的分析、预测、计划与决策。

（三）会计信息系统的层次

会计信息系统根据功能和管理层次的高低，可以是会计事务处理系统，也可以是会计管理信息系统或会计决策支持系统。

（四）会计信息系统的基本模型

无论传统手工还是当前的计算机会计信息系统，其体系结构都是基于帕乔利所建立的会计循环和会计恒等式之上的，人们称之为DCA（debit and credit accounting）模型，它的核心思想是基于会计科目的分类。虽然近年来理论界和实务界对DCA模型有不少质疑，并且人们已经对帕乔利的思想做了许多次改进，但它的本质并没有改变，即使现代IT技术的应用也没有改变传统会计信息体系结构的本质。

但是毋庸置疑，计算机会计信息系统并非只在会计循环的自动化上下功夫，而且在许多方面都做了改良。例如，计算机会计信息系统可以实现多元分类，即除了按科目核算之外，还可以同时按部门、供应商、客户、职员、现金流量项目、专项资金，甚至企业方面自认为需要的项目进行分类核算，随时提供各种分类核算的汇总和明细信息，这就增加了会计信息的种类，提高了会计信息的质量，为企业管理提供有用的信息。

二、会计信息系统的特点

计算机会计信息系统是建立在会计循环和会计恒等式基础上的一个通用系统，其数据源仍然是历史的、能以货币计量的数据，具体有以下主要特点。

（一）遵循世界通用的复式记账原则

会计信息系统遵循复式记账的原则，即有借必有贷、借贷必相等，资产＝负债＋所有者权益，利润＝收入－费用。但是，技术手段的不同毕竟会带来核算方法的差异，计算机会计系统已经简化了会计循环，消除了手工会计下信息处理的许多技术环节，如平行登记、转账、结账、对账、编制报表等。

（二）收集会计凭证仍然是会计核算的起点

收集和确认会计凭证仍然是会计核算的起点，而且凭证都是最主要的数据源和最重要的会计档案。但计算机会计所接受的记账凭证除了手工编制部分外，有相当部分是由机器自动编制的，这就是所谓的电子凭证。电子凭证可以分为内部和外部两类。内部电子凭证主要指企业内部由计算机系统自动生成并通过局域网络传递的凭证，如其他业务系统自动编制的固定资产增减变动和折旧凭证、工资费用分配凭证。采购和销售的有关票据等都是内部电子凭证。外部电子凭证主要包括企业与外部的金融、供销、运输等单位以及政府部门之间发生的网上收付款电子票据以及购销业务票据，如电子支票、电子汇兑、网上托收承付票证、网上委托收款票据。

（三）简化会计循环并改善信息处理的质量

虽然会计信息系统仍然以会计恒等式和会计循环为基础，但已经简化了账簿体系和会计循环，消除了手工会计信息处理的许多技术环节，在整个会计循环中对会计人员的技术要求，只在于从原始凭证到记账凭证的编制和确认，并由此改善了信息处理的质量。

（1）实现多元分类。会计信息系统可以满足多元分类核算的需求，随时提供各种分类核算的汇总和明细信息。

（2）发展了会计方法或模型。由于数据采集和处理能力的极大提高，原来难以实现的复杂的数学模型和分析预测方法不再是空中楼阁，各种数学方法包括线性代数、量本利分析、回归分析、多元方程和高层次数据模型都可以在管理会计中应用。

（3）实现会计与业务的协同处理。这打破了会计核算与产品进、销、存业务之间的分割，使信息在会计和业务部门之间得到一定程度的共享。甚至实现物流、资金流、信息流的三流合一，各子系统高度共享信息，因而，会计不再是一个“信息孤岛”。

（4）实现分散处理和集中管理相结合的会计管理模式。分公司或派出机构可以随时随地将发生的经济业务输入计算机，并通过互联网将凭证直接存入集团总部的会计信息处理中心，由总部集中管理会计信息和编制报表。

（四）强化会计职能

计算机会计信息系统不仅改变了系统内部结构，也改变了会计与外部信息交换的方式和内容。尤其当企业实施 ERP 之后，不仅可以加强财务会计与业务部门的联系，对信息资源进行统一管理，实现数据的高度共享；而且可以通过远程处理与网上支付，实现网络财务管理，促使财务管理从静态走向动态，有利于集团公司、跨国企业的实时管理。网络财务的集中管理将强化主管单位对下属机构的财务监督，及时部署经营活动和做出财务安排，而且可以改变财务工作方式，实现移动和在线办公。目前，会计软件公司已经推出网上会计处理和理财服务，中小企业租用这种服务，既不用聘请专业财务人员，也不用购买会计软件，就可以获得专业水准的理财服务。

（五）会计内部控制程序化

由于会计数据的存储、处理方式以及会计工作组织的改变，手工条件下行之有效的一套内部控制制度受到了挑战，平行登记、试算平衡、签字盖章等许多控制方法已不再适用，而必须采取新的控制方法和技术，其中相当一部分要由计算机系统自动实现，即实现内部控制的自动化，如对操作权限、数据检验、处理过程、数据输出，都可由计算机系统自动进行控制。企业通过规章制度实现的控制除了集中在确保数据处理正常进行的环境控制之外，最重要的是对人工输入过程的控制。因为按照控制论的“黑箱”原理，只要输入数据正确就能获得预期的输出，所以企业只需控制输入数据的正确性。

三、会计信息系统的基本结构

会计信息系统的基本结构一般是指软件由哪些子系统组成以及相关子系统之间的联系。会计信息系统一般按会计职能来划分子系统，但由于软件公司对财务与会计的认识、理解、解决问题的方法和风格的差异，不同会计信息系统的基本结构不尽相同。一般可将会计信息系统分为财务会计、管理会计和财务管理三大职能系统，但由于管理会计与财务管理本来就存在功能重叠，所以我们将管理会计与财务管理归为一类。

1. 财务会计系统

财务会计系统一般包括总账（账务）、应收款、应付款、薪资、固定资产、存货、通用会计报表等职能子系统。

2. 管理会计与财务管理系统

管理会计与财务管理系统一般包括预算管理、项目管理、资金管理(筹资投资管理)、成本管理，财务分析、商业智能以及决策支持等功能子系统。此外，财务管理的许多功能还分散在财务会计的不少子系统中，如在应收款管理系统中就有账龄分析、周转分析、欠款分析、坏账分析、收款分析以及收款预测等管理功能。

此外，由于我国许多独立型的会计软件都具有一定的购、销、存业务处理与管理功能，这部分业务与财务往往实现协同处理，其中包括采购计划、采购管理、销售管理、存货管理和库存管理等子系统。

四、会计信息系统的主要子系统

会计信息系统的功能是通过各个子系统来实现的。由于不同软件的基本结构、业务性质都不尽相同，所以下面只简要介绍较常用的几个子系统的功能，加上系统与子系统是一个相对的概念，为了叙述的方便，我们把子系统直称为系统。

（一）总账系统

总账系统是会计信息系统的核心，其他职能系统必须直接或间接与它发生联系。总账系统的基本任务是记账、算账、对账、转账和结账，并生成和输出日记账、明细账、总账以及部分固定格式的报表。此外，总账系统一般还具有辅助核算与考核功能。

（二）应收款管理系统

应收款管理系统主要提供发票、应收单、收款单的录入、记账、核销与分析功能。具体可能包括客户信用控制、收款处理、现金折扣处理、单据核销处理、坏账处理、客户利息处理等业务功能，并提供业务分析、预测以及对应收票据的核算与管理等功能。

（三）应付款管理系统

应付款管理系统提供发票、应付单、付款单的录入、记账、核销与分析功能。具体包括付款处理、现金折扣处理、单据核销处理等业务功能，并进一步通过业务分析、资金流出预算、对应付票据的管理，动态反映各流动负债的数额及偿还流动负债所需的资金。

（四）薪资管理系统

薪资管理系统主要提供工资核算、工资发放、费用计提、统计分析等功能，并生成和输出相关的工资结算单、工资条或工资单、工资汇总表、费用分配表、票面分解表等。薪资管理系统还必须能自动编制转账凭证、计提个人所得税、银行代发、多次或分次发放等功能。

（五）固定资产管理系统

固定资产管理系统主要提供资产管理、折旧计提与分配、统计分析等功能。其中资产管理包括管理资产卡片、处理固定资产的增减变动、提供资产评估及资产减值准备功能。此外要生成资产增减变动与计提折旧的转账凭证，而且输出的账表也比较多。

（六）存货管理系统

存货管理系统主要核算企业存货的收发存业务，及时反映存货的入库、耗用和结存情况，准确地把各类存货成本归集到各成本项目和成本对象上，为成本核算提供基础数据，并动态反映存货资金的增减变动，提供存货资金周转和占用分析，为降低库存、减少资金积压、加速资金周转提供决策依据。

（七）通用会计报表系统

通用会计报表系统主要是提供一种机制让用户定义和生成各种对外与对内管理所需的会计报表，并在此基础上实现报表的汇总与分析。随着 Internet 的普及应用，报表系统应该逐步实现远程制表、汇总与分析功能，支持网上传输、合并报表等功能。

（八）成本管理系统

成本管理系统主要提供成本计划、成本核算、成本预测和成本分析等功能。其中，成本核算的基本任务是归集和分配成本费用，计算产品总成本和单位成本，计算和结转成本差异，并编制转账凭证给总账系统。成本预测指运用移动平均、年度平均增长率，预测部门总成本和任意产量的产品成本。

（九）资金管理系统

资金管理系统实现企事业单位对筹资、投资等资金管理方面的需求。系统以银行存贷单据、内部存贷单据为依据，记录资金或其他涉及资金管理方面的业务，处理对内或对外的收款、付款和转账业务。

（十）预算管理系统

预算管理系统通过对企业预算体系搭建、预算编制、预算调整、预算控制、预算分析全过程的管理，为企业的事前计划、事中控制、事后分析提供有效的工具和必要的手段。预算管理系统一般为企业提供编制全面预算体系、实现预算控制与预算执行分析等功能。

（十一）商业智能工具

商业智能工具主要借鉴人工智能、专家系统、决策支持系统的理论与方法，采用数据仓库、联机分析处理（on-line analytical processing，OLAP）、数据挖掘等技术，通过对企业财务数据的重新组织、综合查询和分析，致力于发掘现存数据的深层关系，用以提高战略决策水平和改善企业绩效管理，为管理决策服务。在会计软件或ERP中引入商业智能工具将是一个新的发展趋势。

（十二）决策支持系统

决策支持系统是财务决策科学化的一个重要工具，用于辅助解决多样化和不确定性的财务决策问题。目前会计软件中的决策支持系统主要实现综合查询、数据分析以及辅助决策和预测分析功能，为决策者提供不同角度、不同层次的信息。

五、会计信息系统的发展历程

会计信息系统在一定意义上俗称会计软件，在很大程度上决定了会计信息化的发展水平。随着社会需求的提高和信息技术的进步，会计软件不仅采用多种开发技术，而且功能也有长足进步。我国会计软件的发展历程按功能可以分为以下三个阶段。

（一）核算软件阶段

1996年以前我国会计软件基本属于核算型软件的范畴，主要实现会计账务以及工资、固定资产、应收、应付、存货、成本等业务核算，部分会计软件还具有采购、库存和销售等业务管理功能。这一阶段又可分为非商品化与商品化两个阶段，其中，财政部从1989年开始评审商品化通用会计核算软件。

（二）管理软件阶段

我国1996年和1998年先后提出发展管理型会计软件和企业管理软件，随后用友UFERP、金蝶K3ERP相继推出，我国会计软件跨上了一个新的台阶。管理型软件初步实现了财务会计与管理会计融合，现在不少系统的管理会计软件部分已经具有较强的预算管理、资金管理、成本管理、项目管理、财务分析、决策支持功能。

（三）网络财务管理软件阶段

网络财务管理软件是建立在Internet/Intranet基础上的会计软件，与一般会计软件的区别是通过Internet实现远程处理和支持电子商务，实现事中动态会计核算与网络财务管理。例如，能直接执行网上付款或网上转账业务，伴随电子商务产生的各种票据也能直接进入会计软件系统。

除此之外，会计软件发展方向还有由手工型向智能型发展，由国内型向国际型发展等。

六、会计信息系统与手工会计信息系统的比较

（一）会计数据的采集

手工会计信息系统是由财会人员收集、填制、审核各种原始凭证，根据有关会计制度将反映经济业务的会计数据集中在记账凭证中。

在计算机会计信息系统中，会计数据的采集有多种方式。

（1）直接输入。财会人员根据原始凭证或记账凭证，通过输入设备将数据直接送入计算机，输入凭证文件中。

（2）间接输入。财会人员首先将会计数据存放在存储介质上，然后再将其转换成计算机所能接受的凭证，并保存在凭证文件中。如超市的营业员通过数据采集装置将当日的销售数据采集到磁盘或当地的计算机中，一天的营业结束后，超市将装有会计数据的磁盘送到总店，或通过计算机网络，将会计数据传送到总店，总店根据这些数据生成凭证，并保存在凭证文件中。

（3）自动输入。计算机自动编制凭证，如固定资产系统的计提折旧业务。

（二）会计数据的处理

在手工条件下，会计核算工作要由许多会计人员协作完成。出纳根据记账凭证登记现金日记账和银行存款日记账，由多个会计分别登记各自有关的明细账，总账会计负责登记总账并编制财务报表等。由于登记账簿工作由多个会计人员完成，不可避免地出现各种错误，所以要进行总账和明细账的核对、总账和日记账的核对。

在计算机会计信息系统中，只要人工输入有关的记账凭证，并经审核无误后，计算机可自动完成记账、算账、编制会计报表等一系列工作。而像材料核算和成本计算等复杂又受时间限制的核算内容，可由计算机按照一定的程序不厌其烦地计算，并可随时取数据，编制会计报表。相应的会计核算程序与变动主要在计算机上完成。

（三）会计信息的存储

在手工会计信息系统中，会计数据的收集、加工处理、会计报表的编制等都由人工完成，会计信息都是以纸介质形式保存，对会计资料的查询，也是以调阅纸质档案为基础。

在计算机会计信息系统中，无论是记账凭证、账簿，还是会计报表都是以磁介质为主、纸介质为辅的形式保存，但与手工会计信息系统相比，信息存储对环境和技术等提出了新的要求。

（四）会计信息的输出方式

在手工会计信息系统中，会计报告期末财会人员从账簿或其他资料中取得数据，并对其进行加工，按规定的格式编制成各种报表，并将报表发给企业管理者、投资人、税

务部门等信息的使用者。

在计算机会计信息系统中，会计数据保存在存储介质中，只要从存储介质中提取信息，即可输出。目前最常见的输出方式有以下几种。

1. 屏幕显示输出

屏幕显示输出即将存储介质中的会计数据，按照会计人员的需要输出到显示器上，如在计算机中查询有关的明细账。

2. 打印输出

打印输出即将存储介质中的数据，按照需要通过打印机将有关信息打印在打印纸上，如会计人员打印输出各种会计报表。

3. 软盘输出

软盘输出即将产生的有关信息输出到磁介质中，如将报表数据保存在软盘上，向主管部门报送等。

4. 网络输出

网络输出即通过计算机网络直接将信息从信息的提供者传送到信息的使用者。

（五）数据处理流程

数据处理流程主要包括如下两方面内容。

1. 手工会计处理流程

手工会计的处理流程一般有“记账凭证账务处理程序”“科目汇总表账务处理程序”“汇总记账凭证账务处理程序”“多栏式日记账账务处理程序”等。在组织会计核算时，可根据会计业务的繁简和管理的需要，选用其中的一种。但无论采用哪一种处理流程，其共同特点是“平行登记”，即来源于记账凭证的会计信息总是同向、等量、平行地记录于总分类账和明细分类账中。因此，一方面各有侧重地反映会计信息，另一方面发挥总分类账对明细分类账的统辖作用，通过二者之间的对账发现可能出现的人工记账错误，及时加以纠正。手工会计数据处理的一般流程如图 1-1 所示。

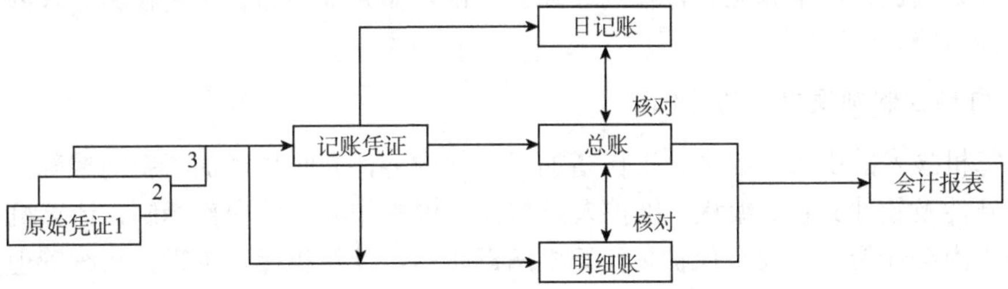

图 1-1　手工会计数据处理的一般流程

2. 会计信息系统数据处理流程

在计算机会计信息系统数据处理流程中，所考虑的是会计数据处理的目标，即获得管理所需的各种会计信息。它的中间数据处理都可以认为是源于会计数据的加工处理，因此，从输入会计凭证到输出会计报表，所有中间加工过程都由计算机控制，上一过程数据处理的结果又作为下一过程数据处理的来源，整个过程在程序的安排下完成，具有数据处理“集中化”和“自动化”的特点。存储于数据库中的会计信息，实际上没有类似于手工会计那样的总账与明细账之区别，但可以按总账或明细账的格式输出。因而，在计算机会计信息系统中，打印输出的总账和明细账之间不存在内在的统辖与被统辖的关系。计算机会计信息系统的数据流程如图 1-2 所示。

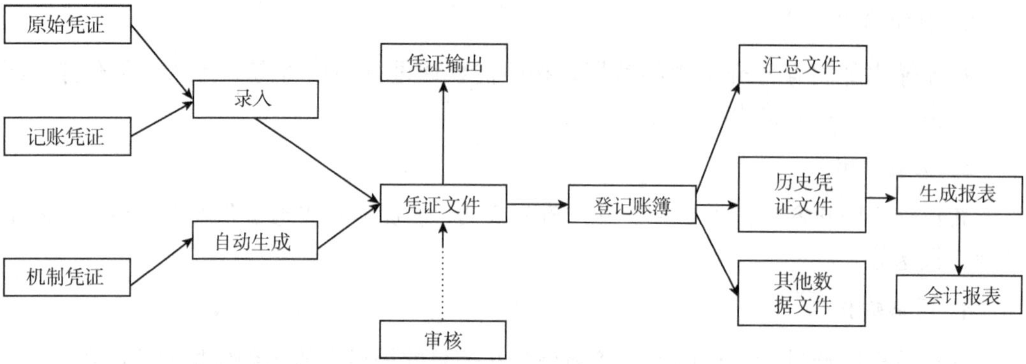

图 1-2 计算机会计信息系统的数据流程

（六）会计内部控制制度

在手工操作下，有岗位责任制等各种内部牵制制度，保证了手工核算下会计信息的准确性，以及企业资产的完整和安全。计算机的引入使得内部控制制度的形式、内容、重点都发生了一定的变化。

1. 内部控制制度形式的变化

由于电子计算机具有高速、稳定的特点，有很强的逻辑判断和分析能力，内部控制形式主要有两方面变化：一方面手工会计下的一些内部控制措施在电算化后没有存在的必要性，如编制科目汇总表、凭证汇总表等试算平衡的检查；另一方面手工会计下的一些内部控制措施，在电算化后转移到计算机内部，如凭证的借贷平衡校验、余额和发生额的平衡检查。

2. 内部控制制度内容的变化

计算机技术的引入，给会计工作增加了新的内容，同时也增加了新的控制措施，如计算机硬件及软件分析、编程、维护人员与计算机操作人员的内部牵制，计算机机内及存储介质内会计信息的安全保护，计算机病毒防治，计算机操作管理，系统管理员、系统维护人员等的岗位责任等。

3. 内部控制制度重点的变化

会计电算化后，内部控制的重点将放在原始数据输入计算机的控制、会计信息的输出控制、人机交互处理的控制、计算机系统之间的连接控制等方面。

（七）会计职能

手工方式下，会计的基本职能是反映监督经济的过程。电算化后，会计在完善传统的会计职能的基础上更加侧重发展管理职能，进行事中控制、事前预测并参与经营决策，具体表现为如下方面。

（1）会计人员从繁重的体力劳动和简单的脑力劳动中解放出来，可以把更多的精力用到“控制现在，筹划未来”的会计管理活动中。

（2）提高了信息的准确度、实时性，为实施控制提供了保障。

（3）计算机强大的模拟功能可以构造各种高等数学模型，如利用回归模型进行混合成本的分解和成本、销售变动趋势等方面的预测；利用线性规划模型解决决策方案的最优选择等，使管理的科学化成为可能。

第三节　企业会计信息化基本工作规范

为推动企业会计信息化，节约社会资源，提高会计软件和相关服务质量，规范信息化环境下的会计工作，财政部于 2013 年 12 月 6 日制定并印发了《企业会计信息化工作规范》（以下简称《工作规范》）。该《工作规范》分总则、会计软件和服务、企业会计信息化、监督和附则 5 章 49 条，自 2014 年 1 月 6 日起施行。本节主要阐述其中关于会计软件及会计信息化建设部分的规范。

一、会计软件的工作规范、配备方式和服务

（一）会计软件的工作规范

（1）会计软件应当保障企业按照国家统一会计准则制度开展会计核算，不得有违背国家统一会计准则制度的功能设计。

（2）会计软件的界面应当使用中文并且提供对中文处理的支持，可以同时提供外国或者少数民族文字界面对照和处理支持。

（3）会计软件应当提供符合国家统一会计准则制度的会计科目分类和编码功能。

（4）会计软件应当提供符合国家统一会计准则制度的会计凭证、账簿和报表的显示与打印功能。

（5）会计软件应当提供不可逆的记账功能，确保对同类已记账凭证的连续编号，不得提供对已记账凭证的删除和插入功能，不得提供对已记账凭证日期、金额、科目和操作人的修改功能。

（6）鼓励软件供应商在会计软件中集成可扩展商业报告语言（extensible business reporting language，XBRL）功能，便于企业生成符合国家统一标准的 XBRL 财务报告。

（7）会计软件应当具有符合国家统一标准的数据接口，满足外部会计监督需要。

（8）会计软件应当具有会计资料归档功能，提供导出会计档案的接口，在会计档案存储格式、元数据采集、真实性与完整性保障方面，符合国家有关电子文件归档与电子

档案管理的要求。

（9）会计软件应当记录生成用户操作日志，确保日志的安全、完整，提供按操作人员、操作时间和操作内容查询日志的功能，并能以简单易懂的形式输出。

（二）会计软件的配备方式

企业配备会计软件的方式主要有购买、定制开发、购买与开发相结合等。其中，定制开发包括自行开发、委托外部单位开发、企业与外部单位联合开发三种具体开发方式。

1. 购买通用会计软件

通用会计软件是指软件公司为会计工作而专门设计开发，并以产品形式投入市场的应用软件。企业作为用户，付款购买即可获得软件的使用、维护、升级以及人员培训等服务。采用这种方式的企业投入少、见效快，实现信息化的过程简单。

2. 自行开发

自行开发是指企业自行组织人员进行会计软件开发。采用这种方式的企业能够在充分考虑自身生产经营特点和管理要求的基础上，设计最有针对性和适用性的会计软件。

3. 委托外部单位开发

委托外部单位开发是指企业通过委托外部单位进行会计软件开发。采用这种方式的企业开发的会计软件针对性较强，降低了使用难度。

4. 企业与外部单位联合开发

企业与外部单位联合开发是指企业联合外部单位进行会计软件开发，由本单位财务部门和网络信息部门进行系统分析，外部单位负责系统设计和程序开发工作，开发完成后，对系统的重大修改由网络信息部门负责，日常维护工作由财务部门负责。采用这种方式的企业开发工作既考虑了企业的自身需求，又利用了外部单位的软件开发力量，开发的系统质量较高。

综合来看，会计软件各配备方式的特点如表 1-2 所示。

表 1-2　会计软件各配备方式的特点

项目	购买通用会计软件	自行开发	委托外部单位开发	企业与外部单位联合开发
耗用时间	较短	较长	较长	较长
费用	较低	较低	较高	较高
针对性	较差	强	强	强
使用难度	较难	容易	容易	容易
易维护性	较容易	容易	较难	较容易
灵活性	好	较差	差	较差
对技术力量的要求	低	高	低	较高

（三）会计软件服务供应商

（1）以远程访问、云计算等方式提供会计软件的供应商，应当在技术上保证客户会计资料的安全、完整。对于因供应商原因造成客户会计资料泄露、毁损的，客户可以要求供应商承担赔偿责任。

（2）客户以远程访问、云计算等方式使用会计软件生成的电子会计资料归客户所有。软件供应商应当提供符合国家统一标准的数据接口供客户导出电子会计资料，不得以任何理由拒绝客户导出电子会计资料的请求。

（3）以远程访问、云计算等方式提供会计软件的供应商，应当做好本厂商不能维持服务情况下，保障企业电子会计资料安全以及企业会计工作持续进行的预案，并在相关服务合同中与客户就该预案做出约定。

（4）软件供应商应当努力提高会计软件相关服务质量，按照合同约定及时解决客户使用中的故障问题。会计软件存在影响客户按照国家统一会计准则制度进行会计核算问题的，软件供应商应当为客户免费提供更正程序。

（5）鼓励软件供应商采用呼叫中心、在线客服等方式为用户提供实时技术支持。

（6）软件供应商应当就如何通过会计软件开展会计监督工作，提供专门教程和相关资料。

二、企业会计信息化建设及会计资料管理

（一）企业会计信息化建设

（1）企业应当充分重视会计信息化工作，加强组织领导和人才培养，不断推进会计信息化在本企业的应用。企业应当指定专门机构或者岗位负责会计信息化工作。未设置会计机构和配备会计人员的企业，由其委托的代理记账机构开展会计信息化工作。

（2）企业开展会计信息化工作，应当根据发展目标和实际需要，合理确定建设内容，避免投资浪费。

（3）企业开展会计信息化工作，应当注重信息系统与经营环境的契合，通过信息化推动管理模式、组织架构、业务流程的优化与革新，建立健全适应信息化工作环境的制度体系。

（4）大型企业、企业集团开展会计信息化工作，应当注重整体规划，统一技术标准、编码规则和系统参数，实现各系统的有机整合，消除信息孤岛。

（5）企业配备的会计软件应当符合会计软件和服务规范的要求。

（6）企业配备会计软件，应当根据自身技术力量以及业务需求，考虑软件功能、安全性、稳定性、响应速度、可扩展性等要求，合理选择购买、定制开发、购买与开发相结合等方式。定制开发包括企业自行开发、委托外部单位开发、企业与外部单位联合开发。

（7）企业通过委托外部单位开发、购买等方式配备会计软件，应当在有关合同中约定操作培训、软件升级、故障解决等服务事项，以及软件供应商对企业信息安全的责任。

（8）企业应当促进会计信息系统与业务信息系统的一体化，通过业务的处理直接驱动会计记账，减少人工操作，提高业务数据与会计数据的一致性，实现企业内部信息资源共享。

（9）企业应当根据实际情况，开展本企业信息系统与银行、供应商、客户等外部单位信息系统的互联，实现外部交易信息的集中自动处理。

（10）企业进行会计信息系统前端系统的建设和改造，应当安排负责会计信息化工作的专门机构或者岗位参与，充分考虑会计信息系统的数据需求。

（11）企业应当遵循内部控制规范体系要求，加强对会计信息系统规划、设计、开发、运行、维护全过程的控制，将控制过程和控制规则融入会计信息系统，实现对违反控制规则情况的自动防范和监控，提高内部控制水平。

（12）对于信息系统自动生成且具有明晰审核规则的会计凭证，可以将审核规则嵌入会计软件，由计算机自动审核。未经自动审核的会计凭证，应当先经人工审核再进行后续处理。

（13）处于会计核算信息化阶段的企业，应当结合自身情况，逐步实现资金管理、资产管理、预算控制、成本管理等财务管理信息化。处于财务管理信息化阶段的企业，应当结合自身情况，逐步实现财务分析、全面预算管理、风险控制、绩效考核等决策支持信息化。

（14）外商投资企业使用的境外投资者指定的会计软件或者跨国企业集团统一部署的会计软件，应当符合会计软件和服务规范的要求。

（二）企业会计信息化会计资料管理

（1）分公司、子公司数量多、分布广的大型企业、企业集团应当探索利用信息技术促进会计工作的集中，逐步建立财务共享服务中心。实行会计工作集中的企业以及企业分支机构，应当为外部会计监督机构及时查询和调阅异地储存的会计资料提供必要条件。

（2）企业会计信息系统数据服务器的部署应当符合国家有关规定。数据服务器部署在境外的，应当在境内保存会计资料备份，备份频率不得低于每月一次。境内备份的会计资料应当能够在境外服务器不能正常工作时，独立满足企业开展会计工作的需要以及外部会计监督的需要。

（3）企业会计资料中对经济业务事项的描述应当使用中文，可以同时使用外国或者少数民族文字对照。

（4）企业应当建立电子会计资料备份管理制度，确保会计资料的安全、完整和会计信息系统的持续、稳定运行。

（5）企业不得在非涉密信息系统中存储、处理和传输涉及国家秘密，关系国家经济信息安全的电子会计资料；未经有关主管部门批准，不得将其携带、寄运或者传输至境外。

（6）企业内部生成的会计凭证、账簿和辅助性会计资料，同时满足下列条件的，可以不输出纸面资料：① 所记载的事项属于本企业重复发生的日常业务；② 由企业信息系统自动生成；③ 可及时在企业信息系统中以人类可读形式查询和输出；④ 企业信息系统具有防止相关数据被篡改的有效机制；⑤ 企业对相关数据建立了电子备份制度，能有效防范自然灾害、意外事故和人为破坏的影响；⑥ 企业对电子和纸面会计资料建立了完善的索引体系。

（7）企业获得的需要外部单位或者个人证明的原始凭证和其他会计资料，同时满足下列条件的，可以不输出纸面资料：① 会计资料附有外部单位或者个人的、符合《中华人民共和国电子签名法》的可靠的电子签名；② 电子签名经符合《中华人民共和国电子签名法》的第三方认证；③ 所记载的事项属于本企业重复发生的日常业务；④ 可及时在企业信息系统中以人类可读形式查询和输出；⑤ 企业对相关数据建立了电子备份制度，能有效防范自然灾害、意外事故和人为破坏的影响；⑥ 企业对电子和纸面会计资料建立了完善的索引体系。

（8）企业会计资料的归档管理，遵循国家有关会计档案管理的规定。

（9）实施企业会计准则通用分类标准的企业，应当按照有关要求向财政部报送 XBRL 财务报告。

第四节　会计信息系统的发展趋势

一、XBRL 报告语言

XBRL 技术自 20 世纪 90 年代末诞生以来，一直是全球会计界关注的焦点。目前世界上许多国家都在积极推进 XBRL 相关项目的建设，XBRL 为网络财务报告的国际趋同奠定了技术基础，可以预言，XBRL 将最终成为全球统一的财务报告语言，其推广应用已形成不可阻挡的趋势。

（一）XBRL 的定义

XBRL 是 extensible business reporting language 的简写，直译为“可扩展商业报告语言”。按照 XBRL 国际的定义：XBRL 是提供一个以 XML 为基础架构的全球信息供应链，便于使用者编制、交换和分析财务报告信息，XBRL 是可以让使用者免费下载和自动交换，各种软件都可读取的财务报告信息。XBRL 之所以能够在财务界迅速发展和推广，是因为可以用其解决会计信息的流通难题。

（二）XBRL 的特征

1. 标准化

XBRL 最根本的理念，是按统一的标准定义概念和概念的属性，以及概念之间和概念与资源之间的关系，实现 XBRL 格式和语义的标准化。XBRL 当前已被广泛接受和采纳，根据 XBRL 国际组织首席执行官（chief executive officer，CEO）John Turner 在 2015 年 XBRL 国际组织大会上的演讲信息，截至 2015 年 9 月，全球已有超过 50 个国家、100 家以上监管机构在使用 XBRL，XBRL 的报送者已超过 1000 万家，XBRL 的广泛应用大大降低了商业报告格式和语义的不一致性。

2. 结构化

XBRL 统一为概述定义了属性和关系，实现了概念和概念关系的结构化，使得计算机可以自动识别、检验和处理。自动识别可以降低数据处理的成本，提高数据处理的效率；自动检验可以提高数据的准确性和可靠性；自动处理可以从容应对大数据，深层挖掘数据价值。

3. 可扩展

XBRL 是从 XML 衍生而来的，基本原理是采用元素表示标准化的概念，采用链接库表示概念之间和概念与资源之间的关系。不同层次的主体，可以基于上层主体定义的概念和关系，根据实际需要，扩展自身需要的概念和关系。同一主体，也可基于前期定义的概念和关系，根据业务需要，对概念和关系进行扩展。这种扩展理念，有助于分类标准在一定程度上保持一致性和灵活性，从而满足不同层次的信息收集需求。

4. 跨平台

正是因为起源于 XML，XBRL 生来就是一种标记语言，可以不依赖任何数据库、应用系统、操作系统、服务器型号、网络类型，具有跨计算机软硬件平台的特性。正是这种平台独立性，使得 XBRL 格式的数据可以在不同的平台之间进行自由的交换和传递。

5. 跨语言

借助于标签链接库，XBRL 可以给同一概念定义不同语言下的标签，满足同一概念在不同人类自然语言下的展现需要。如资产的中文标签可定义为“资产”，英文标签可定义为“assets”，如此一来，同一资产数值，既可以展现为中文报表中的数据项，又可以展现为英文或其他语言报表中的数据项。当然，XBRL 还可以为同一概念定义不同情境下的标签，如资产的期初值、期末值、会计值等。

（三）XBRL 的效益

据 XBRL 国际组织的总结和分析，XBRL 能为企业报告和分析的各个环节带来重要效益，这些环节的主体可能包括企业、会计人员、监管者、证券交易所、投资分析师、财务数据供应商、债权人和 IT 厂商等；效益主要表现为自动化，成本节约，数据处理更快捷、更真实、更准确，可改进分析，可提升信息质量和决策质量等。

1. 企业效益

借助 XBRL 标准化的数据格式和数据定义，企业替换专有系统和软件的难度与成本均可下降，可以更加快速、可靠地完成跨部门、跨分子公司的业务报告合并，从而提高财务数据的准确性和可靠性，使得企业的主要数据工作从收集和准备转向分析、预测和决策。当然，通过 XBRL，企业还可以提供更加透明、友好的信息，更有效地在网上与投资者沟通，从而改善与投资者之间的关系。在嵌入式报送以及标准商业报告（standard business reporting，SBR）的项目中，XBRL 还能够简化监管报送过程，降低监管报送成本；在向银行和监管部门报送 XBRL 时，企业还可以从银行和监管部门得到更快速的回应。

2. 会计人员效益

借助 XBRL，会计人员可以更及时地获取更加可靠的公司财务数据，大大减少收集及分析数据的工作量和成本，利用XBRL软件提高工作效率和速度，通过自动化数据处理简化会计工作，将更多的时间和精力投入财务数据分析和增值工作。

3. 监管者效益

借助XBRL，监管者可自动获取数据，省去了重新输入、重新格式化等“翻译”工作，通过日常工作的自动化大幅降低成本，更加快速有效和可靠地进行数据分析与比较，通过监控数据和业务活动，快速、可靠地做出判断，有更多精力关注分析、决策和处理监管事宜，从而大大提高监管报送的效率，降低监管成本。

4. 证券交易所效益

借助XBRL，证券交易所可以更有效、更全面、更可靠地收集上市公司的数据，并提升产品（提供给机构和个人投资者）的价值和竞争优势。

5. 投资分析师效益

XBRL的广泛使用，加强了市场信息的透明度和稳健性，使得公司财务数据更加透明、明晰和一致，使得投资分析师能够处理和比较更广范围、更深层次的信息。如借助更强有力的工具进行分析和比较，借助更有效的手段，定位特定公司数据，更快速地筛选用于比较和分析的公司数据等。

6. 财务数据供应商效益

借助XBRL，财务数据供应商能够以标准化的、可预见的格式获取公司财务数据，通过数据收集和存储的自动化，大大降低成本，工作内容从数据收集转向数据分析，就公司财务业绩提供更快速、更清晰、更深入、更准确的见解，基于XBRL数据生产出更丰富、更有用的数据产品。

7. 债权人效益

借助XBRL，银行、借贷机构和信誉管理等债权人，可通过自动化报告更快速、更可靠地获取数据，降低处理数据的成本，通过自动化过程更可靠、更充分、更有效地比较和分析财务数据，更快速、更有效地追踪财务业绩，更科学地达成决定，更快速地响应客户，更容易地获得风险评估所需数据。

8. IT厂商效益

借助XBRL，软件厂商、系统厂商等IT厂商，可采用数据标准转换业务和财务信息，避免由竞争性专有标准引起的商业冲突和客户激化，可开发软件支持XBRL数据的编报，可开发软件用于筛选、比较和分析XBRL格式的财务数据，最终通过一系列的商业活动，提升企业的价值。

二、财务共享服务中心

（一）财务共享服务的概念

共享服务的概念起源于美国，是指将公司（或集团）范围内共用的职能/功能集中起来，高质量、低成本地向各个业务单元/部门提供标准化的服务。20 世纪 90 年代，一些跨国企业集团为了提高效率和降低成本，对于一些分散的、重复性的财务处理工作进行整合，逐步形成了内部财务共享服务。

共享服务中心是通过对人员、技术和流程的有效整合，实现组织内公共流程的标准化和精简化的一种创新手段。作为一种战略性业务架构，共享服务以客户服务和持续改进的文化为核心，实现价值导向服务，促使组织在更大范围内，甚至在全球范围内集中精力于其核心能力，从而使各业务单元创造更多的附加价值。

财务共享服务是一种将一部分现有财务职能集中到一个新的业务单元，以财务业务流程处理为基础，依托信息技术为内外部客户提供专业化服务，其目的是提高流程效率、降低营运成本、创造价值以及提升服务质量。提供财务共享服务的业务单元称为财务共享服务中心（financia1 shared services center，FSSC）。

（二）财务共享服务的特点

财务共享服务具有如下三个方面的特点。

1. 信息化

财务共享服务以信息化手段为支撑，实现企业财务数据高度集成和交易处理流程的电子化。

2. 标准化

财务共享服务通常在内部建立标准的作业流程，遵循标准化的交易处理规范。

3. 集中化

财务共享服务整合业务链中各业务环节中共同的、重复性的财务作业，并采用集中统一处理的工作方式。

（三）财务共享服务的发展

1. 财务共享服务的驱动因素

从需求上看，经济全球化以及市场竞争的日趋激烈，公司管理层需要财务部门提供更多的增值服务，财务工作重点逐渐从侧重交易处理向重视决策支撑转变，更多的财务人员需要走向业务前端，参与业务部门的预算制定、成本分析、风险管控工作。财务部门不仅要成为企业交易的高效处理者，而且要成为业务部门的合作伙伴和企业风险的管理者。

从职能上看，传统的财务会计工作主要是财务处理，其要求是真实客观地反映企业经营状况，并符合各项规章制度的要求；管理会计主要涉及企业理财，即为资金的筹措和运用提供决策依据。在共享服务中心模式下，与决策成功相关性较低、重复度高、工作量大的会计核算工作被集中起来统一处理，使财务会计与管理会计的分离成为可能。

与此同时，企业规模的不断发展使企业财务组织开始摆脱原有狭隘职能，转向以股东价值创造为基础并参与公司战略。企业财务转型呈现出以决策支持为导向、面向经营提供服务支撑、优化财务组织降低成本等特征，并逐渐重构出更加高效精简的企业财务组织。

2. 财务共享服务的价值

在分散式核算模式下，企业的财务核算职能分散到各个业务单元，每个业务单元都会配置一定数量从事核算的财务人员，从事低附加值的重复劳动。财务共享服务通过集约会计核算和数据支撑，可以使财务组织以更为灵活的运营模式支撑企业战略实施和业务增长，财务共享服务可以为企业带来的价值主要表现为以下几点。

（1）利用规模效益削减财务交易的处理成本，通过整合分散的财务岗位，消除重复环节，利用规模效益实现成本最小化。

（2）统一财务流程及核算标准，提高会计服务的质量，借助 IT 手段和 ERP 系统，统一财务流程和核算标准，实现业务活动自发起端至会计核算环节的全过程自动化处理，减少过程中的人为干预，在大大减轻会计人员核算工作量的同时，有效提高会计信息质量。

（3）提高管理的集约度和透明度，提升风险管控力度。通过业务财务的高度集成，实行对企业经营活动全面有效的财务管控，增强财务数据的透明性和可靠性，并提升企业风险管控的能力。

（4）提高财务交易处理的工作效率，将有限的财务资源集中到核心竞争力的创造。

（5）通过各级财务机构职能优化，建立面向业务、面向市场、面向服务的价值管理型财务组织体系。

（6）推动财务工作转型，促进财务会计与财务管理的分离；推动战略财务、共享财务、业务财务的形成。

（四）财务共享服务的应用

1. 财务共享服务的应用主体

一般而言，采用共享服务中心模式的企业，多为跨国、跨区域的大型公司，这是因为只有规模达到一定的程度，共享服务模式才会产生更大的经济效益。尤其那些总部具有强大管理能力的公司，共享服务不仅可以有效降低成本、保证服务质量，还能起到将宝贵的管理能力和知识输送到各业务单元中的作用。除此之外，通过共享服务，也有助于业务部门更加专注于具有战略意义的业务经营活动。

2. 财务共享服务的应用范围

财务共享服务作为一种财务集中管理的先进实践，只要是业务范围内跨区域的企业或跨国公司，都可以应用。在企业内部，当业务流程有以下特征时，可考虑采用共享服务的模式。

（1）企业达到一定的规模，分支机构众多。

（2）多个业务单元有相同的业务流程。

（3）业务单元有大量的重复性交易处理。

（4）集中和共享能够实现规模经济效益。

（5）企业期望实现业务流程处理标准的统一。

通常适合纳入共享服务的财务活动包括：应收账款管理、应付账款管理、工资支付、税务管理、总账和财务报告、固定资产管理、流动资金管理、数据统计等。

3. 财务共享服务的基本模式

根据财务共享服务的发展阶段，按照服务提供者的不同，财务共享服务可采用内设共享服务中心（shared services center，SSC）或业务流程外包（business process outsourcing，BPO）两种不同的模式来实现。

一般而言，基于业务的安全性以及内部管控需要，多数集团公司在实施财务共享服务时，会首先考虑内设机构的方式。采用内设共享服务中心，企业可以保证对业务的监督，更好地满足业务部门的个性化需求，在业务流程上更为主动、灵活。其缺点在于实施成本和内部管理成本较高。

业务流程外包凭借先进的理念、专业的流程以及低成本优势，在财务共享服务中占有一席之地。如果企业内部没有足够的资源，业务流程外包不失为一个可行的选择。业务流程外包服务商通过共享人力与资源，实施通用的专业化流程，可以迅速提高企业的财务管理能力。其缺点在于企业的流程调整较为被动，容易对外包服务商产生依赖，也容易存在财务信息安全隐患。

4. 实施财务共享服务的关键因素

财务共享服务不仅是会计核算及支撑工作的集中，更是流程和组织的优化。要成功实施共享服务，需要运用变革管理的视角，通过对企业的财务组织、业务流程、信息支撑系统等各层面进行严格的分析和梳理。

（1）地点。包括人员是物理集中还是逻辑集中，与人员的可获得性及稳定性有关。

（2）流程。财务交易处理模式由分散式转变为集中式，需要对原有的业务流程进行梳理和调整。财务共享服务业务流程设计应以业务驱动为原则，并不断推进流程的规范化、标准化和电子化，用基于业务功能的流程文件来规范流程操作，并明确共享中心同其他相关业务单元的责任与联系。

（3）组织。在所有的关键因素中，组织建设最为重要，这不仅是实施财务共享服务的前提，也是财务共享模式下企业各项财务工作有效开展的重要保障。

不论是企业内设财务共享服务中心，还是采用业务流程外包，都会引起企业原有财务组织体系的调整。为了保证企业财务管理体系整体的有效运作及平稳过渡，财务共享服务组织建设应遵循“稳健推进，持续优化”的原则，尽量规避或减少变革成本。

在人员来源方面，可通过企业内部人员划转、选聘、竞聘、新毕业大学生补充等多种渠道，建立融会计核算、数据分析、综合服务为一体的高素质、高效率的财务共享专业人才队伍，推动全社会财务人力资源整合优化，促进财务岗位职能转型。

（4）制度。财务共享服务承担企业的全流程财务作业，专业性强，受国家法律法规约束性强，因此需要在遵循国家法律法规、企业内外部审计检查要求的基础上，建立完整的、系统的作业流程、质量标准等制度规范。

（5）技术。财务共享服务的实施，基于IT信息技术的应用。企业应建立统一的财务管理平台，以实现财务数据在整个集团企业内的收集、整理、共享和深度利用。

IT 支撑系统通常以 ERP 为核心，以网络报账平台为基础，辅以影像票据系统、银企直联支付系统，并通过与业务系统如采购库存、销售、合同、资产管理、项目管理、人事薪酬管理等系统模块的集成，达到固化业务流程、提高共享效率、实施财务管控的目的。

（6）理念。如果说上述五个因素是实施财务共享服务必备的硬件，那么共享服务理念的培育与宣传则是必需的软件。

（五）财务共享服务中心概况

1. 财务共享服务中心发展前景

当前，我国会计领域全面深化改革的一项重要任务，就是大力加强管理会计工作，以推动企业建立、完善现代企业制度，实现管理升级，增强核心竞争力和价值创造力，进而促进经济转型升级。2016 年 10 月 8 日，财政部印发《会计改革与发展“十三五”规划纲要》，将“以建设管理会计体系为抓手，引导、推动管理会计广泛应用”列为总体目标之一。可以说，全面推进管理会计体系建设，是顺应会计科学发展的必然选择，是实现中国特色会计体系的自我超越和自我完善的必要举措，是推动中国会计工作转型升级的重点所在。

为适应新形势的要求，财务会计人员必须从低附加值的重复劳动中解放出去，用精细化、标准化、流程化的财务会计工作，不断产生管理会计所需要的数据、信息，这点对大型企业、企业集团尤其重要。2013 年 12 月 6 日，财政部《企业会计信息化工作规范》第三十四条规定：“分公司、子公司数量多、分布广的大型企业、企业集团应当探索利用信息技术促进会计工作的集中，逐步建立财务共享服务中心。”2014 年 10 月 27 日，《财政部关于全面推进管理会计体系建设的指导意见》明确指出“鼓励大型企业和企业集团充分利用专业化分工和信息技术优势，建立财务共享服务中心，加快会计职能从重核算到重管理决策的拓展，促进管理会计工作的有效开展”。

2. 财务共享服务中心发展趋势

在我国，财务共享是指企业（集团）将下属单位相同的财务职能予以集中，由一个相对独立的财务机构来行使，即各单位共享一个机构的财务服务。财务共享促进会计人员形成了更为明细的专业化分工，让各类会计人员能够将更多时间集中在各自擅长的领域，提升了会计人员的专业水平。同时，财务共享将会计核算工作从企业财务部门中相对剥离，使财务部门有更多时间和精力发挥会计的管理职能。

从发展阶段看，根据北京国家会计学院发布的《管理会计转型始于财务共享服务——2015 中国大型企业集团财务共享服务中心建设情况调查报告》（以下简称《报告》）显示，从目前国家政策的出台、国家机构的参与讨论论证、社会培训机构财务共享培训供不应求的情况看，从中国企业逐渐做大做强参与全球竞争看，财务共享服务中心建设目前进入快速发展阶段，一方面更多的企业在论证财务共享中心的可行性并付诸实现，另一方面成熟的财务共享服务中心正在尝试或者将经验总结分享，帮助更多的企业，或者开始探索基于财务共享为企业提供更多的管理增值服务。

从发展动因看，《报告》指出，加强集团管控是我国财务共享服务中心建设的首要驱动因素，而外部经验的引进能够推动企业财务共享服务中心更快更好地建设。

从职能定位看，《报告》指出，集团管控及会计服务并重更适合国内企业财务共享服务中心的职能定位，这与财务共享服务率先在我国大型国有企业集团开展和实践有着密切的关系。

从成功经验看，《报告》指出流程再造、管理层支持、信息技术的支持是财务共享服务中心成功建设的主要因素。业务标准化决定了企业的接受程度、信息系统的建设、财务共享员工的招聘定位及培训投入等，可以说，流程的标准化和优化是财务共享建设的基础。高级管理层的支持，是决定是否变革、变革是否彻底、变革是否可持续、变革是否能够真正起作用的基础和核心，所以说财务共享的建设是“一把手”工程。

三、人工智能与会计

“人工智能”一词最初是1956年在Dartmouth学会上提出的。从那以后，研究者们发展了众多理论和原理，人工智能的概念也随之扩展。人工智能（artificial intelligence，AI）是研究、开发用于模拟、延伸和扩展人的智能的理论、方法、技术及应用系统的一门新的技术科学。2017年已经构建成功50量子比特的量子计算处理器的样机，与传统计算机相比，量子计算机能够达到惊人的计算能力。

伴随着大数据、智能化、移动化、云计算和区块链等信息技术的飞速发展，会计信息化迈入“大智移云”时代。新技术的出现给现代会计的两个分支——财务会计与管理会计都带来了深远影响。四大国际会计师事务所之一的德勤2017年宣布，与Kira Systems联手，将人工智能引入会计、税务、审计等工作当中，这一科技创新将帮助员工从阅读合同和其他文件的乏味工作中解放出来。这一联盟是将德勤在认知技术上的商业见解（business insights）与Kira Systems在机器学习方面的先进技术相结合，建立模型，快速“阅读”数千份复杂文件，从中攫取和构建文本信息以更好地做出分析。

未来的趋势已可以预见，普通核算型工作，如财务、审计、税务等财务基础人员会逐步减少。因此，这要求财务人员提高战略分析与判断能力，处理好组织与组织、人员与人员、单位与社会的关系。

复习思考题

1. 什么是会计信息系统？其组成要素有哪些？
2. 实施会计信息化有什么意义？
3. 试举例说明数据和信息的联系与区别。
4. 计算机会计信息系统与手工会计信息系统有何不同？
5. XBRL的概念是什么？
6. 什么是财务共享服务中心？
7. 会计信息系统在未来几年的发展趋势是怎样的？
8. 企业应如何建立会计信息系统？

第二章

会计信息系统开发

会计信息系统是建立在一套软件的基础上的，它的开发与维护本质上是一个逻辑思维过程，比其他工程项目要复杂与困难得多，因此要建立这样一个系统，必须遵循完整的系统开发的规范化程式。目前开发的方法有多种。我们试图对这些方法进行分类，以期对各种方法有个完整的概念。会计信息系统的开发方法主要有生命周期法、原型法、面向对象法、商业软件包法以及计算机辅助软件工程法。会计信息系统一般综合应用这些方法，尤其是综合应用生命周期法与原型法。本章主要介绍会计信息系统开发方法。

【重要概念】 会计信息系统开发方法　生命周期法　原型法　面向对象法

第一节　会计信息系统开发原则和准备工作

一、系统开发的原则

系统开发所应遵循的原则一般包括以下几个方面。

（1）领导参加原则。信息系统的开发是一项庞大的系统工程，涉及组织日常管理工作的各个方面，所以领导出面组织力量，协调各方面的关系是开发成功的首要条件。

（2）优化与创新的原则。信息系统的开发不能模拟旧的管理模式和处理过程，必须根据实际情况和科学管理的要求加以优化与创新。

（3）充分利用信息资源原则。充分利用信息资源原则即数据尽可能共享，减少信息的输入输出，对已有的数据、信息做进一步的分析处理，以便充分发挥深层次加工信息的作用。

（4）实用和时效原则。实用和时效原则即要求从制订系统开发方案到最终的信息系统都必须是实用的、及时的和有效的。

（5）规范化原则。规范化原则即要求按照标准化、工程化的方法和技术来开发系统。

（6）发展变化原则。发展变化原则即充分考虑组织和管理模式可能发生的变化，使得系统具有一定适应环境变化的能力。

二、系统开发前的准备工作

搞好系统开发前的准备工作是信息系统开发的前提条件，系统开发前的准备工作一般包括基础准备和人员组织准备两部分。

（一）基础准备

科学管理是开发信息系统的基础，只有在合理的管理体制、完善的规章制度和科学的管理方法之下，系统才能充分发挥其作用。基础准备一般包括以下三个方面。

（1）管理工作要严格科学化，具体方法要程序化、规范化。

（2）做好基础数据管理工作，严格计量程序、计量手段、检测手段和数据统计分析渠道。

（3）数据、文件、报表的统一化。

（二）人员组织准备

人员组织准备方面主要包括如下内容。

（1）领导是否参与开发是系统开发能否成功的关键因素。

（2）建立一支由系统分析员、管理岗位业务人员和信息技术人员组成的研制开发队伍。

（3）明确各类人员（系统分析员、企业领导、业务管理人员、程序员、计算机软硬件维护人员、数据录入员和系统操作员等）的职责。

第二节　会计信息系统开发方法

一、生命周期法

会计信息系统的生命周期，指的是从系统开发任务的提出，经过系统分析、系统设计、系统实施和系统维护等阶段，又经过系统更新、重新提出新系统开发任务的全过程，如图 2-1 所示。

从旧系统的消亡到新系统的产生，这种周而复始、新老更迭的循环过程有以下特点。

（1）开发过程有明显的阶段性。

（2）开发是一个循环过程，不是简单重复螺旋式的上升，而是一个不断发展和提高的过程。

（3）用户至上，每一个开发阶段及开发步骤不仅要从用户的需求出发，而且要得到用户的同意。

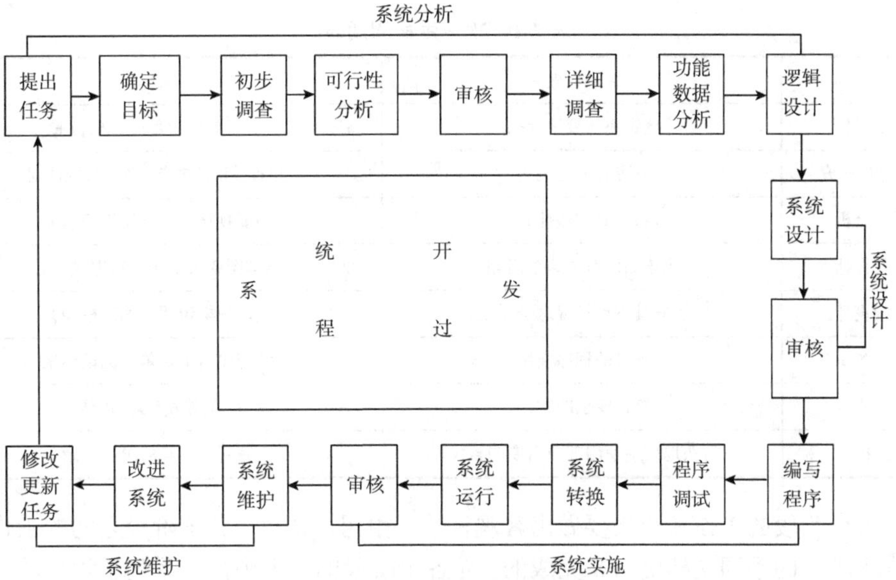

图 2-1 会计信息系统生命周期

按照生命周期进行系统开发的方法称为生命周期法，主要包括四个阶段和若干个步骤。

第一阶段：系统分析。

系统分析阶段的主要任务是分析与确定系统的目标，也就是明确新系统究竟要“干什么”，经过确定目标、初步调查后，提出可行性研究报告，并进行逻辑设计，形成逻辑模型。

第二阶段：系统设计。

按照系统分析阶段提出的逻辑模型，设计出能由电子计算机实现的设计方案，其内容包括计算机系统配置、代码设计、数据库文件设计、模块结构和功能设计、输入与输出设计，以及正确性、可靠性设计等，写出系统设计说明书。

第三阶段：系统实施。

系统实施阶段的内容有计算机系统的购置和调试，会计软件系统的编制和调试，新系统（会计软件系统）与旧系统（手工系统）的转换，经用户验收后，移交给用户运行。在系统实施开始时，需拟订系统实施进度计划，结束时需提交如系统测试报告、用户手册、系统试运行报告和文档资料。

第四阶段：系统维护。

系统维护阶段的主要内容有系统软件维护、数据维护、代码维护、设备维护等，系统应具有环境适应能力，这就要求定期对系统进行修改和扩充。在本阶段中应提交运行、维护记录，以及运行和维护等有关管理制度文档资料。

软件生存周期每个阶段的名称、关键问题和结束标准概述如表 2-1 所示。

表 2-1 软件生命周期表

阶段名称	关键问题	结束标准
确定目标	确定系统要干什么	关于规模和目标的报告书
可 行 性 研 究	有可行的方案吗	可行性论证报告、项目实施计划
需求分析	系统必须做什么	需要规格说明（逻辑模型）
概要设计	应该如何解决这个问题	结构图或层次图（物理模型）
详细设计	怎样具体地实现这个系统	编码规格说明（物理模型）
单元测试	正确的程序模块	源程序清单、单元测试结果
综合测试	符合要求的软件	符合测试方案和结果
维护	持久地满足使用部门需要的软件	完整、准确的维护记录

对每个阶段的工作和成果要做出客观评价，由用户认可。各个阶段之间的工作转换是通过各阶段的不同文档资料来完成的，而各个阶段的任务则由一系列工程化的方法和工具来实现。其中系统分析和系统设计是系统生命周期中最重要的两个阶段，它们是系统开发的核心内容，开发的难度较大，需要使用有效的方法和工具，系统分析阶段常用的技术有结构化系统分析方法（system analysis，SA）和结构化系统设计方法（system design，SD）。本书将着重介绍这两种方法。

二、原型法

（一）原型法的概念

原型即雏形，表示某种产品的原始模型，对于系统开发指的是该系统的早期版本。

原型法的基本思想是：在获得用户基本需求的基础上，投入少量人力和物力，尽快建立一个原始模型，使用户及时运行和看到模型的概貌与使用效果，并提出改进意见，开发人员进一步修改完善，如此循环迭代，直到得到一个用户满意的模型为止。

从原型法的基本思想中可以看到，用户能及早看到系统模型，在循环迭代修改和完善过程中，可以使用户的需求日益明确，从而消除了用户需求的不确定性，同时从原型到模型的生成，周期短、见效快、对环境变化的适应能力较强。

（二）建立原型的过程

原型法是随着用户和开发人员对系统认识与理解的逐步加深，而不断地对系统进行修改和完善的过程，其开发过程如图 2-2 所示。整个开发过程可以分成如下几个步骤。

1. 确定初步需求

根据用户基本需求，对系统给出初步定义。用户的基本需求包括各种功能、数据结构、菜单和屏幕、报表内容和格式等要求。这些要求虽是概略的，却是最基本的，易于描述和定义。

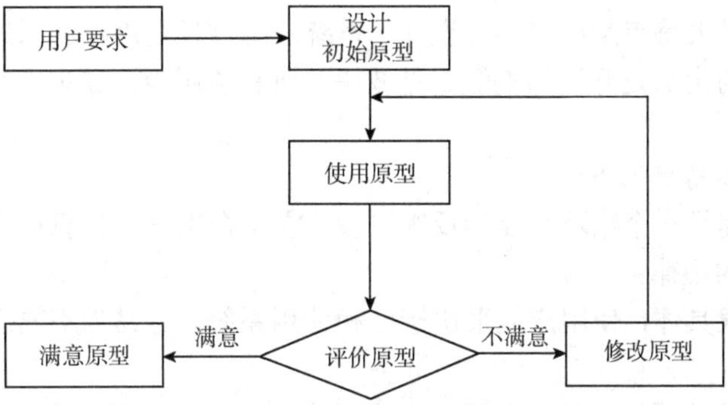

图 2-2 原型法开发过程

2. 设计初始原型

根据用户初步需求，开发出一个可以应用的系统，它应满足上述由用户提出的基本要求。

3. 试用和评价原型

在试用中能亲自参与和面对一个实在的模型，较为直观和明确地进一步提出需求和修改意见。

4. 修改和完善原型

根据修改意见进行修改，以得到新的系统原型，然后再进行试用和评价，这样经过有限次的循环反复，逐步提高和完善，直到得到一个用户满意的系统模型。

原型法具有明显的优点，它的开发周期短、见效快，可以边开发边使用，较适合于开发环境和管理体制多变、系统结构不稳定的情况。但是，开发系统采用原型法，需要有交互式开发环境和第四代语言及自动编程系统的支持，其初始原型设计较为困难，开发过程尚缺乏有效的管理和控制手段，容易陷入“头痛医头，脚痛医脚”的被动局面。

（三）初始原型的构造原则

原型法的实质是尽快地构造一个原型，以明确用户需求，适应变化的开发环境。构造系统原型可以从三个方面考虑。

（1）尽可能利用现成软件和模型来构造原型，随着软件产品的商品化，这种积木式的产生原型的方法是完全可行的，而且会大大减少开发费用，缩短开发周期。

（2）按最小系统原则构造一个规模较小、基本能反映用户系统需求的原型，经用户评价和迭代修改，再补充完善系统的其余部分。

（3）利用高效率软件工具生成原型。如第四代语言较第三代语言编程能力和编程效率高，这样可大大节省编程时间，缩短开发周期。

（四）原型法的特点

原型法是 20 世纪 80 年代随着计算机软件技术的发展，特别是在关系数据库和各种系统开发生成环境产生的基础上，提出的一套系统开发方法。与生命周期法相比，它扬弃了逐步周密细致的调查分析，然后整理出文字档案，最后才能让用户看到结果的烦琐做法。原型法的最大特点是用户参与设计，系统研制过程是用户和系统开发人员密切合作的过程。最大的优点是开发周期短、见效快、研制费用少，其难点在于快速建造易于修改的原型。

原型法的具体特点如下。

（1）开发过程是一个循环往复的反馈过程，它符合用户对计算机应用的认识逐步发展、螺旋式上升的规律。

（2）原型法很具体，使用户能很快接触和使用系统，容易为不熟悉计算机应用的用户所接受。

（3）原型开发周期短、使用灵活，适用于小型软件或管理体制和组织结构不稳定、有变化的软件的开发。

三、面向对象法

（一）面向对象法概述

传统的程序是面向过程的程序，设计时要严格遵守面向过程的问题求解方法。该方法可以精确、完备地描述具体求解过程，却不便于把一个包含了多个相互关联的过程的复杂系统表述清楚。同时，它是以过程或函数为基本单元来构建整个系统的，当软件的规模变大或功能增多时，需要的过程和函数数量成倍增长，使得管理、控制与维护更加困难。

面向对象技术代表了一种全新的程序设计思想和观察、描述、处理问题的方法。它关心的不仅仅是孤立的单个过程，而是孕育所有过程的母体系统，它能够用计算机逻辑来描述系统本身，包括系统的组成、系统的各种可能状态以及系统中可能产生的各种过程和过程引起的系统状态切换。面向对象的程序设计方法符合人们的思维习惯，因此可以降低分解问题的复杂性，提高整个求解过程的可控制性、可监测性和可维护性，从而达到以较小的代价和较高的效率获得较满意效果的目的。

不同于面向过程的程序设计中以具体的解题过程为研究和实现的主体，面向对象的程序设计是以需要解决的问题中所包含的各种对象为主要矛盾。“对象”是现实世界的实体或概念的抽象表示，它以数据为中心，是一个集成了数据和其上操作的独立、自洽（可以通过自身定义的操作来管理自己）的逻辑单位。状态和行为是对象的主要属性，状态是对象的静态属性，在计算机内部用各种变量来表示，当对象经过某种操作或行为而发生状态改变时，它对应的属性变量的内容即数据发生变化；行为是对象的操作，表达对象的动态特性，可以设置或改变对象的状态。对象的行为在计算机内部用方法来表示，类似于面向过程中的函数，对象的方法还是对象与外部环境和其他对象交互通信的接口。

面向对象的问题求解就是力图从实际问题中抽象出这些封装了数据和操作的对象，通过定义其属性和操作来表述它们的特征与功能，通过定义接口来描述它们的地位及与其他对象的关系，最终形成一个广泛联系的可理解、可扩充、可维护和更接近于问题本来面目的动态对象模型系统。

面向对象程序设计是将数据及数据的操作封装在一起，成为一个不可分割的整体。

同时将具有相同特征的对象抽象为一种新数据类型——类。每种类相当于一个模具，将类实例化就得到对象，这个对象继承了生成它的类的属性。通过对象间的消息传递使整个系统运转，通过对象对类的继承来提高代码的重用性，以减少程序开发量。

所以，面向对象技术的一个关键设计思想就是要让计算机逻辑来模拟现实世界，即让计算机世界向现实世界靠拢。这一点与传统的程序设计方法中把现实世界中的问题抽象成计算机可以理解和处理的数据结构的思路，即使现实世界向计算机世界靠拢的思路是完全不同的。这种解决问题的新思路，使得我们可以用更接近于人类自然思维模式本来面目的方法来设计解题模型。这样，无论是设计还是今后的维护都可以比较顺利地在已有工作的基础上完成。

（二）面向对象的软件开发过程

面向对象的软件开发过程可以大体划分为面向对象的分析（object-oriented analysis，OOA）、面向对象的设计（object-oriented design，OOD）和面向对象的实现（object-oriented programming，OOP）三个阶段，可以概括为如下的过程：首先，分析用户的需求，从问题中抽取对象模型；其次，将模型细化，设计类，包括类的属性和类之间的相互关系，同时考查是否有可以直接引用的已有的类或部件；最后，选定一种面向对象的编程语言，具体编码实现 OOD 模型，并设计测试用例对模块和整个系统进行测试，完善整个解决方案，最终完成项目开发。

1. 面向对象分析

OOA 阶段通常采用需求分析方法，使用这种方法要抽取存在于用户需求中的各对象实体，分析、明确这些对象实体的静态数据属性和动态操作属性，以及它们之间的相互关系，要能够反映出由多个对象组成的系统的整体功能和状态。最后，将用户的需求准确地表达出来，即提出 OOA 逻辑模型。

2. 面向对象设计

OOD 阶段的任务是设计软件系统应该“怎么做”。在 OOA 模型的基础上进行人机界面设计、系统资源管理功能设计和系统与数据库接口设计，并进一步扩充 OOA 模型。这三部分设计再加上 OOA 逻辑模型，构成了最初的 OOD 物理模型，然后对该模型做进一步的细化设计和验证。细化设计包括对类静态数据属性的确定，对类方法（操作）的参数、返回值、功能和功能实现的明确规定等；细化验证主要验证各对象类公式间的相容性与一致性、各个类及类内部成员的访问权限的合理性，以及验证对象类的功能是否完全符合用户的需求等。

将 OOD 模型划分为上述四部分的好处是实现了技术上的透明性，即某个部分的具体技术细节与实现方法相对于其他部分是不可见的，也便于充分使用已存在的，并已验证为正确有效的对象类或部件，提高系统部件（模块）的可重用性和软件开发过程的标准化程度，从而大大提高系统开发的效率和可靠性，并降低开发成本。

3. 面向对象实现

OOP 阶段要做的是选择一种合适的面向对象的编程语言，如 C++、Object Pascal

或 Java 等，具体编码实现对设计步骤所得的公式、图表、说明和规则等软件系统各对象类的详尽描述，再将编写好的各个类代码模块根据类的相互关系集成，并使用测试用例对模块和整个系统进行测试与调整，以完善整个解决方案。在面向对象的开发过程中，测试工作不是在最后各个模块都做好之后才完成的，相反，它可以随着整个实现阶段编码工作的深入同步完成。因为每个模块完成之后可以立即加入整个系统框架中，模块的修改和细化都可以在框架内部完成。

由此可见，面向对象的软件开发方法，与传统的生命周期法和快速原型法并不矛盾，关键是它采用了对象概念和全新的程序设计方法。由于对象的概念能够以更接近实际问题的原貌和实质的方式来描述与处理这些问题，所以面向对象的软件开发方法比传统的面向过程的方法有更好的灵活性、可重用性和可扩展性，使得“分析—设计—实现”的开发过程也更加高速与快捷。开发中即使出现前期工作不彻底、用户需求改动等需要反馈并修改前面步骤工作的情况，也能够在以前工作的基础上从容地完成，而不会陷入传统方法中不得不推翻原有设计，重新考虑数据结构、算法和程序结构的尴尬境地。

（三）面向对象软件开发方法的优势

面向对象软件开发方法的优势是具有更好的可重用性、可扩展性和可管理性。

1. 可重用性

应用软件是由模块组成的，可重用性就是指一个软件项目中所开发的模块，不仅限于在这个项目中使用，还可以在其他项目中重复使用，从而在多个不同的系统中发挥作用。面向对象技术以对象为核心，可重用性是其软件开发的一个核心思路，面向对象程序设计的抽象、封装、继承和多态性的四大特点都无一例外。抽象的特点使得类能够抓住事物的本质特征，因而具有普遍性，可以使用在不同的问题中；封装的特点使得类能够建立起严格的内部结构，保护好内部数据，减少外界的干扰和影响，以保持类自身的独立性，可以使用在不同的环境中；继承的特点使得一个类可以借鉴、利用已经存在的类和已经完成的工作，而不必一切从头开始，这本身就是可重用性的体现；多态性可以提高程序的抽象程度，使得一个类在使用其他类的功能和方法（操作）时，不必了解这个类内部的细节情况，而只需明确它所提供的外部接口，这种机制为类模块的重复使用和类间的相互调用与合作提供了有利条件。

可重用性的优点是显而易见的：首先，它提高了软件开发的效率，缩短了开发周期，因而能降低开发成本；其次，由于广泛采用了已经被证明是正确和有效的模块，使程序的质量得到保证，维护工作量也必然相应减少；最后，可以提高程序的标准化程度，符合现代大型软件开发的需求。可重用性是面向对象软件开发方法相对于传统开发方法的最大优势，在使用面向对象技术开发应用软件时，应该充分发挥这个优势：一方面，应充分利用已有的类和对象，包括自己以前开发的、可以从网上免费下载或能从有关厂商购买到的，以及由同一开发小组其他人员设计的供大家共享的模块等，以减少开发工作量；另一方面，应尽量使开发出来的类和对象具有较好的可重用性，为已有项目及今后其他项目的开发积累资源。

2. 可扩展性

现代应用软件的更新、修正频率越来越快。可扩展性是对现代应用软件提出的又一个重要要求，即要求应用软件能够很方便、容易地进行扩充和修改，这也是面向对象开发方法的另一个突出优势。

面向对象技术的可扩展性，首先体现在它特别适合在快速原型法中使用。快速原型法软件开发的思路是先搭建框架，再填入内容，而“类”这种结构就非常适合充当这种部件。在开发初期，类里面可以仅包含一些最基本的属性和操作，只完成一些最基本的功能，随着开发的深入，再逐步向类里面添加复杂的属性，并派生出子类和定义更复杂的关系。实际上这就是快速原型法的开发思路。同样道理，这种可扩展性使得系统的维护——从另一个角度来说就是把原有系统作为一个原型而进行的延伸开发——变得更加简单和容易，即根据要求只需在原来系统框架的基础上对类做必要的扩充和修改就能实现。

3. 可管理性

以往面向过程的开发方法是以过程或函数为基本单元来构建系统的。当开发项目变大或复杂时，需要的过程和函数数量就会成倍增加，极不利于管理和控制。而面向对象的开发方法采用内涵比过程和函数丰富、复杂得多的类作为构建系统的部件，使整个项目的组织更加合理和方便，相应地，项目的管理与控制也就变得简单和容易。

例如，一个采用面向过程开发方法来开发需要大约 3000 个过程或函数的系统，要管理好这 3000 个过程或函数在系统各种可能状态下的行为以及它们之间错综复杂的关系，显然非常麻烦，极易顾此失彼，出现失误和遗漏。如果这个系统采用面向对象的方法来开发则可能仅需要 100 个类，而平均每个类包含 30 个方法就能实现。100 相对于 3000，大大降低了管理与控制的工作量，在开发效率和质量保证等方面都具有极大的优越性。

另外，在面向对象的开发方法中，把数据和其上的操作封装在一起，使得仅有该类的有限个方法可以操纵和改变这些数据。这样，仍以上例为例，当出现数据错误时，只需要检查与该数据相关的在同一个类中的 30 个方法即可。而在面向过程开发方法中则可能需要把所有 3000 个过程或函数的程序统统检查一遍。两者在工作量、效率和难易程度等方面的差别不言而喻。

正是由于面向对象软件开发方法具有上述明显的优势，它才能适应现代应用软件规模扩大，复杂性增加，可靠性、质量和效率与标准化程度日益提高的开发要求，逐渐成为人们依赖和喜爱的主流开发技术。

四、商业软件包法

商业软件包指市场上的商品化软件，如财务管理软件包、库存管理软件包、销售管理软件包，这些软件包具有特定的功能，但由于功能不完善或者操作界面不友好，用户需要对软件包进行适当的修改才能投入使用。这种在购买软件包的基础上进行的开发称为商业软件包法，这种方法也得到了广泛的应用。

用商业软件包法开发信息系统也需要划分若干个阶段进行，如可以分为系统分析、系统设计、系统修正和系统维护等阶段。

（一）系统分析

系统分析阶段要做的工作主要是确认用户需要、提出解决方案、比较商业软件包法开发与自行设计开发方案、评估市场提供的软件包、选择软件包等。

（二）系统设计

系统设计阶段的主要工作是比较用户需求与选购的软件包的功能，弄清软件包的设计技术、系统逻辑设计、设计用户的业务流程和组织机构。

（三）系统修正

系统修正阶段的主要工作是完成对软件包的修改，包括对软件包的安装、修改、测试以及编写新的软件文档资料。

（四）系统维护

系统维护阶段的主要工作是改正软件包中存在的问题，增强软件包的功能。

商业软件包法的优点是大大缩短系统开发的周期，减少工作量，但很难选购一个合适的商业软件包，因而可能需要对商业软件包进行大量的二次开发。

五、计算机辅助软件工程法

计算机辅助软件工程（computer aided software engineering，CASE）是一种借助计算机实现软件生存周期各阶段工作自动化的方法，目的是提高开发效率和质量。不过严格地说，CASE 不是一种开发方法，而是提供多种工具支持系统开发，其作用只在于以下两方面。

（1）提供一种交互式的软件开发环境，以提高开发效率。例如，通过提供多功能的图形窗口实现直观的程序设计。

（2）对系统开发和维护过程中的某些环节实现自动化。例如，辅助开发过程中的信息处理、方案设计、文档编辑等。

复习思考题

1. 生命周期法、原型法、面向对象法等系统开发方法的基本思想是什么？各有哪些主要特点和优缺点？
2. 生命周期法分为几步？
3. 原型法的构建过程是怎样的？
4. 生命周期法适用于哪些软件的开发？

第三章

会计信息系统分析

系统分析在会计信息系统开发中具有重要地位，是系统开发过程中最重要的工作之一。系统分析的目的是通过调查和分析，弄清用户对系统的全部需求，其基本任务是建立一个会计信息系统的逻辑模型。逻辑模型是计算机信息系统的一个逻辑设计方案，主要是研究“做什么”的问题，而不是研究“如何做”的问题，它直接影响将来实现的信息系统的功能和性能。本章主要介绍结构化系统分析方法。

【重要概念】 结构化系统分析方法　初步调查　可行性分析　数据流程图　数据字典

第一节　结构化系统分析方法

结构化系统分析（structured analysis）方法简称 SA 方法，是一种简单、实用并被广泛采用的方法。这种方法又称为自顶向下的结构化系统分析方法，即先把分析对象抽象成为一个系统，然后自顶向下地层层分解，找出各部分之间的数据接口，用这种抽象与分解的方法来剖析一个系统。各子功能具有自身的独立性，掌握了各子功能的会计信息处理机制并理顺了各子功能之间的协调关系和层次关系，则整个系统的情况就清楚了。这种方法有利于分析阶段的群体工作，有利于群体成员之间的分工协作和交流。

任何一个系统都由若干个确定的子系统构成，而这些子系统又是由若干个功能模块构成的，这些功能模块可以由一些程序来实现。分析这些子系统和功能模块就可以得到一个有层次的、积木式的树状功能图。

图 3-1 所示的就是自顶向下、逐层分解的结构化系统分析法的一个例子。图中系统 S 很庞大，为了充分理解它，将它分解成子系统 1、2、3；如果子系统 2 仍很复杂，可将它再分解成子系统 2.1、2.2……如此一层一层地分解下去，直到子系统足够简单为止，按照这一思想，无论系统多么庞大，多么复杂，分析工作都可以有条不紊地进行下去，系统功能要求都可以被清晰地表达出来。系统规模的大小，只是分解层数的

多少而已。

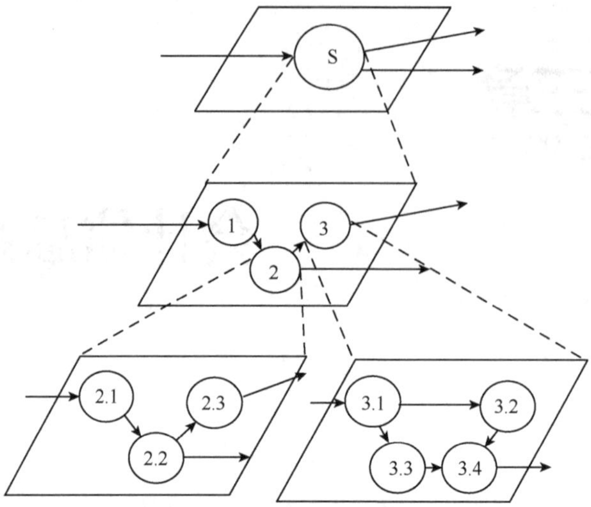

图 3-1 自顶向下、逐层分解示意图

结构化系统分析方法的优点有如下方面。

（1）使用模块式图表描述系统，简单、直观、明了，易于理解。

（2）自上而下地逐层分解，由粗到细，由复杂到简单的分析方法，不但可以了解整个系统的全貌，也能掌握局部模块的需求，使用户和开发人员做到心中有数。

（3）结构化系统分析的方法主要是弄清楚系统的逻辑功能，而不涉及物理实现的方法。

（4）当用户需要增加或删除某些功能模块时，可以很方便地进行修改。

第二节 初步调查与可行性分析

一、系统调查和分析的目的与重要性

系统调查和系统分析是系统开发的初始阶段，这个阶段的工作深入与否将直接影响系统的质量，是系统开发成败的关键所在。开发会计信息系统，人、财、物的耗费很大，时间较长。会计信息系统数据量大、数据关系错综复杂、变化因素多，会计软件质量要求高，增加了开发难度。所以，要做好系统调查和系统分析，避免在将来返工，造成更大的损失和浪费。

系统调查和分析分为初步调查与可行性分析、详细调查与系统分析两个阶段。首先，根据系统开发初步目标，对原系统进行概略性调查，掌握企业及会计系统的一般情况。根据现有的机器设备、开发资金、技术力量等条件，进行系统开发的可行性研究，决定是否开发及开发一个什么样的系统。如果系统可行，则要投入大量的人力、物力，详细调查系统的状况、会计数据内容、业务处理流程等情况，得出现系统的逻辑模型。其次，

对此进行认真的分析研究，找出其存在的问题。本着加强管理的原则，根据计算机处理的特点，改革原系统的处理流程和方法、数据内容和结构。最后，创建出会计信息系统的逻辑模型，并用书面形式明确地表达出来，编写成新系统的系统说明书。

所谓系统的逻辑模型，就是对系统的功能、结构、特征的本质描述和抽象反映。即规定新系统应具备哪些主要功能、系统结构和主要数据内容，也就是解决系统需要“做什么”的问题。

二、初步调查

系统开发之始，首先由企业领导根据企业管理的需要和条件，提出开发新系统的初步设想。成立由系统开发领导人员（项目负责人）、系统开发人员和财务等业务人员组成的系统开发组织来完成系统开发任务。系统开发人员接受开发任务后，要对企业的环境、开发的各项条件进行初步调查，掌握有关情况，作为可行性研究和制订开发计划的依据。

初步调查的内容有以下几个方面。

（1）企业的一般状况。包括企业的组织结构、管理体制、生产经营状况、生产特点和流程、企业管理水平和目前经营管理的主要目标等企业一般情况的调查。

（2）现行会计系统的一般状况。包括会计组织结构、人员岗位分工；会计基础工作状况和财务管理水平；会计核算程序和特点、会计业务量；会计人员素质以及会计工作存在的主要问题等的调查。

（3）会计信息系统与外界的联系。包括企业会计部门与外单位有哪些资金、信息等联系；与企业其他业务管理部门有哪些主要的信息和业务联系；以及企业内部业务部门计算机应用情况的调查。

（4）可提供的资源。包括现有会计可用计算机等设备的数量、功能、容量和运行状况；能投入系统开发和使用的人员数量与素质；系统开发资金来源是否落实；开发的时间要求等。

（5）企业各级领导、银行、税务等部门以及财务人员对会计信息系统工作的认识、态度和要求等的调查。

初步调查的目的主要是为系统开发可行性研究、编制系统开发计划提供依据，这种调查是比较粗略的。调查结束依据上述内容编写出简明的调查报告。

三、可行性分析

在掌握了初步调查资料的前提下，对照系统开发目标和任务，并从以下四个方面进行论证，以确定系统开发的必要性和可行性。

（一）开发新系统的必要性

经过初步调查和分析，可能发现有的企业由于规模较小，管理要求比较低，企业领导和会计部门对开发信息系统的要求不迫切，现有系统已能满足财会管理需要，那么目前就没有必要建立电算化会计信息系统。如果该企业会计核算工作压力很大，企业财会管理迫切要求提高会计信息的及时性、准确性和全面性，现有系统不能满足需要，则有必要改进现有会计信息系统。在这种情况下，就要对开发信息系统的技术可行性、经济性和社会可行性进行分析研究。

（二）开发新系统的技术可行性

技术可行性分析的主要内容是对照新系统的目标，根据现有和准备扩充的计算机设备条件、软件技术手段和开发技术力量三方面进行分析，以确定开发新系统在技术上能否实现。

设备条件主要包括计算机主机数量及其性能指标（如速度、内外存容量等），输入输出设备的种类、数量和处理速度等，能否满足会计数据处理要求。在准备联网的系统中，数据通信设备是否具备，以及机房、电源等附属设备是否齐备等。

软件条件是指实现系统目标所需的系统软件和应用软件能否满足需要，包括操作系统、语言处理系统、汉字系统、软件工具和应用软件包等。

在技术力量方面，主要考虑从事系统开发和使用维护工作的各类技术人员数量与素质能否胜任工作，包括系统分析员、系统设计员、程序员、操作员、软件维护员和硬件维护员。这些技术人员最好是既掌握计算机专业知识，又懂会计业务的复合型科技人员。

（三）开发新系统的经济可行性

经济可行性是指研制新系统在经济上是否合算。如果建立一个系统收益很小而开支却很大，就是得不偿失，在经济上不可行。经济可行性研究除了研究开发与使用维护新系统所需费用能否提供外，主要就是预计费用开支和经济效益两个方面。

（1）开发和使用会计信息系统的主要开支有设备购置费、软件开发费和系统运行维护费三个方面。

设置购置费是指计算机主机及终端、打印机等设备的购置费；机房建造费、空调、UPS 电源等购置费；系统软件、软件工具和应用软件包等的购置费。

软件开发费是指会计应用软件研制开发（或购置）费；开发人员工资和开发过程中发生的有关费用。

系统运行维护费是指系统运行消耗物料（如电力、打印纸、色带、磁盘和磁带等）费、维护人员工资及人员的培训费等。

目前，随着计算机技术的发展，硬件价格日益下降，而软件开发和维护费却日趋上升，所以对软件开发与维护的费用支出不应估计偏低。

（2）会计信息系统的经济效益要准确测算比较困难，总的来说，其效益可分为直接效益和间接效益两个方面。

直接效益是指信息系统运行后可直接用金额计量的经济效益。主要包括减少核算人工带来的工资开支和业务处理费用的节省，由于信息系统使管理水平提高所取得的经济效益。如使用信息系统后，加强了材料库存收发管理，减少了储备资金的占用，节省仓储费用；加强了成本管理，使产品成本明显降低；减少发出商品资金占用，加速了资金回收等，带来的经济效益是明显和巨大的。

间接效益是指信息系统带来的无法定量计算的经济效益。主要有会计信息系统提高了会计信息的及时性、准确性和全面性，从而加强了企业微观经济管理和国家宏观调控决策的正确性、及时性所带来的经济效益。会计信息系统不仅仅节省了人力，更重要的是使广大财会人员从烦琐的日常核算工作中解放出来，使之有时间和精力从事更高级的财务管理以获取长期的经济效益。

可行性研究只能在经济上对费用和直接效益予以初步估算，说明系统开发是否合算。但会计信息系统长期和间接的经济效益，只有在以后的实际工作中才能逐步体现出来，我们对此应予以充分的重视。需要指出的是，目前我们一般都是先从会计核算系统开发入手，虽然其效益有限，但我们不能因此就否定会计信息系统的长期效益。在这一步中，我们结束了千年来会计手工操作的历史，实现了全部会计基础数据的集中存储和自动核算，这是今后会计信息系统的基础和必由之路，进而开发出财务管理信息系统和决策支持系统，只有到这一阶段，会计信息系统带来的巨大经济效益才会大量地迸发和涌现出来。

（四）开发新系统的社会可行性

会计信息系统开发的社会可行性是指制度、组织、各类人员对会计信息系统的态度等社会因素的影响。主要包括：会计制度、法规、条例是否适应；银行、税务、财政等上级领导机关对会计信息系统的态度；会计基础工作、企业管理水平是否适应；会计组织机构及人员分工的改变，会计人员能否接受；企业各级领导、财会人员对会计信息系统的认识和态度以及会计信息系统导致会计处理程序、输出账表的改变是否得到决策机关的认可等。

四、做出可行性研究结论和报告

（一）可行性研究结论

通过以上四个方面的分析，要对开发新系统是否可行做出结论。可能有以下四种情况。

（1）立即开发。如果系统可行，可立即开发。

（2）暂缓开发。由于某些条件所限，需等待条件成熟后才能开发。

（3）修改目标。由于开发条件与开发目标不相适应，必须缩小开发目标，采用分期分批开发方式先开发某个子系统；或条件充足，可扩大开发规模等情况，都要修改目标，然后才能开发。

（4）系统不可行，或管理不需要，则不必或不能开发。

（二）可行性研究报告

系统初步调查和可行性分析工作的结果是编写可行性研究报告，其主要内容如下。

1. 引言

引言部分包括系统名称，系统目标和主要功能，用户单位名称，承担开发单位名称，全系统与其他系统的关系，本报告所用资料、文件及专门术语的说明等。

2. 初步调查资料

初步调查资料包括企业的目标和任务、会计组织和管理体制、现行会计系统的一般状况、现行会计系统与其他部门的联系、可提供的资源情况、开发人员的数量及素质、各领导部门对会计信息系统的态度和要求等。同时，还要对现行系统存在的问题，用户对系统功能、信息内容和质量的要求等进行初步分析。

3. 可行性分析

可行性分析包括系统开发的必要性分析、技术可行性分析、经济可行性分析和社会可行性分析等，并做出可行性分析结论。

4. 系统开发计划

系统开发计划包括资源需求和意向选择方案、系统开发进度计划、费用支出计划以及人员培训计划等。

5. 开发方案的比较

开发方案的比较指提出一个主要的开发方案和几个辅助方案供领导选择决定，主要从硬件、软件、资金及人员方面提出开发要点和对策。

第三节 结构化系统分析的工具

一、数据流程图

数据流程图（data flow diagram，DFD），是结构化系统分析的主要工具，它表示了系统内部的信息流向，并表达了系统的逻辑处理功能。不论是现行系统还是由电子计算机处理的新系统，其业务的逻辑关系都可以用数据流程图来表示。

对于一个复杂的大系统，我们要采用逐步分解的方法，由大到小，由粗到细，由复杂到简单，因此，分解是分析的核心，而数据流程图是描述分解的主要方法。

（一）数据流程图的基本符号

数据流程图的组成，有四个基本元素：外部实体、数据流、数据处理和文件。它们常用的符号如图 3-2 所示。

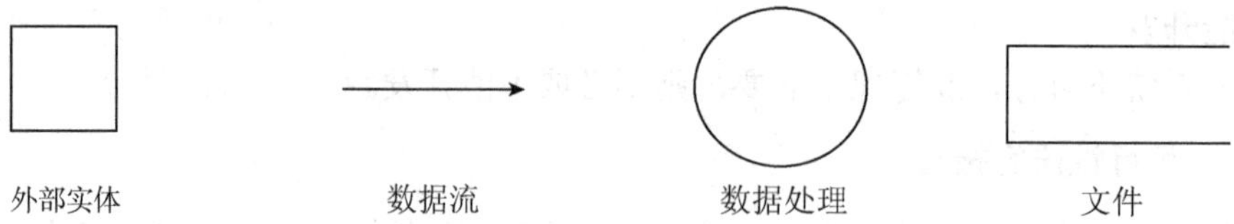

图 3-2 数据流程图基本符号

1. 外部实体

外部实体指的是不受系统控制，在系统之外的事物，如客户、职工、经理、供销科、财务科等。在数据流程图中，外部实体是该系统数据的来源或去向。有时在系统外的另外一个数据处理系统也可以看成外部实体，它向该系统提供数据或接受系统发出的数据。

在确定了系统的外部实体之后，实际上也就确定了系统与外界的分界线，它向系统提供数据，或者接收系统输出的数据，即它是系统的“源头”或是“终点”。外部实体通常分布在数据流程图的四周，而且可以根据需要多次出现。

2. 数据流

数据流指的是数据流动的方向，它的符号可用一个水平或垂直的箭头来表示，数据流一般采用单向箭头，有时也可以用双向箭头来表示数据的流向。

有时数据流很难用一个简单的词来表达，如某单位的往来客户邮来的订货单、发票单、退货单、询问等，如果把这些数据的流向全部表示出来，就显得很烦琐，这时，把这些数据逻辑归并成一个叫“往来客户事务”的数据流即可。

3. 数据处理

数据处理指的是数据的逻辑处理功能，它的符号可由一个圆圈表示，一个数据流程图中至少有一个数据处理，每个处理都应有一个明确且唯一的名字，而且当数据流程图是一张层次图时还应加一个编号。当数据流经过加工处理流出后，会发生一定的变化，或者是数值的变化，或者是性质、编排的变化等。

4. 文件

文件代表数据的存储场所。文件可以是磁盘、磁带、纸质或其他存储介质的文件，数据库也可当作一组文件。文件的符号可由一个右边开口的水平长方形表示，在长方形内部写上该文件的名称和编号。

一个处理逻辑可以从文件中读出某些数据，也可以将数据存入某个文件中去，或者修改文件中的数据内容。

（二）数据流程图的绘制方法

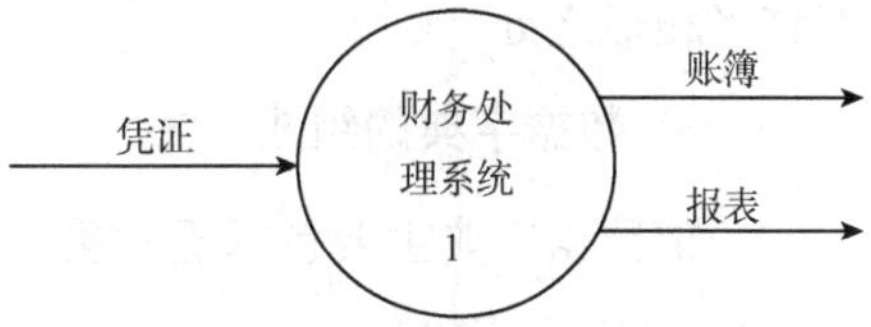

图 3-3　账务处理系统的顶层数据流程图

数据流程图的绘制，采用“自顶向下，由外向里”的分解方法。所谓自顶向下是指逐层分解，先将一个系统作为一个功能处理，画出第一张数据流程图，也叫顶层图或 0 层图。例如，图 3-3 是账务处理系统的顶层数据流程图。然后再将这个功能处理分成几个主要功能操作，画出一张数据流程图，叫一级细化图，即图 3-4 所示的账务处理系统的一级数据流程图。然后将每一主要功能操作分解为各级若干个主要加工，画出多张数据流程图，叫二级细化图。这样一层层分解下去，构成一套层次数据流程图。在逐层分解时，不断增加处理细节，使人容易理解。所谓由外向里分解是指在层次分解的时候先考虑外围情况，弄清系统或处理的输入输出要求，然后进入系统或处理内部进行分析。经过如此步步剖析，就可以画出令用户满意的数据流程图。

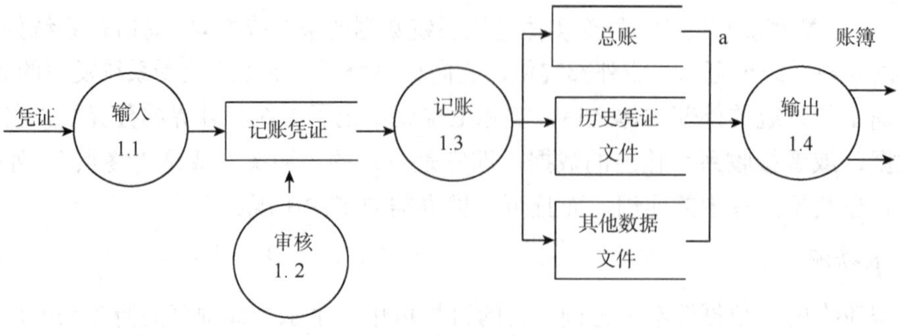

图 3-4 账务处理系统一级数据流程图

数据流程图的绘制步骤：①掌握对现行系统调查研究的全部资料。②画顶层图，初步确定新系统的输入输出和外部项。③分解顶层图的处理功能，绘制一级细化图。通常先从现行系统流程图中去掉物理因素，然后根据新系统目标，在现行系统处理功能基础上增删、修改、合并某些逻辑功能和文件，绘制一级细化图，并在功能分解的同时，注意数据流和文件的变化。④逐级分解、扩充、调整，得到比较完善的数据流程图，初步划分计算机处理过程和人工处理过程。⑤组织用户领导、会计人员等反复讨论，分析和比较各种方案，直到得到令用户比较满意的数据流程图。

二、数据字典

在数据流程图上仅描述了系统由哪几部分组成，各部分之间的联系等，也就是说它给出了一个会计信息系统处理的逻辑框架，但并未说明其中各个元素的含义及许多必要的细节。因此，对数据流程图中的每一个元素成分，做出确切而完整的定义与说明，并分门别类按一定次序排列组织起来，就是一套完整又统一的数据字典。数据流程图加上完整的数据字典，就成为一份完整的系统分析的“系统说明书”。

分层的数据流程图加上一部数据字典才能完整地描述一个系统。系统不同，其数据流程图和数据字典的内容与形式也有所不同，但系统框架结构和组成数据字典的条目也有许多相似之处。

（一）数据字典的组成

一部数据字典主要包括五种类型的条目。

1. 数据项

数据项又称为数据元素，是会计数据的最小单位，是一个不可再分割的数据单位。对数据项的描述包括以下内容。

（1）数据项名称。数据项名称必须唯一地定义该数据项，并且尽可能见名知意，便于理解和记忆。命名时可以用汉字，可同时辅以拼音或英语字母，这样在计算机中进行数据处理时更为方便，如“工资”数据项，可用拼音 GZ 表示。

（2）数据类型和取值范围。数据类型有数值型（N）、字符型（C）、逻辑型（L）、日期型（D）等几种，取值范围是指最大值与最小值的范围，如工资数据项取值范围是 100 元到 1000 元，等等。

（3）数据项的长度。数据项的长度指数据项组成的字符个数或数字的位数。如 GZ 目前多为 6 位数，小数点前 3 位，小数点后有 2 位，包括小数点在内共计 6 位。

下面是数据项定义的例子。

数据项名称：工资

类型：数值

别名：GZ

长度：6 位

取值范围：100.00～999.99

2. 数据流

数据流是传输会计数据的媒介。它包括以下内容。

（1）数据流名称。

（2）组成，数据流由数据项或数据结构组成。

（3）数据流来源，可能从外部实体、数据存储或处理逻辑流入。

（4）数据流去向，数据流可以流向外部实体、数据存储或处理逻辑。

（5）流量，指单位时间内传输数据流的次数，是一种平均流量。

（6）峰值流量，指高峰时期的流量值，流量是随时间变化的。

下面是一个数据流的例子。

数据流名称：对账单

数据流组成：银行支票号＋金额＋月份＋日期

数据流来源：开户银行

数据流去向：银行对账处理

流量：每半月 5 张，每张约 30 笔数据

峰值流量：每半月 8 张，每张约 35 笔数据

3. 处理逻辑

处理逻辑又称为数据处理或数据加工，是数据字典中的主要成分。其内容如下。

（1）处理逻辑的名称及编号。

（2）简要描述，简要说明处理逻辑的功能。

（3）处理逻辑的输入和输出，指流入或流出的数据流。

（4）加工逻辑，多使用结构式语言扼要地描述逻辑处理功能，以便于系统设计时，按此功能要求进行设计。

下面是一个处理逻辑的例子。

处理逻辑的名称：登记明细账

简要描述：生成明细账

处理逻辑的输入和输出：输入记账凭证，输出各种明细账册

加工逻辑：将收、付、转各种凭证文件中的数据，按明细科目进行登录，以形成相应的明细账

4. 文件

常以文件（一组有组织的数据结构）的形式存储数据。文件的主要内容如下。

（1）数据存储的名称及编号，给数据存储命名，并给予唯一的编号。

（2）流入、流出的数据流，需说明数据的来源与去处。

（3）数据存储的组成，指存储文件包含的数据项或数据结构。

下面是数据存储的例子。

数据存储的名称：现金日记账

流入、流出的数据流：流入收、付款凭证数据，流出日报表等数据

数据存储的组成：月份＋日期＋摘要＋收入＋支出＋结存

此外，数据存储和数据流的组成中，可用一些简略的符号加以描述，如

＋　表示逻辑与。

|　表示逻辑或。

[ ]　表示“可选”，即括号中的项目是可选项。

{ }　表示“重复”，即括号中的项目可重复若干次。

5. 外部实体

外部实体指的是系统人与机界面，也就是系统的数据流是由外部实体流入，或者系统的数据向外部实体的流出，它包括以下内容。

（1）外部实体的名称及编号。

（2）简要描述，其目的是使人们了解这个外部实体是做什么的。

（3）流入数据流，指的是流入外部实体的数据流和数据流的来源。

（4）流出数据流，指的是流出外部实体的数据流和数据流的去向。

（二）处理逻辑说明

在数据字典中对处理逻辑做了简要描述，但受表达能力的限制，多有含糊不清之词，对于较复杂的处理逻辑，用语言文字也难以表达，因此需借助于其他描述工具。

目前较常用的描述处理逻辑的工具有以下几种。

1. 结构式语言

结构式语言是一种介于自然语言与程序设计语言之间的语言。它由程序设计语言的框架（允许三种基本结构：顺序结构、分支判断结构、循环结构）和自然语言的词汇（如动词、名词和程序设计中的保留字）组成，这种结构或语言易于编写，又能简明地描述较复杂的处理逻辑功能。

结构式语言中所使用的语句，有简单的祈使语句、判断语句、循环语句和复合语句。其中最典型的是复合语句，它是一种复合结构，即三种基本语句之中还可以嵌套任何一种基本语句，以便描述复杂的处理逻辑，如计算工资的处理逻辑用结构式语言表示如下。

如果　　　工资＞＝5000 元

　　则　如果　工资＜＝8000 元

个人所得税＝（工资－5000）×0.10＋1500×0.03

否则

个人所得税＝（工资－8000）×0.20＋3000×0.10＋1500×0.03

否则　如果　工资>=3500 元

个人所得税＝（工资－3500）×0.03

否则

个人所得税＝0

从以上的结构式语言中可知，工资大于或等于 5000 元时的两种处理方法和工资小于 5000 元时的两种处理方法。

2. 判断树

判断树是用树形图表示加工逻辑的工具。如将计算个人所得税的处理逻辑用判断树来描述，则可得到如下内容。

- 计算税金
  - 工资＞＝5000元
    - 税金＝（工资－5000)×0.10+1500×0.03　（工资＜＝8000元）
    - 税金＝(工资－8000)×0.20+3000×0.10＋1500×0.03　（工资>8000元）
  - 工资<5000元
    - 税金＝(工资－3500)×0.03　（工资＞＝3500元）
    - 税金＝0元

判断树从最左边的树根开始向右延伸，在每个树节点处，根据条件的取值，可找到相应的处理策略（动作），所有的处理结果均列在最右边。判断树具有简单明了、形象直观的优点。

3. 判断表

对于复杂的逻辑判断关系宜采用判断表的描述方式。它将组合条件按一定的规则得出相应的行动动作，并将条件、规则和动作三者间的关系用表格形式表示出来，能将复杂条件下众多的动作完整地罗列出来，避免了遗漏。特别是当条件很多，而且每一个条件的取值又有若干个，相应的动作也很多的情况下，使用判断表是很有效的。

第四节　系统分析报告

系统分析阶段的最后任务是收集整理分析结果，编写成系统分析报告（或称系统说明书）。系统分析报告是系统的功能、性能等需求说明书，是系统设计的基础和依据，也是以后用户验收系统的标准。它相当于用户与开发人员达成的协议，因此表述应尽量确切。

系统分析报告的内容包括如下方面。

（1）原系统的概况。根据详细调查的结果概要说明原系统的组织结构、业务处理情况、存在问题及调查中收集的各种凭证、账页、报表格式等原始材料。

（2）原系统的数据流程图。

（3）新系统的目标与需求。通过调查分析，用户必须明确系统的功能、可靠性、容量、速度、数据精度、存储要求、输入输出、安全保密、信息的利用、各子系统的联系、开发费用、时间要求、系统硬件、系统软件和开发工具等各种要求，尽可能量化，并记录在系统分析报告中。

（4）新系统的数据流程图、数据字典等。

系统分析报告要经过领导、专家、有关部门主管和分析人员共同审查。审查通过后，系统调查分析阶段就结束了，如通不过则要继续调查、重新分析、修改完善，再提交审查。

在系统调查分析阶段，会计和内部审计人员应大力支持、密切配合、积极参与调查分析，尤其要把《企业会计信息化工作规范》中对会计信息系统内部控制和保留审计线索等要求明确告诉开发系统的计算机技术人员；尽可能准确、完整、详细地描述手工核算或旧的会计信息系统各个环节的处理过程，提供各种原始凭证、记账凭证、账页、报表的样本，并将其中的数据填写要求、每项数据的定义、有关注意事项等详细告诉分析人员，对分析人员所记录的调查文字、图表等积极参与审阅，看是否与实际情况一致，尽可能及早发现、指出错漏之处，以保证资料的准确性；对系统分析人员编制的新系统数据流程图、数据字典、处理说明等积极参与审查，看有无违反现行会计准则、会计与财务制度和其他财经法纪的地方，是否符合实际需要，是否符合传统习惯，是否确有先进性，是否能做到，新系统的处理有无必要的控制措施，是否留有充分的审计线索，应增加哪些控制措施和审计线索等。

复习思考题

1. 什么是结构化系统分析方法？该分析方法有哪些优点？
2. 为什么要进行系统调查？应怎样进行系统调查？
3. 系统分析在会计信息系统软件开发中的作用如何？
4. 系统分析的主要工作是什么？
5. 试述数据流程图的作用和特点。
6. 试述数据字典的作用和要求。
7. 试述数据流程图和数据字典之间的关系。

会计信息系统设计

系统设计是在系统分析的基础上，根据系统分析报告提出的逻辑模型，确定物理上可以实现（计算机上可实现）的实施方案，即建立新系统的物理模型。系统设计一般分为总体设计和详细设计，其中总体设计用于设计系统的模块结构，而详细设计则设计每一个模块的内部执行过程。系统设计也借助某种工具进行，其中总体设计一般采用结构化设计方法，而详细设计一般要按结构化设计的思想进行。系统设计是会计信息系统开发过程中最重要的阶段之一，它主要解决会计信息系统“如何做”的问题。本章主要介绍会计信息系统的结构化设计方法、总体设计和详细设计。

【重要概念】 结构化设计方法　总体设计　详细设计

第一节　系统设计的任务和基本要求

一、系统设计的任务

系统设计的主要任务是确定会计信息系统由哪几个部分组成（包括哪几个子系统），以及各部分之间的关系。大致说来它包括以下两个方面：首先，为了使系统结构合理，把总任务分解成许多基本的、具体的分任务，即分解成若干个子系统；其次，对每一个子系统按功能分解为若干个功能模块，这些模块之间是互相联系、互相配合，合理地组织在一起的，根据其在系统中的地位和作用，选择合理的处理方法和技术手段，并对其进行处理。使系统的可维护性、可靠性、有效性达到最大值。

综上所述，会计信息系统的设计任务是进行系统结构设计和详细设计。系统结构设计的目的是完成系统结构的分解，使整个会计信息系统的结构由若干个子系统（如账务处理、会计报表、材料核算、薪资核算、固定资产核算、成本核算、销售核算等子系统）来实现。每个子系统又由若干个功能实现。详细设计是定义每个模块的功能、算法、内部特征。它包括数据库设计、代码设计、输入设计、输出设计等部分。

二、系统设计的基本要求

（一）满足用户要求

满足用户要求是系统设计工作中最重要、最基本的要求，也是衡量系统最基本的标准。

（二）安全可靠性

安全可靠性是指数据处理的结果能满足会计制度对其数据真实性、可靠性、准确性的要求，防止差错，防止数据的破坏和遗失。安全可靠是会计信息系统的重要特征，是对会计信息系统最重要的要求。

（三）可变更性

可变更性是指系统对外界环境变化有较强的适应能力。应用软件的生命力就在于它的可变更性，会计信息系统的外界环境变化较多，如果外界环境变化，系统不能提供相应的信息，那么这个系统的生命力也就结束了。要实现系统的可变更性，必须采用结构化设计方法，使一个系统分解成一个多层次的模块结构，各模块均具有相对的独立性。

（四）完整统一性

会计信息系统是一个数量大、数据结构复杂、处理内容庞大的信息系统，系统内部包括许多子系统，许多个独立的功能模块和程序模块，因此，要求各个组成部分必须协调一致，相互衔接，使系统尽可能完整、统一。

（五）简便性

简便性是指系统在满足安全可靠、完整、具有可变更性等条件下，结构应尽量简单，处理流程应简短。复杂的系统不仅出故障的频率较高，而且可靠性难以保证，简单的结构不仅能够提高系统的效率，而且可靠性高。

（六）经济实用性

经济实用性是指系统具有显著的经济效果。在设计中应力求以较少的支出取得尽可能大的效益；还应力求使系统简捷、灵活，操作简便，以满足用户的实用要求。

（七）设计文档齐全

系统设计阶段的成果是系统设计说明书，它是系统实施阶段和系统评审工作的依据。因此文档资料必须齐全完整。

第二节　系统的总体设计

系统的总体设计面对的问题是如何将系统划分为若干个模块，明确各模块间的调用关系和模块间传送的数据，如何评价模块结构的质量等。系统的总体设计是系统开发过程中的关键环节，总体设计的好坏决定了系统质量的高低与性能的优劣。最具代表性的系统设计方法是结构化设计方法。

一、结构化设计方法的基本内容

结构化设计（structured design，SD）是指从数据流程图导出系统模块结构图，以低耦合、高内聚作为模块划分的原则。先将整个系统划分为若干个较大模块，每个模块实现其中一部分功能，再将较大的模块进一步划分为较小的模块，直至每个最底层模块都是功能单一，不能再分为止。若干不同层次的模块相互联系，互相配合，完成系统的全部功能。结构化设计的基本思想是由大到小，自顶向下，层层分解。

（一）模块结构图

模块结构图是系统设计阶段描述系统结构的主要工具，作为一种文档，它不仅严格地定义了模块的名字、功能和接口，而且集中地反映了设计思想。模块结构图主要由以下成分组成。

1. 模块

模块以矩形表示，其中有模块名字。模块名字可以是模块的功能说明，也可以是模块的简称。模块的表示方法如图 4-1 所示。

图 4-1　模块的表示方法

2. 调用

调用用箭头表示，箭头总是从调用模块指向被调用模块，它说明调用模块中含有对被调用模块的调用。图 4-2 表示模块 A 中含有对模块 B 的调用，当模块 A 调用模块 B 时，模块 B 执行完成本身的功能后，再返回到模块 A 调用模块 B 的地方，模块 A 中有调用模块 B 的语句，模块 A 有调用模块 B 的能力。

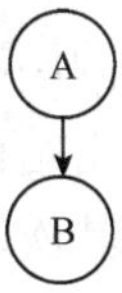

图 4-2　模块间的调用

3. 数据

当一个模块调用另一个模块时，调用模块可以将数据传送到被调用模块，被调用模块将数据处理的结果送回调用模块，在模块之间传送的数据，用调用箭头旁边带空心圆的小箭头表示，小箭头指向数据传送的方向，在小箭头旁边注明数据的名称，如图 4-3 所示，模块间除传送数据外，还传送控制信息。例如，文件读到末尾产生的文件结束标志 EOF（end of file），输入数据结束时给出的结束标志等都属于控制信息，但这些控制信息用带实心圆的小箭头表示，如查账模块将账号送给读账模块，如图 4-3 所示。若该模块送回“无此账户”标志信息，则表示账号有错，没有查到账号的账户记录。

4. 转接符号

如果模块结构图在一张纸上画不下，需要转接到另一张上，或在同一张纸上因地方所限，需要将一部分画在另一位置，或者为了避免箭头交叉都可以用转接符号，如图 4-4 所示。

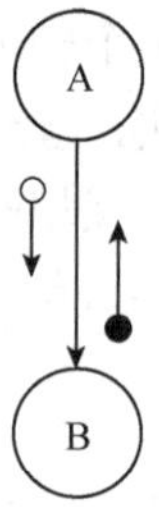

图 4-3 模块间信息的传送

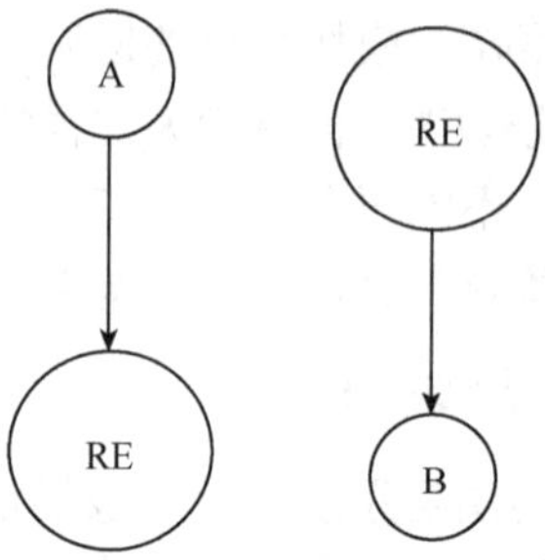

图 4-4 模块间的转接

（二）绘制系统结构图的要求

一个上级模块可以有一个或多个下级模块，一个下级模块也可以有一个或多个上级模块。上级模块只能调用直属的下级模块，同级模块不能相互调用，下级模块不能调用上级模块。模块间通信只限于直属上下级模块间进行，可以是双向的。系统结构图要合理布局，一般应自左向右安排，并避免调用线交叉，自左向右安排是通常的习惯，输入模块在左侧，处理在中间，输出在右侧。系统结构图中的各个模块要标出名称，而且最好也标出系统化的标识。其标识可用字母打头与数字混合使用，还应体现其功能、隶属关系及层次关系，这种标识可直接作为程序设计中的程序及子程序或过程的标识。

应该指出的是，“结构图”与“框图”是两种不同的描述工具：“结构图”描述的是程序的层次，而“框图”却是描述程序的执行过程。在系统总体设计阶段，人们关心的是程序的层次结构，而不是执行过程，所以采用结构图作为描述工具。

采用结构化方法进行系统的总体设计分两步：首先根据数据流程图建立系统的初始结构；其次对初始结构做改进，以求得到一个符合设计要求的模块结构图。

二、系统设计的策略

系统设计的策略是系统结构设计工作为实现系统设计的目标而采取的手段。它可以帮助系统设计人员运用系统的观点从数据流程图中导出初始的系统结构，以供进一步优化和改进。系统设计有两个基本策略：变换中心设计策略和事务中心设计策略。

（一）数据流程图的典型结构

数据流程图的典型结构通常有变换型结构和事务型结构。变换型结构是一种线性状的结构，可以分为输入、变换（处理）、输出的顺序结构。事务型结构一般具有事务中心、不同类型的事务处理的分支结构。它是一个树形结构的数据流程图，其特点是从系统外部传入的数据流，根据其类型的不同将经过不同的处理路径。

对数据流程图的典型结构，可以分别采用“变换中心设计策略”和“事务中心设计策略”，导出“变换型”和“事务型”模块结构图。这两种方法都是先设计顶层模块，然后“由顶向下，逐层分解”，按照数据流程图所表达的用户要求，逐层设计下层模块。

（二）变换中心设计策略

变换型结构的数据流程图，由输入、变换（处理）和输出三部分组成，其中处理是系统的中心部分。它的输入数据流称为系统的“逻辑输入”，输出数据流称为系统的“逻辑输出”，而系统输入端的数据流称为“物理输入”，系统输出端的数据流称为“物理输出”。一般来说，从物理输入到逻辑输入要经过编辑、审核、格式转换等一系列辅助加工，从逻辑输出到物理输出也要经过格式转换、组成物理块等辅助加工。在数据流程图上，从物理输入到逻辑输入构成系统的输入部分，从逻辑输出到物理输出构成系统的输出部分，逻辑输入与逻辑输出之间的部分才是处理，仅由输入和输出两部分组成，只将输入数据变换成另一种格式输出。

变换中心设计策略可分为三步。

1. 确定变换中心

所谓变换中心是指系统当中相对来说执行主要逻辑处理功能的部分。它是对数据进行实质性的处理，将输入的数据流经过处理后，转换成可以传递出去的新数据流。变换中心可以是一项处理功能，也可以是几项处理功能。在做这一步时暂不考虑数据流程图中的一些支流，如出错处理等。确定变换中心的方法有两种：一是数据流程图中如果存在几股数据流的汇合处往往就是变换中心；二是数据流程图中如果没有明显的数据流汇合点，可以通过寻找系统的逻辑输入和逻辑输出来确定变换中心，一般是从物理输入端开始，逐步向中间移动，每移动一步就判断所在的数据流是否仍可作为系统的输入，直至数据流不再被看作系统的输入为止。它的前一个数据流就是系统的逻辑输入，即离物理输入最远但仍被看作系统输入的数据流。同样，从系统的物理输出端开始，逐步向中间寻找，可以找到离物理输出最远但仍被看作系统输出的数据流，就是要找的逻辑输出。逻辑输入与逻辑输出之间的处理就是变换中心。如果寻找的结果，逻辑输入就是逻辑输出，那么可以断定这个系统没有主加工，只有输入和输出两部分。

需要说明的是，在寻找变换中心的过程中，由于认识上的差异，不同人对输入和输出部分的理解不可能完全相同，所确定的变换中心会有差异，但一般不会相差很大。

2. 设计顶层模块和第一层模块

确定了系统的变换中心后，就确定了模块结构图中主模块的位置，主模块的位置确定以后，就可以按输入、变换、输出的模式设计第一层模块。

3. 设计第一层模块的下层模块

设计第一层模块的下层模块的顺序是任意的，但通常按输入、输出、变换的顺序设计。

（三）事务中心设计策略

所谓事务中心设计策略，就是根据事务型数据流程图导出初始模块结构图的设计。它先分析数据流程图，确定事务中心，然后再设计模块结构。

事务中心设计策略的步骤如下所述。

（1）确定事务中心。所谓事务中心是指在系统当中主要是执行数据的集散功能，具有以下几种功能：获得事务数据，确定事务的类型，为每项事务选择逻辑处理路径，确保每项事务得到完全的处理。

（2）按类划分事务。确定每种事务类型所需要的处理操作，为每种类型的事务或联系密切的一组事务，建立一个专用事务处理模块。

（3）为每一事务处理模块建立全部的下层操作模块，其建立方法与变换中心设计策略类似。但要注意将各模块中相同的处理操作分离出来，建立公用操作模块，为有关事务处理模块共享。

（4）必要时规定操作模块的全部细节模块，应尽可能使细节模块为若干操作模块共用。

变换中心设计策略和事务中心设计策略是系统结构设计两种最基本的策略。在实际工作中，数据流程图往往都是比较复杂的，所以，在导出初始系统结构图时，经常要配合使用这两种策略。一种情况是某一数据流程图既不是严格线性的，也不是严格的树形结构，可能是一个网状结构，这就需要纵观全局，抓住主流，从总体上确定其或者属于变换型或者属于事务型，然后选择一种设计策略导出系统的结构。另一种情况是某一数据流程图从总体上看是一种类型，其各个具体组成部分仍是某种类型，但这种类型可能与总体类型一致，也可能不一致。这就要求循环使用或交替使用这两种设计策略。因此，在实际工作中，应当仔细分析数据流程图的特点，灵活运用这两种基本设计。

三、系统设计的原则

系统设计的原则也称为模块设计原则或模块划分的标准。它是系统结构设计应遵循的准则，可以帮助系统设计人员优化和改进系统结构，同时也是评价一个系统结构好坏的标准。

要获得一个好的系统结构，使系统具有较强的可修改性，则要求尽可能提高模块的独立性。模块的独立性主要表现在两个方面：一个方面是一个模块内部各个部分之间联系的紧凑程度，如果一个模块内部各个组成部分是紧密相关的，这个模块的紧凑程度就强，其独立性就高；另一个方面是模块之间的联结程度，如果一个模块不与其他模块发生紧密联系，则模块的联结程度就弱，其独立性就高。与这两个方面相适应，则产生了衡量模块独立性的两个标准：模块的内聚度和模块间的耦合度，这是系统设计的两个主要原则。

（一）提高模块的内聚度

模块的内聚度是指模块功能的专一性，也就是模块内部各部分关系的紧密程度。如果本身内容有充分联系，与外部联系少，则模块内聚度高，否则低。较高的内聚度能使模块具有较强的独立性，使系统的修改和维护只能在指定的模块内进行，从而有效地防止系统各模块间的相互干扰，保证系统的稳定性。

模块内聚度的类型主要有六种，内聚度从小到大排列如下。

（1）巧合内聚：模块内各成分之间没有任何联系。

（2）逻辑内聚：模块内各成分的逻辑功能相似。

（3）瞬时内聚：将需要同时执行的成分放在一个模块中。

（4）通信内聚：模块中各成分所处理的输入数据相同，或产生的输出数据相同。

（5）顺序内聚：模块中一个成分的输出是下一个成分的输入。

（6）功能内聚：将完成一个功能所必需的全部成分组成一个模块。

（二）降低模块间的耦合度

模块间的耦合度是指模块之间的依赖关系，包括控制关系、调用关系、数据传递关系等。降低模块间的耦合度能减少模块间的影响，防止对某一模块修改所引起的“牵一发动全身”的水波效应，保证系统设计顺利进行。

模块之间的耦合度主要受两个因素的影响：一是接口的复杂性，二是耦合的方式。接口的复杂性与调用语句中所包含的参数个数有关，模块间接口的参数个数越少，模块间耦合度越低；耦合方式是影响模块之间耦合度的最主要因素，两个模块之间的耦合方式主要有以下四种。

（1）数据耦合：通过调用两个模块间传递的数据。

（2）特征耦合：模块间与同一个数据结构有关，使某些本来独立的模块相互依赖。

（3）控制耦合：模块之间传递的是控制信息。

（4）公共耦合：两个或多个模块共用一个数据域，这样两个模块不经调用，彼此直接修改或使用对方数据。

综上所述，系统设计的目标是获得“耦合小，内聚大”的模块结构。这就要求在做系统设计时，一方面按功能划分模块，使每个模块最好都只执行一个功能，因为单一功能的模块可以单独地理解、设计、编制、调试，然后再同其他模块连接起来，每个模块应具有较高的内聚度；另一方面，要使模块间只保留必要的数据耦合，极少的特征耦合，决不能出现控制耦合与公共耦合。

四、会计信息系统的功能模块设计

系统功能模块设计是指如何根据传统的会计核算工作的特点、方式，结合计算机处理的特点，把系统的总体功能分解成若干个基本的具体的子功能，即子系统的划分。手工会计系统的特点是数据多、结构复杂、处理流程复杂、规模较大，而且不同部分在数据处理上各有特点。一般的会计信息系统应主要包括如图 4-5 所示子系统。

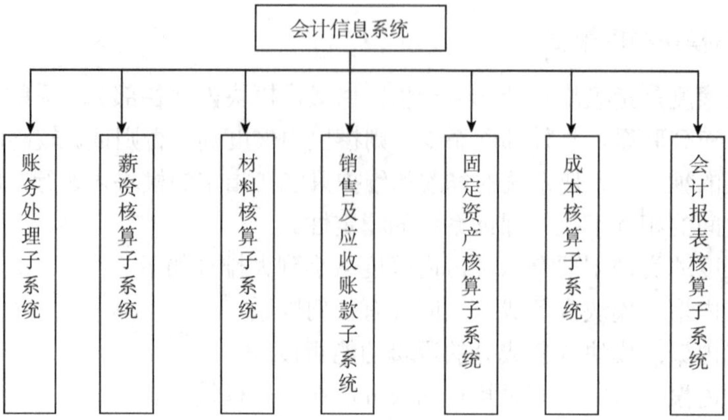

图 4-5 系统功能模块

第三节 系统详细设计

总体设计的任务是建立系统的模块结构，而详细设计的任务则是给出模块实现的方法和必要的细节。详细设计的内容通常包括：数据库文件设计、代码设计、输出设计、输入设计、人机接口设计和程序流程设计。

一、数据库文件设计

数据库文件设计就是把会计信息系统涉及的文件进行物理定义，把所有文件设计成可用计算机进行存取的物理形式。数据库文件设计的依据是系统分析中编制的数据流程图和数据词典。在进行数据库文件设计时，应该考虑以下几个问题。

（1）确定系统需要建立的文件种类。为了满足会计信息系统对会计数据存储、处理、输入、输出的要求，需要根据系统分析的数据流程图和数据字典的要求及特点建立数据库。

（2）数据库文件的组织形式。数据库文件的组织形式是指一个文件中记录的排列方式，它决定了文件的存取方式。文件的组织形式通常有：① 顺序组织方式，是指其内部的记录按建立时间先后顺序进行排列和处理；② 索引组织方式，是指对按顺序组织的文件建立索引文件。

（3）数据库结构设计。数据库结构设计的任务是根据数据词典中的定义，确定每个数据库的名称、字段个数和字段名、类型和长度等。

字段名应力求准确、明了，字段名要和该字段存放的数据有关，命名要有规律，力求简单。在软件工程中，为保证命名的可读性和程序员编程的方便以及计算机处理的方便，强调标准化命名的方法。例如，字段名可用汉语拼音的缩写。如对记账凭证文件中的凭证编号命名，字段名可命名为 PZBH（凭证编号）。

字段类型有字符型（以 character 表示）、数值型（以 numeric 表示）、日期型（以 date 表示）、逻辑型（以 logic 表示）等。字段类型的确定，取决于字段本身的逻辑特性和对该字段进行的运算。例如，在记账凭证文件中，凭证编号可定义为字符型，数量或金额应定义为数值型，日期应定义为日期型（也可定义为字符型）。

字段的长度取决于存储的数据项的长度及用户的实际需要，长度以位来表示，每位占一个字节（1Byte）。每个汉字占 2 位，数值型字段长度中还需表示出小数点后的位数。例如，发生金额字段是数值型，其整数部分有 9 位，小数点后有 2 位，则其长度应设计成 12 位，其中小数点本身占 1 位。

字段的个数应按存储对象的数据项确定，有多少个数据项就设计多少个字段。简单的记账凭证的数据库结构设计如表 4-1 所示。

表 4-1 数据库结构设计

数据项名	字段名称	类型	长度	小数位
日期	RQ	Date	8	
凭证种类	PZL	Character	4	
摘要	ZY	Character	36	
借方科目编号	JFKMBH	Character	3	
借方科目名称	JFKMMC	Character	16	
贷方科目编号	DFKMBH	Character	3	
贷方科目名称	DFKMMC	Character	16	
借方金额	JFJE	Numeric	16	2
贷方金额	DFJE	Numeric	16	2

二、代码设计

代码是代表客观存在的实体或者属性的符号。在信息系统中，代码是人和计算机取得共同语言的基础，是人和计算机交换信息的工具。因此，代码设计的科学性合理性，不仅影响系统运行的效率，而且将直接影响系统的正确性和实用性。

（一）代码设计的原则

代码设计是一项重要的工作。如果代码设计不合适会对程序产生重要的影响，一般应遵循下列原则。

1. 唯一确定性

必须保证每一个所描述的实体（或属性）都有一个确定的代码来表示，反过来，每一个代码仅代表一个唯一的实体（或属性）。

2. 标准化与通用性

国家有关编码标准是代码设计的重要依据，此外，系统内部使用的同一种代码应做到统一，使代码在一定的业务范围内能够通用。

3. 稳定性和可扩展性

确定后的代码要能够使用较长的时间，无特殊情况一般不要随意变动，同时要考虑系统的发展和变化，便于增加代码或减少代码，而无须改动原来的代码体系。

4. 规律性

代码的层次和顺序应当有一定的逻辑规律，这样，通过排列就可以自然地得到具有实际意义的分组。

5. 简明性

代码结构要清晰、易记、易用，在其他要求满足的条件下，代码长度尽可能简短。代码越长，输入或操作越容易出错。

（二）代码的分类

代码的种类很多，每种代码有其各自的优缺点，在实际工作中，要根据具体情况，综合运用，设计出高质量的代码系统。

1. 顺序码

顺序码是一种最简单的代码体系，它是将编码对象按顺序排列进行编号。顺序码比较直观，适宜于时序排列、相对稳定的事物，但不宜于分层分类。例如，记账凭证中的凭证日期和凭证编号都可用顺序码。

2. 组码

组码是将编码对象按数字顺序分组，以此来表示不同项目的区别。例如，一级科目中表示会计科目的性质，可用组码，规定“1000～1999”表示资产类科目，规定“2000～2999”表示负债类科目。

3. 层次码

层次码是将所编代码分成若干段，每一段包括固定的位数，规定一个特定的含义。这种编码常用于校验、分类和归并，缺点是位数长，不便于记忆。会计科目中二级科目、三级科目的分类，可用这种编码方法。例如，某面包厂原材料设三级明细科目，则“原材料——原料及主要材料——面粉”可编码为12110103。其中，1211为一级科目“原材料”的代码，01为二级科目“原料及主要材料”的代码，03为三级科目“面粉”的代码。

4. 助忆码

助忆码是以代码对象本身常用符号来编码，便于记忆。例如，用kg来作为千克的代码。

（三）校验码的设计

代码是系统的重要数据，通常作为关键字使用，它的正确与否直接关系到系统的工作质量。为了保证代码的正确性，可以在原有代码基础上加上校验码。校验码是对原有代码进行某种关系运算而得到的，以后在代码使用过程中用这种运算关系可以验证代码的正确性。

设计校验码的方法一般有以下几种。

1. 几何级数法

几何级数法是将原代码的各数码分别以几何级数为权数相乘，然后相加，并除以“模”，再用“模”数减去余数所得的差就是校验码。例如原代码为 1120203，代码长 7 位，求其校验码的计算过程如下：

$$1\times64+1\times32+2\times16+0\times8+2\times4+0\times2+3\times1=139$$

$$139\div9=15\cdots\cdots4 \qquad 校验码为\ 9-4=5$$

将校验码附在原代码之后，原代码就成为 11202035，最后一位 5 是校验码。

2. 算术级数法

算术级数法是以算术级数为权数，与各数码分别相乘，然后乘积相加，再除以“模”数，余数即为校验码。如原代码为 1120203，将其分别乘以算术级数 7、6、5、4、3、2、1，然后乘积相加，再除以“模” 9，余数即为校验码。计算过程如下：

$$1\times7+1\times6+2\times5+0\times4+2\times3+0\times2+3\times1=32$$

$$32\div9=3\cdots\cdots5$$

余数 5 为该代码的校验码，附有校验码的原代码成为 11202035 的形式。

3. 质数法

质数法将各数码分别乘以质数 2 与 3，然后乘积相加，再除以“模” 9，余数即为校验码。如原代码为 1120203，其计算过程为

$$1\times2+1\times3+2\times2+0\times3+2\times2+0\times3+3\times2=19$$

$$19\div9=2\cdots\cdots1$$

余数为 1，即该代码的校验码为 1，原代码就可以写成 11202031 的形式。

以上方法总称检验数位法，主要用于以数字进行编码的代码系统，其模数的确定由其原代码的位数而定，即模数＝代码位数＋2。若原代码为 7 位数，模数应为 9。以此类推，其校验码通过计算来产生。

4. 拼音法校验

拼音法校验是指将汉语拼音字头作为其代码的校验码，如“银行存款□工行”的科目代码是 100201，可以选用工行的拼音字母 G 作为检验码，那么校验码的科目代码就为 100201G。

（四）代码设计说明书的编制

代码设计说明书是用以说明系统中各种代码的名称、编码方法、代码位数、适用范围以及代码构成的意义等文书资料，代码设计说明书是整个电算化会计系统中不可缺少的说明资料。例如，凭证文件库的代码设计说明书的格式如表 4-2 所示。

表 4-2 凭证文件库的代码设计说明书的格式

编码名称	凭证号	代码对象	记账凭证
代码类型	组码＋顺序码	使用范围	账务核算系统
代码位数	4	使用期限	长期
代码结构： × ××× └→ 该类顺序码 └→ 凭证种类		编码说明： 凭证种类的意义：“1”表示收款凭证；“2”表示付款凭证；“3”表示转账凭证。 如 1036 表示收款凭证中的第 36 号凭证	
备注：			

（五）会计科目代码的设计

会计科目是对会计对象的具体内容进行分类核算的重要手段，它一方面规定了会计核算的内容，另一方面又对报表的编制有着重大的影响。因此，新企业会计制度要求“统一规定会计科目的编号”，以便于编制会计凭证，登记账簿，打印报表，查询账目，实现会计信息化。

将会计科目编成由数字组成的一组代码称为科目代码。在新企业会计制度中，对一级科目代码进行了统一的规定，即由四位数字组成。最高位是 1 的表示资产类，如编码为 1001 的表示现金，1002 表示银行存款等；最高位是 2 的表示负债类，如编码为 2101 的表示短期借款，2111 表示应付票据等；最高位是 3 的表示所有者权益类，如编码为 3101 的表示实收资本，3111 表示资本公积等；最高位是 4 的表示成本类，如编码为 4101 的表示生产成本等；最高位是 5 的表示损益类，如编码为 5101 的表示主营业务收入等。企业会计制度中规定，一级科目不允许任意改变，也不可以打乱重编，但可以根据实际情况自行增设、减少或合并某些科目，企业也可根据经济情况自行编制二级以后的明细科目代码，如某单位会计科目代码级别分为四级，分别为：第一级 4 位、第二级 2 位、第三级 2 位、第四级 2 位，如图 4-6 所示。

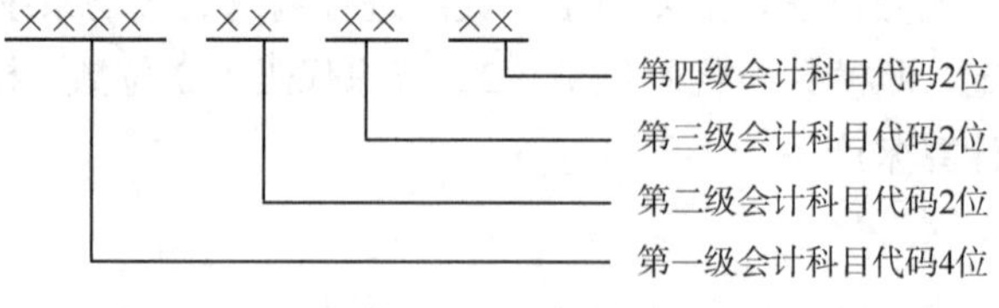

图 4-6 四级会计科目代码

会计科目的编码化满足了计算机数据处理的要求，充分发挥了计算机数据运算和逻辑判断能力强的优势，便于会计业务的分类和汇总。

三、输出设计

及时准确地输出各种会计核算信息，是会计信息系统开发的最终目的。在设计工作中必须根据管理上的要求先确定输出，然后再按输出的需要组织数据的输入和处理，会计电算化信息系统的输出设计既要考虑对外会计报表的需要，又要考虑对内日常管理的需要。

（一）输出方式设计

会计信息系统中使用较多的输出方式是打印输出、屏幕显示输出和文件格式输出。

1. 打印输出

打印形式的输出介质是打印纸，它把系统输出的信息打印在纸张上，目的是满足对外（包括上级主管部门、财政、工商、税务、银行等部门）和对内业务管理的需要。通常打印输出的主要有：对外报送的各种会计报表，企业所需要的总账科目试算表，日记账等。

2. 屏幕显示输出

屏幕显示输出的介质是显示器，它把系统输出的信息显示在显示器屏幕上，目的主要是查询。与打印输出相比，前者可以保存信息，而后者只能阅读不能保存信息。凡是打印输出的内容都可以用显示方式输出，显示输出既可以提高查询速度和系统效率，又可节约时间和纸张。

3. 文件格式输出

文件格式输出是指按指定的文件格式以电子文档的形式输出文件，这种输出方式的介质通常有软盘、磁带等。这种输出形式常用来向其他部门或上级主管以及其他系统传递数据。

（二）输出格式设计的原则

（1）输出格式要符合用户要求。

（2）尽量保持和原手工格式一致，并改造手工格式中的不合理之处。

（3）格式的设计要考虑系统发展的需要，要留有备用项目与数据长度。

（4）打印输出的报表格式要规范、标准，符合现行制度的要求，屏幕显示输出的报表格式要简明、扼要、易读。

四、输入设计

对于一个会计信息系统来说，输入设计至关重要。在加工处理正确的前提下，输出信息的正确性完全取决于输入信息的正确性，可以说，最佳的系统始于最佳的输入。因此，输入设计必须认真对待，全面考虑，精心设计，防止“垃圾”进入系统。

（一）输入数据的来源

会计数据的特点是数量大、数据庞杂，因而会计信息系统输入数据的来源比较杂乱，但总的来说可以分为：① 外输入，它是系统的最基本输入，如原始凭证的输入，记账凭证的输入等；② 内输入，它是指计算机通信或储存系统提供的输入，如把销售及应收账款子系统的数据作为账务处理子系统的数据输入等。

（二）输入数据的方式

会计信息系统的输入工作主要是指数据的采集、整理、输入。因此，进行输入设计，首先应调查清楚有哪些种类的输入形式可供选用。目前常用的输入方式有两种。

1. 集中输入

集中输入是将所发生的各种原始凭证，以一定时间单位收集录入计算机。其优点是集中进行信息的输入，人力较省，输入设备的利用率较高，费用较少。其缺点是责任不明确，发生错误时不便于检查。

2. 分散输入

分散输入是在信息发生时进行输入（分散进行）。其优点是相对于集中输入形式来说，责任较为明确，一旦出现错误容易采取措施，工作的灵活性大。其缺点是人力及设备的利用率不高。

（三）输入数据的要求

在会计信息系统中，会计资料录入计算机之前，要对数据加以整理。具体应从以下几个方面着手。

1. 对输入信息进行分类

根据用户和系统的要求，分出固定输入数据和可变输入数据。所谓固定输入数据并不是指永久不发生变动的数据，而是指那些在一定时期内，固定不变的数值。例如，工资核算子系统中，职工的姓名、参加工作的时间等在一定时间内不会发生变化。对于这种固定的输入数据，应该在整个系统的实施过程中，一次性输入，不必每运行一次输入一次，只是在这些数据项有了变动时，才修改或重新输入一次。所谓可变输入数据是指那些在系统每次重新运行时，都有可能变化的数据项。例如，薪资核算子系统中，职工加班、加点工资是可变输入数据。对于可变的输入数据，需要系统在每一次运行时，进行重新输入。划分输入数据的固定部分和可变部分，可以节省整个系统的运行时间，同时也会减少出错的机会。此外，在数据输入前，应对将要输入的数据做好归类的工作，将同一类型的数据归在一起，这样可以提高输入的速度，也可以减少输入的错误。

2. 输入数据要避免重复性

输入数据要尽可能简练，避免重复输入。不能完全照搬手工操作，在满足会计电算化信息系统需要的前提下，对于那些可以由计算机计算出来的数据或从已存储的数据库中查找到的数据，不应作为输入数据项。例如，对销售发票的输入，需要输入的有客户名称、产品名、发票号、数量等，而对于常见产品的单价应该列为固定数据，一次性输入，而金额可以由数量乘以单价计算得出。

3. 输入数据要具有统一性、规范性

在数据输入前，对将要输入的数据先做好归类和整理工作，将同类型的数据归在一起，这样可以减少输入错误，以达到提高输入速度的目的。例如，在输入各类凭证时，先将凭证分为现金收款凭证、现金付款凭证、银行收款凭证、银行付款凭证和转账凭证等。现金收款凭证的借方科目总是现金，故借方科目就可以不必输入，由计算机自动生成，从而提高输入速度。

4. 避免同一数据的多重入口

在会计信息系统中会遇到两个或两个以上的子系统和功能模块需要使用同一数据，如果输入设计不好就会在多个功能模块中多次输入，这不仅浪费了输入时间和大量的人力，还可能造成数据的不一致。

（四）输入设计的要求

输入设计的目标是：在保证输入信息正确性和满足需要的前提下，应做到输入方法简单、迅速、经济，为使用者提供方便。输入设计一般要遵循下列原则。

（1）保证数据的完整性，满足输出要求。输出信息是对输入加工处理的结果，输入数据的完整性直接关系到输出信息的完整性，也关系到整个会计信息系统质量的好坏。

（2）提高输入的可靠性。可靠性是电算化信息系统的重要指标，数据输入一定要保证真实可靠，以满足会计制度的要求。

（3）输入方式要灵活方便，输入速度要快捷。

（五）输入格式设计

输入格式的设计非常重要，它是实现数据录入高效、准确的一个先决条件，对输入格式设计要求做到以下几个方面。

（1）尽量使输入画面与有关凭证、单据、报表的格式一致。

（2）少用填写项目，尽量用固定项目、固定位数代替可变项目和可变位数。

（3）格式尽量通用化，对不同种类的凭证如收款凭证、付款凭证和转账凭证，可统一设置录入格式。

（4）输入过程中应有全屏幕修改功能。

（5）对代码性的内容，输入时应有代码名帮助的功能，输入后应有代码名称还原显示功能。

（6）合理利用屏幕空间，提示信息简单明了，色彩搭配美观明快。

（7）对输入数据要有一定的校验功能设计。

（六）输入信息的校验设计

输入设计最重要的问题是如何保证输入数据的正确性，而对输入信息进行校验是保证输入数据正确的主要措施。

1. 校验的对象

校验的对象首先是主文件数据，它是系统的基础数据，在处理过程中频繁使用，必须进行重点校验；其次是各种金额和数量数据，这类数据要求特别准确，如果出现差错就会引起业务处理的混乱。对于实时输入的数据，一定要及时校验。

2. 数据校验的方法

数据校验的方法主要有如下几种。

（1）视觉校验。由输入者直接观察刚输入的屏幕画面上显示的数据与手工填制的数据是否一致，从而找出错误，由于长时间目测容易使人疲劳，所以视觉校验的有效率可能会降低。

（2）两次输入校验法。同一凭证先后两次输入，由计算机自动进行校验，若两次输入的内容经过计算机逐条检验后完全一致，程序才会进入下一步骤，否则就把错误之处显示出来供修改，修改后再进行校验，直到两次输入的内容完全一致，这种方法虽然输入的时间需要长一些，但校验的有效率最高，且从整个系统的效率来看，远大于其他校验方法，所以两次输入校验法在信息系统中，特别是在账务处理凭证的输入中用得最多、最广泛。

（3）代码自身校验。为代码设置校验位，这是代码校验最常用的方法。

（4）匹配校验。业务文件的代码与代码文件中的内容核对，如果不匹配则数据错误。例如，在输入凭证时，输入的科目代号在科目库中找不到，则可能科目代号输入有错，或要增加新的科目。

（5）界限校验法。界限校验法是检查某个项目的内容是否在规定的范围之内（或逻辑关系之内），凡超出此范围以外的数据，则认为其有错，如最大月份为 12，最大日期为 31，若输入的月份大于 12 或日期大于 31 则为错，这种方法由于不可能将信息的全部逻辑关系都包括在内，因而有一定的局限性。

（6）平衡校验法。平衡校验法在信息系统中用得比较多，它是利用有借必有贷、借贷必相等的原理进行校验的。

3. 差错的纠正

经过数据校验，检查出错误后，应修改错误，保证数据的正确性。为此，在输入过程中，必须设置如下功能。

（1）增加功能。操作人员在输入时若漏输了凭证的某项内容，可用此功能在编辑状态下补上。

（2）删除功能。操作人员若多输或重输了凭证上的某项内容，可用此功能把多输或重输的删去，若发现该凭证无用，可用此功能删除整张凭证。

（3）修改功能。输入任一数据时，如发现有错可用此功能修改、更正。

（4）插入功能。若发现输漏了某一张凭证，可用此功能进行插入。

五、系统设计说明书

系统设计说明书是一份综述性的报告，是全面描述新系统物理模型的文档资料。它是系统设计中的各项内容的概括和总结，是系统设计阶段的主要成果，也是系统实施阶段的主要依据，通常系统设计说明书主要包含下述内容。

（一）概述

概述部分主要包括系统名称、用户及使用范围，项目承担者，与其他子系统的关系，开发项目所需条件等。

（二）系统总体设计

系统总体设计部分主要包括新系统的系统结构图、新系统配置设计、配置需求清单、配置说明等。

（三）系统详细设计

系统详细设计部分主要包括数据库设计、代码设计、输出设计和输入设计等说明。

（四）系统实施计划

系统实施计划部分主要包括工作任务分解、每项任务的进度、经费预算等。

复习思考题

1. 试述系统设计的作用和任务及在生命周期法中的地位。
2. 试述结构化设计方法的原理和基本过程。
3. 试述系统详细设计的内容与基本方法。
4. 试述结构化设计的基本原则。
5. 试述代码的功能及代码设计的主要原则。

会计信息系统实施

在完成了会计信息系统的设计并建立起新系统和物理模型之后，对新系统的开发工作就进入计算机的程序设计、程序调试、系统试运行等过程，这就是系统的实施阶段。会计信息系统的实施，就是通过一系列的专门方法彻底实现新的系统，使它能够进行正常工作，完全取代旧的系统。会计信息系统的实施工作，一般包括计算机程序设计、程序调试、系统转换、系统维护、系统评价、系统管理等。系统实施占整个系统开发周期工作量的50%左右，而程序设计和调试又是系统实施阶段的中心环节，本章主要介绍会计信息系统程序设计的步骤与方法，以及一些典型的应用程序。

【重要概念】 程序设计　程序评价　系统转换方式

第一节　会计信息系统的程序设计与调试

一、会计信息系统的程序设计

程序设计是根据详细的设计文件，主要是模块结构图与模块说明书，使用某种计算机程序设计语言，做出可在计算机上执行的程序代码的过程。

进行计算机程序设计，一般应分为三个步骤。

（一）选择计算机程序设计语言

电子计算机的程序设计语言种类很多，并且都有各自的特点，可适用于不同的应用方面。所以，在开发会计信息系统时，选择计算机程序设计语言是一项很重要的工作。从目前已开发的会计信息系统来看，选择的计算机语言有Visual BASIC语言、Visual C++语言、数据库管理系统FoxPro等，其中数据库管理系统FoxPro是当前在微型计算机上开发会计信息系统时使用较为广泛的，同时也是较为先进和适应开发会计信息系统的计算机语言之一。

对于计算机语言的选择，一般应在系统分析阶段的可行性分析工作中进行，我们在这里所要谈到的选择计算机程序设计语言，主要是指在一个信息系统使用的计算机语言确定之后，还可以根据不同的数据处理任务的特点选择其他不同的计算机程序设计语言，这样可以相互配合发挥各种语言的优势，提高系统的效率。

（二）绘制程序流程图

程序流程图也称框图。计算机程序设计人员可以通过绘制框图来具体构思程序的结构，所以在编写程序之前一般先绘制框图。详细的框图可以直接作为编制程序的依据，并可作为调试和检查程序的依据。

计算机程序流程图是根据在系统分析和设计阶段完成的新系统数据流程图与处理流程图等有关资料来绘制的，所采用的绘制方法也是结构化设计方法，即自顶向下，逐步深入，按照子系统和模块的结构，各功能、各处理过程一个层次一个层次地进行。绘制程序流程图的过程，也是程序设计的过程，在绘制过程中，要应用程序设计的理论和方法对程序的逻辑结构进行详细的规划。程序流程图设计得好坏，直接影响到将要设计的程序的质量，并直接影响到整个系统的质量。

程序流程图是描述程序细节经常使用的工具，它的符号如图 5-1 所示。

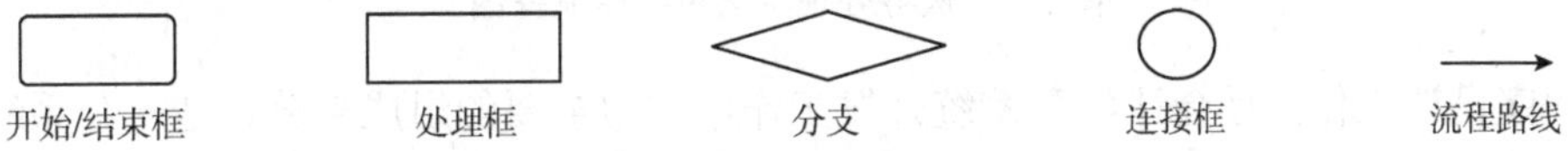

图 5-1 程序流程图符号

图 5-1 中，方框表示加工处理，方框可以对应于一条计算机指令，也可以对应于一段程序。菱形框表示逻辑判断，箭头表示控制流。

程序流程图是描述程序逻辑的工具，是程序员编写程序的依据及有力“助手”。程序流程的设计要考虑以下几个方面：程序要完成模块的功能，数据的精度和准确性，程序之间的接口要符合模块之间联络的要求；程序运行所占的存储空间；程序有关的输入、输出要符合计算机系统流程图的要求，等等。以下介绍一个“账务处理总控模块”程序流程设计实例，如图 5-2 所示。

随着软件技术的发展，结构化程序方法已得到越来越广泛的运用，结构化程序方法的描述工具是结构流程图。其要点有如下方面。

（1）只使用三种基本结构，即顺序、选择和循环结构来构造程序，结构可以嵌套。

（2）每个结构必须是单入口和单出口。

（3）无死循环和死语句。

（三）编写计算机程序

编写计算机程序是一项技术性很强的工作。在规模较大的会计信息系统的开发中，程序设计工作一般由专业从事软件的设计人员来承担，并且由于一个会计信息系统要编写几十个甚至几百个相对独立的计算机程序，所以需要若干设计人员相互配合，共同完成。

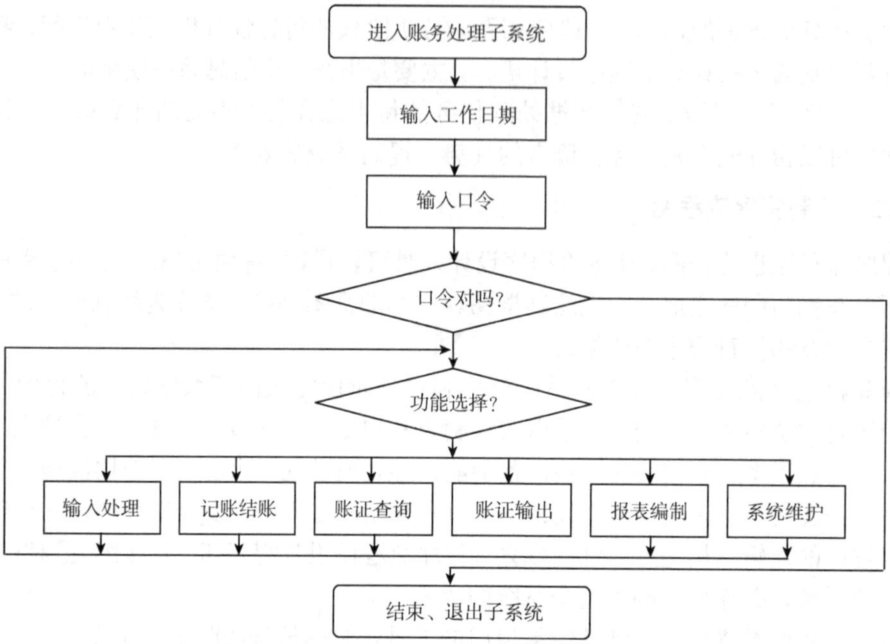

图 5-2　账务处理主菜单程序流程图

程序设计工作，是会计信息系统开发工作中非常重要的组成部分，是一个系统能否实现的关键，所以应特别重视这项工作。

二、会计信息系统的程序调试

编制好程序并不能说明设计和开发工作已完成，仅仅说明设计和开发过程到了一个特定的阶段，编好的程序还必须进行调试和测试。

程序的调试是对已经编制好的程序在计算机上进行测试，以保证其正确性。程序调试可以分为三步，即进行单个功能模块调试、总体调试以及并行调试。这三个步骤所涉及的对象、范围和深度都不一样。

（一）单个功能模块调试

单个功能模块调试也可以称为单体调试。它是对系统中的每个功能模块逐一进行调试，它的目标是使编好的程序能够完成各功能模块的单体要求，即完成功能模块说明书中所描述的任务。它是整个调试过程的第一步，也是整个调试工作的基础。单体调试主要从两方面来着手进行：一个方面是程序的语法测试，另一个方面是程序的逻辑测试。程序的语法测试主要是检查程序对选定的机器和语言或软件包在语法上是否有错误，一般语法错误计算机能自检并停止继续执行该程序。逻辑测试主要是检查程序在完成某个功能模块时运算的方法及其逻辑处理是否正确，一般情况下计算机是不能自检程序所有错误的。

程序的逻辑调试是检查该程序能否完成各功能模块的既定目标工作。程序的逻辑调试对象可以是模拟数据，也可以是正规数据，但这些数据必须包括正常数据、不正常数据和错误数据，必须包罗各种类型、各种可能的情况。对模拟数据可以先由人工进行处理，根据这些数据应该得出什么结果，这样可以核对计算机和人工处理的结果是否相同，对输入程序主要核对输入数据是否按所要求的格式和方式存储到指定的单元，并核对它是否对一些能由计算机核对的错误数据进行自检。对自检出的错误数据能否进行修改，修改以后是否有效等。对处理程序主要测试其对于输入正确的数据及其运算方法是否正确，是否能得出预期的结果，对不正常的数据是否能进行特殊处理。对输出程序主要测试由打印机或显示器输出的报表或账页的格式和数据的位置等是否正确，核对计算机输出的结果和手工处理的结果是否一样。

通过上面从语法和逻辑两个方面对程序进行调试，可以确定程序的基本正确性，若调试的结果和预期的结果一样，单个功能模块的调试也就结束了。

（二）总体调试

总体调试是在单体调试的基础上进行的进一步系统调试。总体调试的任务是测试系统中各子系统及各功能模块之间的数据传送是否正确，总体调试的主要任务是对系统的逻辑性进行调试，一般以对一个月的数据为依据。

由于会计信息系统信息系统范围大、信息多、联系广，往往由多个子系统组成，因此进行总体调试时，对数据的先后关系一定要搞清楚，在总体调试前可以先画一个功能模块联系图，以明确系统中各子系统及各功能模块间数据传送的先后次序及方向，根据这张联系图上的次序对会计信息系统进行总体调试，可以避免发生类似数据传递混乱的现象。

由于总体调试的数据是以一个月的数据为依据的，因此在调试时可以将计算机输出的报表和账页与手工编制的报表和账页进行核对，以确定其正确性，对两者不一致的结果要仔细分析其原因，看看是由于手工处理错误引起的，还是计算机处理错误引起的，或是由于处理方法改变而引起的，应视不同情况分别进行处理。

（三）并行调试

对系统进行单体调试和总体调试以后，说明整个会计信息系统基本上达到了设计和开发的要求。为了进一步考证系统的可靠性，一般还需有一个试运行阶段，这个试运行阶段就称为并行调试阶段，在这个阶段所进行的工作就是并行调试。在并行调试阶段，计算机和人工同时处理会计业务，将得出的结果进行比较，以确定系统的正确性和可靠性。在这个阶段由用户将真实数据输入，由计算机对这些数据进行处理并输出结果。这时会计人员会感到工作量增大，因为一方面要用计算机进行处理并输入、输出数据，另一方面又需手工编制各种会计报表和账页。经过一段时间的并行调试（3 个月或半年）证明了系统的完整性、合法性、正确性和合理性，就可以逐步由计算机帮助人工进行各种会计业务的处理，实现会计业务的电算化。

三、会计信息系统的程序评价

计算机应用早期，硬件资源很有限，速度不高，内外存也较小，应用项目主要是科学计算，强调算法和程序的效率，而不太注重程序的可读性。因此，常常为了节省一点内存空间或使运算得快一些而绞尽脑汁，甚至使用怪算法摆弄技巧，全然不顾程序的结构和可理解性。其结果是程序流程混乱，难以理解，调试和维护极其困难。

随着硬件的飞速发展，计算机运行的速度越来越快，容量越来越大，以及新型开发工具的出现，使得原来编程时主要担心和考虑的问题不复存在。而且，由于软件规模和难度的不断增大，软件费用尤其是维护费用急剧上升，使得当今的程序设计无论是设计思想、方法技巧还是评价指标都发生了一些根本性的变化。如过去倡导的程序设计紧凑性和技巧性，目前已被“简明、清晰，不要太技巧”的观点所取代。人们认识到“一个逻辑上绝对正确但杂乱无章的程序实际上没有什么价值”，因为它无法供人阅读，难以测试、纠错和维护，而强调编写程序应具有良好的“文体”、清晰和易理解。所以编码的目标从强调效率转变为强调清晰，提倡简明和直接。今天，对程序质量的综合评价可归纳为如下方面。

（1）正确、可靠和容易使用。正确性是指程序能正确完成系统所规定的全部功能；可靠性即程序运行的安全可靠性，如数据存取的安全可靠性、通信的安全可靠性、操作权限的安全可靠性等。可靠性指标在任何时候都是衡量系统质量的首要指标。

（2）严谨、清晰、易修改、易测试、易扩充和易移植，各部分的独立性强，便于修正与维护，尽可能少地使用 GOTO 语句。

（3）允错性。允错性指的是用户在执行程序过程中允许犯错误，犯错误后，允许修正，并应有提示纠正错误的功能。

（4）可理解性。可理解性指的是程序的可读性，通常源程序是给人看的，供人分析、测试、排错、修改及使用。因此，一个理解性好的程序应是一篇很容易阅读的文章。

（5）效率。效率指的是程序的执行效率（时间）和存储效率（空间），也称为时空效率，这两者往往是矛盾的，但需做一定的平衡和优化。

第二节　会计信息系统的转换

配备会计信息系统的硬件和软件后，就可以考虑在财务会计工作中用计算机取代手工作业的问题了。我们把这一过程称为由手工会计系统到会计信息系统的系统转换。

一、系统实施的时间选择

在系统转换时，系统转换的时间选择是一个重要的问题，要根据用户的实际情况来确定。根据实际工作经验，选择两种时间比较稳妥，第一种是在年初进行切换，这是因为会计工作是以年度为循环周期的，在年初运动新的系统，将大大减少工作量，容易实现系统的转换。第二种是在第三季度末实施转换，这是考虑到系统实施前有一个过渡时期，试运行一个季度比较合适。对工资核算、固定资产等子系统，由于与年度数据关系不大，可在某月初或月终实施转换。

二、系统转换方式

系统转换可以是整个系统的替代，也可以是某个子系统的替代。系统转换一般有三种方式，即直接转换、并行转换和分段转换。

（一）直接转换

直接转换是规定一个时点，在规定的时点停止原有系统的工作，改用新系统继续进行业务处理。直接转换的最大优点是转换简单、转换费用低，但这种转换风险较大，如果新系统存在缺陷，将会造成难以预料的后果。因此，除非确有把握，一般不使用这种方式。

（二）并行转换

并行转换是指规定一个时间段，在这段时间内原有系统继续正常工作，新系统也开始投入使用，新旧系统同时处理同一业务，以便互相核对并及时发现和纠正新系统存在的问题。这种转换方式的好处是转换安全。缺点是由于转换期间要维持两个系统运行，且要进行数据间核对，因此转换费用大，安排不当容易造成工作混乱。这种转换方式一般用在一旦出现问题会造成重大损失的系统。

（三）分段转换

分段转换是指在进行系统转换时，分期分批，逐个子系统甚至是逐个模块进行转换。各部分转换时可以根据需要采用直接转换或并行转换。这种做法的目的是可以集中技术力量逐个解决问题，尽量减少整体转换所带来的风险，减少转换过程中工作量大且过于集中的弊病。

分段转换需要重点解决的问题是，转换过程将会出现新旧子系统或模块间数据互相传递和转换的问题，需要事先做好这方面的准备工作。

第三节　程序设计应用实例

一、窗口编程技巧实例

在一个主程序 menuwin 窗口中，提供 4 个不同位置的窗口，窗口名分别为：exp1win、exp2win、exp3win、exp4win，每一个窗口产生不同的图案供用户选择，选择后就保留在屏幕上，不同的图案保留在屏幕的不同位置上，每一个窗口都可以用鼠标进行改变大小和移动位置等操作，从而拼成不同的图案。

【源程序清单】

```
set  talk  off
close all
clear
```

```
define  window  win1  from  1，2  to  12，20 color  +7/+5;
title  "win1 窗口"  float  grow
define  window  win2  from  1，54  to  12，74 color  +7/2;
title  "win2 窗口"  float  grow
define  window  win3  from  12，54  to  27，74 color  +7/4;
title  "win3 窗口"  float  grow
define  window  win4  from  12，2  to  27，20 color 5/3;
title  "win4 窗口"  float  grow
do  While  .t.
    define  window  menuwin  from  10，22  to  20，52 color  +5/+6;
    title  "win 窗口"  float  grow
    Activate  window  menuwin
    set  color  to  +7/6
    @1，1  prompt  "1——退          出"
    @2，1  prompt  "2——正三角形图案"
    @3，1  prompt  "3——倒三角形图案"
    @4，1  prompt  "4——花样菱形图案"
    @5，1  prompt  "5——五角菱形图案"
    aa=1
    menu  to  aa
    do  case
        case  aa=1
              exit
        case  aa=2
              activate  window  win1
              for  i=1  to  7
                  @i，8-i  say  ""
                  for  j=1  to  2*I-1
                      ? ?  "*"
                  endfor  j
             endfor  I
        case  aa=3
              activate  window  win2
              for  I=1  to  7
                  @I，2+I  say  ""
                  for  j=1  to  15-2*I
                      ? ?  "*"
                 endfor  j
```

```
            endfor  I
      case  aa=4
            activate  window  win3
            for  I=1  to  11
                 if  I>6
                    a=-3+I
                    b=23-2*I
                    ft="$"
                   else
                    a=9-I
                    b=2*I-1
                    ft="#"
                   endif
                   @I, a  say  ""
                   for  j=1  to  b
                        ??ft
                   endfor  j
              endfor  I
      case  aa=5
            activate  window  win4
            For  I=1  to  11
                 If  I>6
                     a=-5+I
                     b=12-I
                 else
                    a=7-I
                    b=I
                 endif
                 @I, a+1  say  ""
                 for  j=1  to  b
                      ??"★"
                 endfor  j
              endfor  I
   endcase
   wait  window  "看完后按任意键继续"
enddo
cancel
```

【运行结果】

当执行该程序后，首先在屏幕上出现的是主程序窗口 menuwin，通过用户的选择可以得到不同的图案，显示在屏幕的不同位置上，如果全部选择后，出现的屏幕格式如图 5-3 所示。

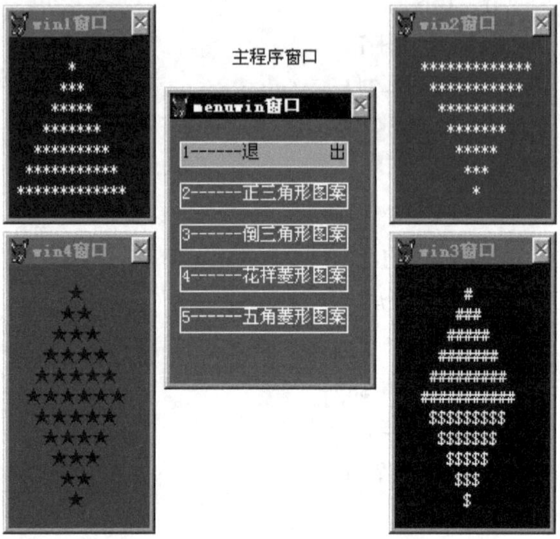

图 5-3 主程序窗口

二、菜单系统的设计

Visual FoxPro 提供了“菜单设计器”，通过它，用户可以方便地建立自己的菜单系统，下面以建立会计信息系统账务系统菜单为例，介绍如何使用“菜单设计器”。

假设我们需要设计如图 5-4 所示的菜单系统。并将以上两个程序分别放入“建立会计科目”和“凭证输入与修改”子菜单项中。

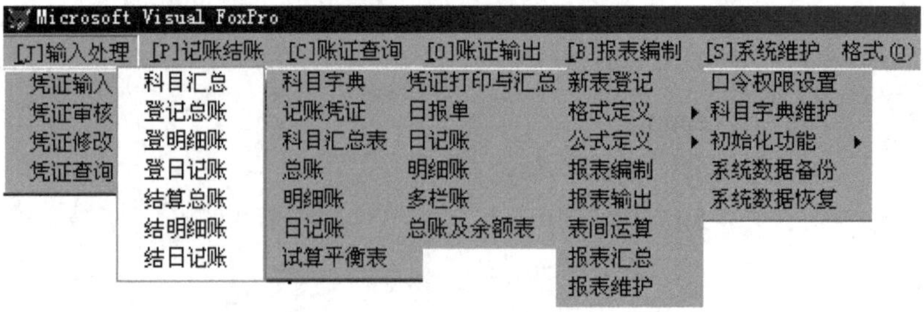

图 5-4 菜单系统

【操作步骤】

（1）在 Visual FoxPro 主菜单下，单击“文件”模块下的“新建”功能。

（2）出现如图 5-5 所示的对话框。

（3）在文件类型中选择“菜单”项，并单击“新建文件”按钮，出现“新建菜单”对话框，选择“菜单”按钮后，出现“菜单设计器”对话框。

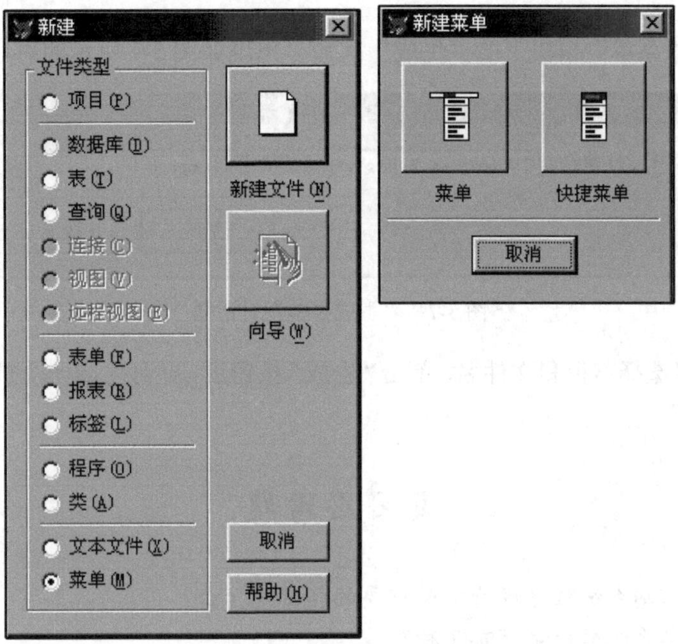

图 5-5 “新建菜单”对话框

（4）在该对话框中的“菜单名称”栏中输入一级菜单项名称，在“结果”栏中有命令项、填充名称项、子菜单项、过程项四项供用户选择，在此栏目下选择“子菜单”项，以后均按此方法输入，其结果如图 5-6 所示。

（5）单击“结果”栏中的“创建”按钮，出现输入子菜单项中的各个名称和结果，按图 5-6 所示的内容输入。

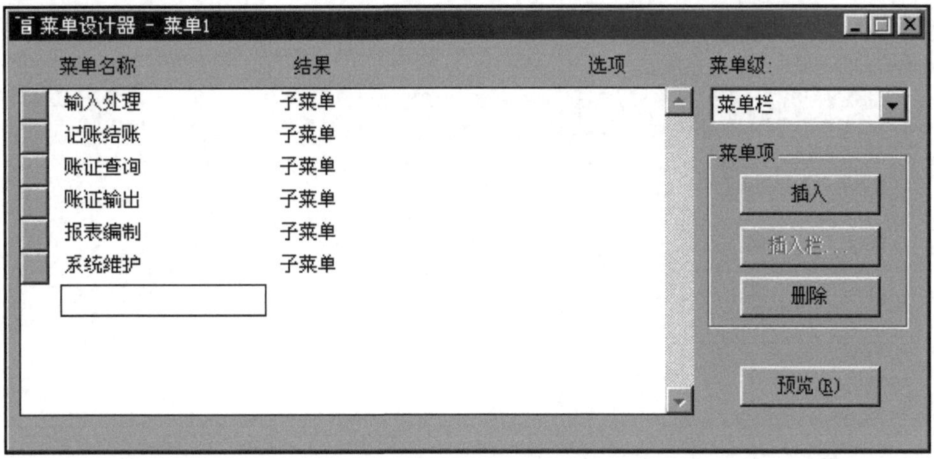

图 5-6 设置菜单

（6）单击“浏览”按钮，用户可以通过浏览菜单找出当前设计的不足，及时修改。

（7）单击“文件”模块下的“另存为”按钮，用一个扩展名为“.MNX”的文件保存菜单系统。

（8）单击“菜单”模块下的“生成”按钮，出现如图 5-7 所示的对话框。

图 5-7 “生成菜单”对话框

（9）用户可选择路径和文件名，单击“生成”按钮后，即可生成一个扩展名为“.mpr”的菜单程序文件。

复习思考题

1. 在会计信息系统程序评价中最重要的指标是什么？
2. 会计信息系统转换都有哪几种？
3. 试述会计信息系统菜单程序的实现与调试。
4. 如何应用结构化程序的三种基本结构？

会计信息系统审计

知识经济和信息技术（Information Technology，IT）的高速发展，推动全球进入信息时代。这个时代的显著特征之一就是：IT 技术被广泛应用于社会的各个领域，成为社会发展的重要支柱。会计信息化工作近年来发展尤其迅速，这使原有的会计数据处理流程发生了改变，极大地改变了会计环境，从而使审计工作的环境与对象、审计范围、审计线索等基本审计因素都发生了巨大改变，审计人员面临“进不了门，打不开账”的尴尬局面，传统审计面临巨大的挑战。于是，人们开始对传统审计重新进行审视，并研究 IT 技术影响下的会计信息系统审计。

【重要概念】 会计信息系统审计　会计信息系统内部控制审计　会计信息系统数据库审计　数据采集　“审计之星”

第一节　会计信息系统审计概述

一、会计信息系统审计的含义

计算机审计是与传统审计相对称的概念，它是随着计算机技术的发展而产生的一种新的审计方式。根据人们对“计算机审计”含义的不同理解，计算机审计在国内学术界有多种叫法，有时也被称为电子数据审计、电子数据处理（electronic data processing，EDP）审计、电算化审计、计算机辅助审计、信息系统审计等。在实务应用中，计算机审计是以被审计单位计算机信息系统和底层数据库的电子原始数据为切入点，在对信息系统进行检查测评的基础上，通过对底层电子数据的采集、转换、清理、验证，形成审计中间表，运用查询分析、多维分析、数据挖掘等多种技术、方法构建模型进行数据分析，发现变化、异常和错误，把握总体、突出重点、精确延伸，从而收集审计证据，实现审计目标的审计方式。因此，计算机审计的含义实际上包括两个方面：一方面是对执行经济业务和会计信息处理的计算机信息系统（包括会计信息系统和其他信息系统）进行审计，即计算机信息系统作为审计的对象；另一方面是利用计算机技术辅助审计，即计算机作为审计的工具对信息系统或被信息系统处理的数据进行审计。由此可见，计算机审计的内涵与信息系统审计的内涵是相似的。

从发展趋势来看，计算机审计称为 IT 审计更为恰当，但在我国，计算机审计还处于发展初期，对信息系统的审计目前基本局限于对会计信息系统的审计。另外，也为了便于会计专业的学生理解，本章把计算机审计称为会计信息系统审计。

二、会计信息系统审计的主要特点

（一）审计的主要目标

传统审计是以鉴证财务信息的合法性和公允性为主要目标的，但当实现会计电算化后，审计人员所面对的是无形的电子财务数据和处理这些电子财务数据的信息系统，由于电子财务数据是会计信息系统处理的结果，从而决定了其真实性与正确性取决于会计信息系统的可靠性、安全性和有效性。因此，会计信息系统审计必须重视对会计信息系统的合法性、可靠性、安全性和有效性的评价，并把促进、增强和维护系统的可靠性、安全性和有效性作为审计的主要目标。

（二）审计取证的切入点是会计信息系统和底层电子数据

传统审计取证的切入点为内部控制制度与风险因素，但随着会计电算化的实现，会计信息系统及其处理的合法性、正确性、完整性和安全性与系统内部控制的合理性、健全性和有效性直接影响着系统输出数据的真实性、完整性和正确性，而且由于计算机信息处理的特点，只有被审计数据库中的底层电子数据是未经过被审计单位加工处理的原始数据，这些数据可以真实地反映被审单位经济活动的实质。因此，在信息化环境下，审计取证的切入点也就演变为会计信息系统、内部控制与底层电子数据。

（三）以审计中间表为中心构建审计信息系统

创建审计中间表是实现计算机审计的关键技术，是审计人员进行数据分析的新型审计工具。审计中间表是面向审计分析的数据存储模式，它是将转换、清理、验证后的被审计单位及其相关外部单位的原始数据，按照提高审计分析效率、实现审计目标的要求进一步选择、整合而形成数据集合。以审计中间表为中心，组合审前调查获取的信息和审计项目的组织管理信息，建立起审计信息系统作为审计项目资源的共享和管理平台。

（四）构建模型进行数据分析

构建模型，即用模型对审计数据进行分析，而不再主要依靠个人的经验判断，是计算机审计的又一个基本特点，也是计算机审计区别于传统手工审计的一个主要标志。审计分析模型是审计人员用于数据分析的技术工具，它是按照审计事项应该具有的时间或空间状态（如趋势、结构、关系等），由审计人员通过设定计算、判断或者限制条件建立起数学的或逻辑的表达式，用于验证审计事项实际的性质或数量关系，从而对被审计单位经济活动的真实、合法及效益情况做出科学的判断。

（五）会计信息系统审计的核心在于系统论

系统论强调的是事物之间的联系，是规律，系统论要求思维是立体的，不是平面的。会计信息系统审计打破了手工审计“部分→整体”的思维方式，强调以系统论为核心，从系统上把握审计对象，即从审计对象的整体出发，先进行系统分析，把握总体，再建立审计模型，分析数据，最后做出总体评价。其思维方式是：整体→部分→整体，从而使审计人员树立整体意识，避免“只见树木，不见森林”。在审计中做到总体把握、锁定重点、建立模型、精确延伸，在总揽全局的基础上轻松地把握被审计单位的薄弱环节，顺着相关线索再去延伸、取证，进而提高审计效率与审计质量。

（六）审计风险水平明显提高

实施会计信息系统审计，必须先利用审计软件等工具采集被审计单位的电子数据，然后进行转换、清理和验证，再对数据进行分析建立审计中间表。在这个过程中，可能由于审计人员、被审计单位与审计软件等工具的设计者中某一方面的原因或共同作用的结果，形成了数据采集转换风险。由于数据采集转换风险产生原因的复杂性，对该风险的识别与控制需要审计人员具有更高的专业素质和计算机运用能力。因此，如果审计人员控制不当或缺乏控制该风险的能力，实施会计信息系统审计而产生的审计风险则会大大提高。

三、会计信息系统审计的产生与发展

（一）会计信息系统审计产生的必然性

会计电算化代替手工会计，所有会计数据以“比特”方式保存在磁性介质上，数据表现形式虚拟化，即审计环境数字化。审计人员所面对的已不是传统意义上的账本，而是无形的电子数据和处理这些电子数据的版本各异的会计信息系统，审计环境比传统手工模式下显得更为复杂，使得传统手工审计工作面临许多新的问题，促使人们开始研究会计信息系统审计。这些新问题主要表现在以下几个方面。

（1）在会计电算化系统中，传统的账簿、相关的文字记录被磁盘和磁带取代，会计处理集中由计算机按程序自动完成，传统的审计线索大部分在这里消失，审计人员难以像在手工会计中那样对经济业务进行追踪、审查。

（2）手工会计处理逐步由计算机自动处理所代替，审查计算机会计程序是否正确，处理是否合法、合规、合理就显得更加重要。

（3）实现会计电算化后，必须结合计算机自动控制来实现内部控制的目标，必须直接对计算机硬件、软件以及其他有关设备制订许多控制措施，内部控制能否有效执行直接受到计算机技术的影响。

（4）在会计信息系统中，会计数据处理结果是否真实可靠，不仅仅取决于会计人员的业务水平和工作态度等因素，更取决于会计处理过程中所使用的计算机硬件系统和软件系统是否准确可靠，操作运行及处理流程是否符合要求等，这为判断是否存在舞弊行为增加了难度，从而产生了对会计信息系统进行审计的需求。

（5）高度集成的企业信息系统改变了传统的管理方式与业务流程，一般的财务审计知识已无法满足对系统和系统控制进行了解及测试的需要。审计人员只有对企业的整个信息系统全面了解，才能把握被审计对象的总体情况。

（二）国外会计信息系统审计的产生与发展历程

早在 20 世纪 60 年代，随着第二代晶体管计算机的出现和计算机应用的普及，国外很多国家就开始对会计信息系统审计进行了积极的研究和探索。直至现在，西方许多先进国家都已普遍实行了会计信息系统审计，对 IT 审计的研究比较深入。国外会计信息系统审计的产生与发展大致经历了四个阶段。

（1）20 世纪 60 年代——会计信息系统审计萌芽期。此阶段出现了信息系统审计的雏形——电子数据处理审计（EDP 审计），但整个社会对 IT 审计的认识还很不够，IT 审计远未普及。

（2）20 世纪 70 年代——会计信息系统审计发展期。随着计算机应用范围的不断扩展，电子数据处理、管理信息系统等在企业中广泛应用，信息系统审计的理论与实务都得到了快速发展。

（3）20 世纪 80 年代——会计信息系统审计成熟期。美国、日本等发达国家先后发布信息系统审计标准，并举办信息系统审计职业资格的认证考试，信息系统审计进入成熟发展期并走上了专业化的发展轨道。

（4）20 世纪 90 年代——会计信息系统审计普及期。国际信息系统审计与控制协会（Information Systems Audit and Control Association，ISACA）已在世界上 100 多个国家与地区设立了 160 多个分会，制定和颁布了 IT 审计准则、实务指南等，来规范与指导 IT 审计人员的工作。在发达国家 IT 审计已得到普及，并已发展到了较高的水平，许多重要单位逐步实现了网络审计。近年来，国际软件市场涌现出许多通用或专用的审计软件，审计软件的商品化又反过来促进了计算机审计的发展。

（三）我国会计信息系统审计的产生与发展

我国的会计信息系统审计从 20 世纪 80 年代末发展至今已有 30 多年的历史，2000 年前，由于受制于会计电算化的普及程度，其发展非常缓慢，但随着 2002 年“金审工程”的启动，我国的会计信息系统审计快速地经历了从无到有、从简单到复杂、从局部探索到逐步走向普及的历程，国家审计信息化建设与商用审计软件的开发、应用都取得了一定的成绩，提高了审计的效率与质量。

与此同时，审计软件市场的发展也经历了从无到有、从少到多、从简单到高级的发展过程，从 1990 年 11 月山西省审计局开发的工业企业财务收支第一个通过审计署鉴定的审计软件至今，已先后出现了包括审计之星、中审审易软件、中普审计管理平台、现场审计实施系统（auditor office，AO）、通审、金剑、易通、审计直通车等一大批优秀的通用审计软件。这些审计软件在国家审计、社会审计、内部审计等领域的广泛应用，给审计人员带来极大的方便。

本章将以上海博科资讯股份有限公司推出的“审计之星”为例，重点介绍审计软件的基本功能、数据转换，并结合实际案例讲解如何应用审计软件实施实质性程序。

四、会计信息系统审计的基本框架

（一）会计信息系统审计的主体

会计信息系统审计的主体与手工审计一致，为专门的审计机构和专业人员。

（二）会计信息系统审计的对象

会计信息系统审计的对象与手工审计相比，范围有所扩大，除了需对纸介质账表文件和其他与经济活动有关的资料及资产进行审查以外，还需对会计信息系统的开发过程、内部控制、应用软件以及数据库进行重点审计。

会计信息系统的开发审计与应用软件的审计是会计信息系统审计中最困难、复杂的任务，要求审计人员具有较高的计算机运用技术，在本章就不做详细介绍。

（三）会计信息系统审计方法

会计信息系统审计方法很多，但能满足所有目的的审计方法是不存在的，通常把若干方法组合在一起使用。下面对几种常用的会计信息系统审计的方法及工具进行简单的介绍。

1. 通用审计软件包

通用审计软件包是用于审计的工具软件，是根据经济业务的共性来设计，并与大多数用户的计算机系统兼容的，具有强大审计功能的计算机程序，往往由软件公司进行开发和维护。通用审计软件一般适用于某一行业的所有被审计单位，一般由系统管理模块、审计准备模块、审计实施模块、审计终结模块等功能模块构成，具有数据转换、数据查询、汇总、复核、核对、分类等功能。它的最大优点是界面简单，审计人员学习起来方便，使用也方便，是审计人员使用较为广泛的审计软件。在本章第三节的“实务应用”部分将以“审计之星”为例介绍通用审计软件的一般操作。

2. 测试数据法

测试数据法是最常用的审计方法，也是对系统进行内部控制时常用的方法。其做法是首先设计测试用例和测试数据，然后输入测试数据让被测试的系统处理，把处理得到的结果与预先结果比较，证明其正确性。测试数据法可分为黑盒测试与白盒测试。黑盒测试也称功能测试，即按功能设计测试用例，一般用得最多。白盒测试是按源代码的逻辑路径，设计测试用例的方法，可与黑盒测试相结合一起使用。

3. 程序比较与逻辑检查

程序比较与逻辑检查方法主要包括触发性交易法、插入性程序、照相法、系统监视法、平等模拟法、延展性记录、系统分析法等。审计人员可以运用自己设计的应用程序或者控制环节，通过对真实数据的处理，比较信息系统的执行结果，来检查系统的控制情况。审计人员还要分析系统的计算能力，比较交易记录记载的质量、一致性和正确性，对数据进行分析和追踪，通过其他信息比较应用控制质量等。

（四）会计信息系统审计模式

目前国际上经常使用的会计信息系统审计模式主要有绕过计算机审计模式、穿过计算机审计模式、利用计算机审计模式和联网审计模式四种。

1. 绕过计算机审计模式

绕过计算机审计（audit around the computer）模式又称为“黑盒”审计或间接审计，这种审计模式把计算机视为接受数据输入、产生信息输出的“黑箱”，审计人员在审计时不审查会计信息系统如何处理和控制数据，也不审查计算机内的各种数据文件，只对输入数据和打印输出资料及其管理办法加以审核，并且将两者结果加以核对，用以推断程序中是否存在必要的控制措施及其可靠性，查明会计数据处理是否适当。这种审计模式利用“黑箱原理”，审计人员只追查审计线索到黑箱外部的输入和输出，所以也称为“两头审计法”，如图 6-1 所示。

这种审计模式实际上是审计人员对会计电算化信息系统采取的一种类似传统手工审计模式，因此具有审计技术难度低与较少干扰被审计系统的正常工作的优点；但具有审核范围有限和审计结果的可靠性较低的缺点。

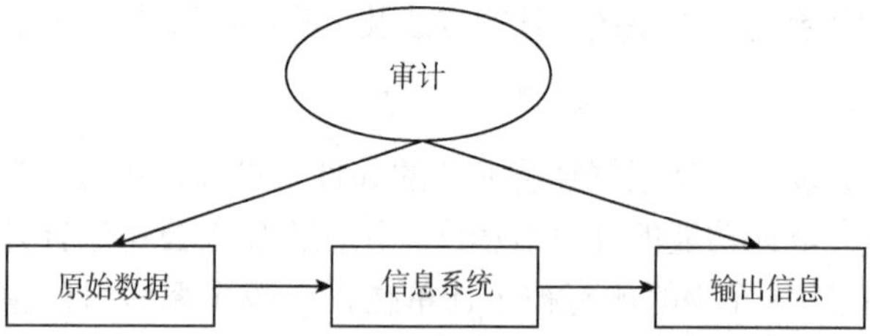

图 6-1 绕过计算机审计模式示意图

运用此审计模式进行审计时，要求被审计单位经济业务简单，业务处理过程比较单一，计算机输入资料与输出资料联系比较密切，适用于内部控制制度比较健全的中小型企业的审计。

2. 穿过计算机审计模式

穿过计算机审计（audit through the computer）模式又称“白盒”审计或直接审计，这种审计模式不仅要求审查被审计单位的输入数据与输出信息，还要直接审查被审计单位会计信息系统本身，如图 6-2 所示。这种模式审查的内容包括系统程序、应用程序、数据文件、测试系统数据处理方法及内部控制制度的健全与有效以及计算机硬件等配置，在对被审计系统的控制与处理功能的可靠性进行评价的基础上再确定实质性程序的性质、时间与范围。

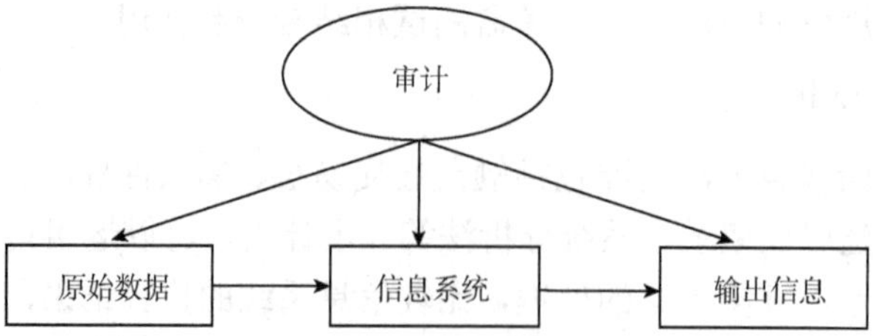

图 6-2 穿过计算机审计模式示意图

这一审计模式的显著优点是审计风险低，但有如下缺点：① 审计技术复杂；② 易干扰被审计系统的正常工作。

由于这一审计模式对审计人员素质提出了更高的要求，而且审计成本无论是对被审计单位还是审计单位都很高。因此这一审计模式适用于大中型会计师事务所对大中型企业的审计。

3. 利用计算机审计模式

利用计算机审计（audit with the computer）模式又称为计算机辅助审计，是指利用计算机技术和审计软件对会计信息系统所进行的审计，如图 6-3 所示。审计软件一般有两种：一种是通用审计软件，它是一组能够帮助审计人员获取、计算、分析电算化信息记录的程序，适用于多种审计工作。例如，利用通用审计软件可实现数据获取、数据重计算、数据分类、文件格式转换、文件合并等功能。另一种是专用审计软件，它是为了某个特定的系统或某个审计项目而编写的程序。例如工程预决算审计软件、计算机审计抽样软件等。

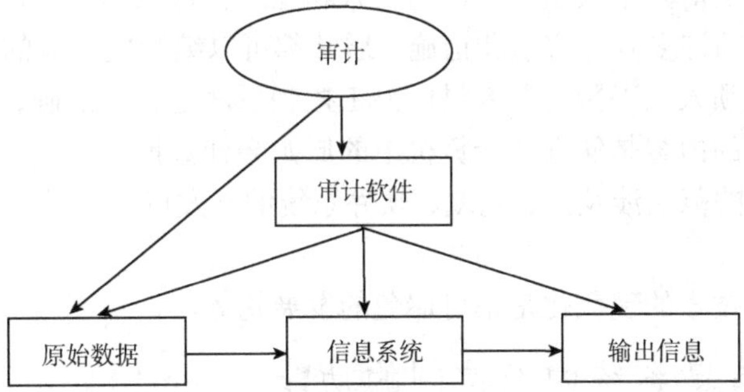

图 6-3　利用计算机审计模式示意图

这种审计模式扩大了审计范围，使审计结论更可靠，同时提高了审计效率。但该模式的应用以审计软件为前提，因此，存在审计技术复杂和审计成本高的缺点。

4. 联网审计模式

联网审计（audit on line）有狭义和广义之分。狭义的联网审计是指借助电子计算机的先进数据处理技术和联网技术，使审计工作与计算机网络组成一个有机的整体，从而提高审计的现代化水平，即审计人员通过局域网实现小组现场协调审计作业，如审计软件网络的应用。广义的联网审计是指审计人员将自己的计算机系统与被审计单位的计算机信息系统联网，通过在被审计单位的信息系统中嵌入为执行特定审计功能而涉及的程序段，在对被审计单位会计信息系统进行测评和高效率的数据采集与分析的基础上，对被审计单位财务以及计算机信息系统本身的真实、合法、效益，进行适时、远程审计监督的行为。远程联网审计使实时审计和远程审计得以实现，这将弥补事后审计线索不充分的缺陷。

随着计算机网络技术与电子商务的发展，联网审计逐渐成为现代审计技术的发展方向。这一审计模式拓展了审计时空，加强了审计监督职能。审计单位和被审计单位的网络互联，使得审计人员足不出户就可以对被审计单位进行远程审计，可以分散或实时连续地抽取审计数据，使传统审计的时空向更为广阔的信息化电子时空拓展，从而变定时实地审计为实时远程审计，变事后审计为事前、事中审计，变静态审计为动态审计，既提高了审计效率，也使审计的监督作用得到了加强。

第二节 会计信息系统内部控制的审计

一、会计信息系统内部控制的新特点

会计信息系统是一种比手工会计系统更为高级、更为复杂的数据处理系统，其目标仍然是保证资产的安全性、数据资料的准确性和可靠性，提高经营效率，以及保证管理方针的实现。但由于信息处理工具的不同，会计信息化不仅对内部控制产生了重要的影响，还使其内部控制形成了许多新特点。

（1）内部控制的对象不仅仅是人，而是人和整个会计信息系统。

（2）内部控制的许多具体方法和措施，通常都可以编制成相应的程序，由电子信息系统自动执行而无须人工干预，其效果比人工控制更严密、更准确、更规范。

（3）内部控制的内容是储存在计算机中的原始会计数据。

（4）内部控制的范围涉及人、制度、软件系统的开发以及硬件设备的配置和选购等不同的范畴。

（5）内部控制技术的现代化是不可避免的发展趋势。

二、会计信息系统内部控制的功能

会计信息系统内部控制具有如下三个方面的功能。

（1）预防性控制功能。通过指令程序防止或避免错误、灾害、事故、舞弊等的发生。

（2）监测性控制功能。通过发现、查找已经发生的错误、灾害、事故、舞弊等来防止危害的扩大或者将损失控制在最低限度。

（3）校正性控制功能。通过更正和校正已检测出的错误，处置发生的舞弊行为，并处理和补救已发生的灾害，来减轻危害，使系统恢复正常。

三、内部控制的审计评价

（一）一般控制与应用控制

按照会计信息系统的不同要求，可将内部控制分为一般控制与应用控制。

一般控制是指任何计算机会计信息系统普遍适用、为系统的安全可靠而对系统构成要素（人、硬件、软件）及环境实施的控制。主要包括：组织与管理控制，应用系统开发、建立和维护控制，硬件及系统软件控制，系统操作控制，系统安全控制，等等。

应用控制是对会计信息系统中具体的数据处理活动所进行的控制，主要包括输入控制、处理控制和输出控制。

一般控制是应用控制的基础，为数据处理提供良好的处理环境，应用控制则可看作

一般控制的深化，它在一般控制的基础上，进一步深入具体的业务处理过程，为数据处理的准确性提供直接的保证。本节将从这个角度对计算机系统下的内部控制进行评价。

（二）一般控制的审计目标

对会计信息系统的一般控制进行审计，目的在于评价一般控制是否为该会计信息系统提供了一个安全的环境，主要目标包括物理安全、逻辑安全、备份、灾难恢复等方面。

（三）应用控制的审计目标

对会计信息系统的应用控制进行审计，目的在于评价应用控制是否对该会计信息系统的具体应用环节进行了保护和控制。应用控制的审计目标在于如下方面。

（1）保证所有经过审核批准的交易均处理完毕，并且每一项交易只处理一次。

（2）保证交易资料的完整和正确；保证交易的处理正确无误，符合要求。

（3）保证处理的结果可用于预定的用途，并能产生预期的效益。

（4）保证应用程序能正常运作，并持续维护其功能。

第三节　会计信息系统数据库的审计

在会计信息系统中，大量的数据以电子数据的形式保存在数据库中，但数据库中的数据输出需要相应的输出程序，若数据库中的数据不正确，则只要将输出程序进行修改，同样能输出正确的数据。所以，为了确保会计信息系统输出的数据就是数据库中的真实数据，往往需要审计人员对数据库中的数据直接进行审查。此外，通过对数据库的审计可以判定数据库中数据的完整性。

一、会计信息系统数据库的审计方法及内容

（一）直接审查数据库数据

1. 审查的方式

（1）对数据库的数据进行非实时审查。当会计信息系统停止运行时，审计人员通过各种手段，直接从会计信息系统中的数据库采集数据，随后进行转换，转换成审计工具可以接收的格式，然后对所采集的数据进行抽查、比较、计算、分析等，对系统数据进行评价。

（2）对数据库的数据进行实时审查。在被审计单位会计信息系统的运行过程中，审计人员确定抽取数据的条件和参数，利用各种工具按照所选择的条件和参数从数据库中立即获得所要抽取的业务数据，随后进行审查、分析与评价。实时审查的结果更准确。

对所获取的审计证据，审计人员审查时可以利用各种审计工具。

2. 直接审查数据库数据的审计工具

（1）利用审计软件辅助审计。当前的审计软件功能越来越齐全，审计人员利用审计

软件可以直接访问被审会计信息系统的数据，进行数据的采集，随后将其转换成审计软件的数据格式，利用审计软件进行重记账等操作，与被审单位所提供的账、表等数据相核对，随后利用审计软件所提供的计算机审计抽样、分析性程序等工具对整个数据库数据或经选定的数据项目进行复核，有效地执行大量数据的验算、重新分类及汇总工作，并详细检查凭证、账簿、报表等数据文件的内容，以进行审计评价。利用审计软件可以大大提高审计的效率。本节将以“审计之星”教育版为例介绍如何应用审计软件对主营业务收入实施审计。

（2）利用数据库管理系统辅助审计。数据库管理系统具有数据的导入导出功能，具有对数据进行排序、分类、汇总等功能，对数据进行增加、删除、修改等功能，能按指定的格式打印输出表格或报告等功能。这些功能可以方便审计人员用来对数据库的数据进行检查。如果被审计的会计信息系统是采用数据库技术开发的，可以直接利用相关的数据库管理系统功能辅助审计，如果被审计的会计信息系统不是采用数据库技术开发的，审计人员可以先将被审系统的数据文件转换成文本文件，然后再将文本文件转换成数据库管理系统可直接访问的文件。

（3）利用操作系统和 Excel 等应用程序辅助审计。操作系统的作用是管理计算机的硬件和软件资源，因此可以利用其对数据库中的数据进行审查；Excel、Access 等软件都提供了数据导入、排序、汇总、自动计算等功能，可以充分利用这些软件进行计算机辅助审计。

（4）利用被审计单位财务软件的功能辅助审计。当前的财务软件功能越来越完善，审计人员可以直接利用被审计单位财务软件的相应功能进行审计。

（二）利用嵌入审计程序块采集必要的数据以对数据库进行验证

确认财务软件程序功能正确是否就可确认数据库中的数据正确、完整呢？答案是不一定。因为人们可以不通过使用财务软件而访问数据库，使得数据库遭受各种非法的访问，如黑客对数据库数据的直接篡改等。此时，审计人员可以在被审程序中设计并嵌入审计程序块，专门自动收集对数据库的非法访问数据，以及审计人员所关心的可能影响数据库的其他数据，如收集对计算机非正常运行时间处理各项业务的记录，或以非法权限调用数据库的记录，等等。这样，嵌入的审计程序块就实现了对数据库操作的实时监督，有助于审计人员方便地收集有力的审计证据。审计人员还可定期调阅这些证据文件，以判断数据库数据的真实性、完整性等。

（三）设计扩展记录数据以对数据库数据进行审查

扩展记录是指在数据库表或文件结构中适当添加必需的字段来记录审计所需的数据。审计人员可以定期对扩展记录的数据进行分析与评价，以对数据库数据的正确性、完整性进行评价。这种方法的应用需要审计人员参与会计信息系统的开发和设计，以便将扩展记录字段设计到数据库中，从而使得系统投入实施后易于审计。这种方法往往适合于内部审计。

二、审计数据采集

数据采集是指对被审计单位的计算机信息系统中的电子数据进行采集的工作。为了取得被审计单位存储在计算机上的会计资料，审计人员需要利用专门的工具对数据进行采集。当被审计单位计算机系统配备有专门的数据接口，审计人员可以直接利用接口来采集数据；如果被审计单位的计算机系统没有现存的数据接口，或者数据接口不能满足审计的要求，可以建立临时的数据接口实现数据采集。常用的数据采集方式主要有以下四种。

（1）利用审计软件直接采集数据。

（2）利用数据库管理系统采集数据。

（3）利用数据分析工具采集数据。

（4）利用嵌入审计程序采集审计数据。

值得注意的是，数据采集结束后，为防止数据采集过程中出现数据丢失和错误，应对所采集的数据进行检查，审计人员可以通过核对总记录数、检查顺序码、抽查凭证等来确认数据采集的完整性和有效性。

三、Excel 在审计中的应用

目前利用 Excel 开展会计信息系统审计被广泛应用，是审计人员应该掌握的一门技术。在对会计信息系统数据库实施审计时，经常利用 Excel 完成下面的工作。

（1）编制审计工作底稿模板。

（2）编制试算平衡表与调整后的会计报表。

（3）编制集团公司的已审合并报表。

（4）实施分析程序。

（5）获取被审计单位的电子数据。

（6）进行表格编辑处理等。

四、会计信息系统数据库审计的一般流程

会计信息系统数据库审计是规范化的作业流程，一般的审计流程包括以下步骤。

（1）审前调查，获取必要和充分的信息，对被审计单位会计信息系统的合法性、可靠性、安全性和有效性进行初步的评价，编写会计信息系统初步评价报告与数据需求说明书，并据此判断系统风险开展数据审计。

（2）采集数据，全面收集资料，撰写数据采集报告。数据采集报告应包括：会计信息系统的名称及功能，数据采集的方法，数据采集的范围、内容、格式以及其他需要说明的事项。

（3）对采集的数据进行转换、清理和验证，并撰写转换、清理和验证工作底稿。

（4）创建审计中间表，以审计中间表数据为中心，涵盖与项目相关的管理信息和其他信息，构建审计信息系统，作为审计项目资源的信息平台。同时，撰写审计中间表使用说明，对中间表进行必要的说明和描述。

（5）构建系统和类别分析模型。先进行系统分析，把握总体情况；然后进行类别分

析，确定重点，选择突破口。

（6）针对突破口，建立个体分析模型。

（7）对发现的问题线索逐一延伸落实，取得审计证据。

会计信息系统数据库审计的流程如图 6-4 所示。其中前四步流程的主要目的是建立审计中间表，完善审计资源平台，并完成对信息系统的综合评价；后三步流程是在前四步的基础上，通过构建模型进行数据分析，找出趋势、异常和错误，把握总体、锁定重点、精确延伸。

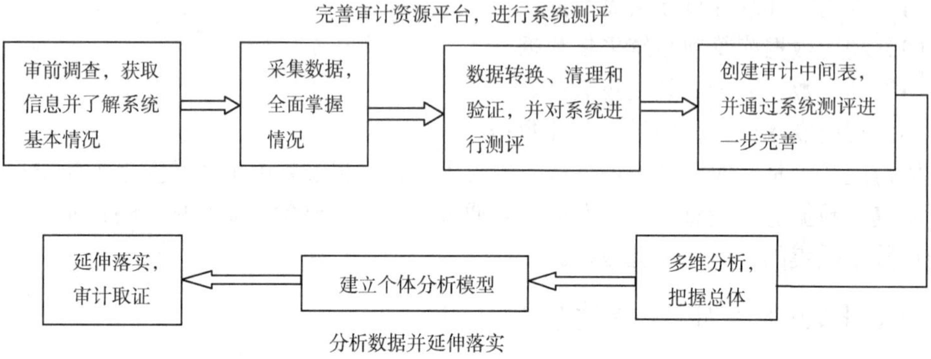

图 6-4 会计信息系统数据库审计的流程

五、实务应用

（一）实验要求

利用“审计之星”教育版系统完成对被审计单位电子财务数据的采集转换，并利用该系统和 Excel 对主营业务收入实施实质性程序，收集充分、适当的审计证据，确认该项目的各类认定是否存在重大错报。

（二）实验资料

被审计单位的电子财务数据。

（三）实验步骤

本实验主要按如下步骤进行。

1. 采集转换被审计单位的电子财务数据

对被审计单位电子财务数据的采集可以利用“审计之星”的“模板定义接口”功能导入审计数据，也可以利用中间结果导入数据。下面简单介绍利用中间结果导入用友 U8 财务数据的基本操作步骤。

（1）获取被审计单位电子财务数据的备份文件。审计人员利用移动存储设备到被审计单位现场拷贝备份数据文件，如“UFDATA.BA_”。

（2）审计人员确认所使用的计算机已安装了用友 U8 财务数据备份恢复工具与专用数据接口软件。

（3）启动数据备份恢复工具进行数据恢复。双击启动该备份恢复工具程序图标，按照系统的提示，选择备份文件“UFDATA.BA_”存储路径后，选择所要恢复的数据库（图6-5），单击“开始”按钮则系统自动将恢复成功后的数据存放到本机数据库，可在SQL Server管理器中查看。

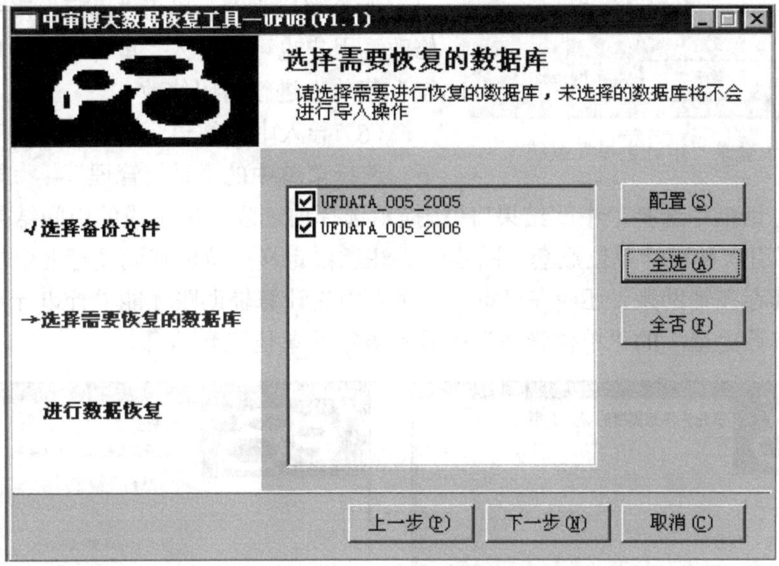

图6-5 数据恢复——选择需恢复的数据库

（4）启动数据接口程序，生成中间结果。按照系统的提示，选择数据库（图6-6），录入所审账套基本信息，然后指定中间结果存放路径，单击“下一步”按钮则系统自动从数据库中取出相应数据并生成“审计之星”可直接导入的中间结果。

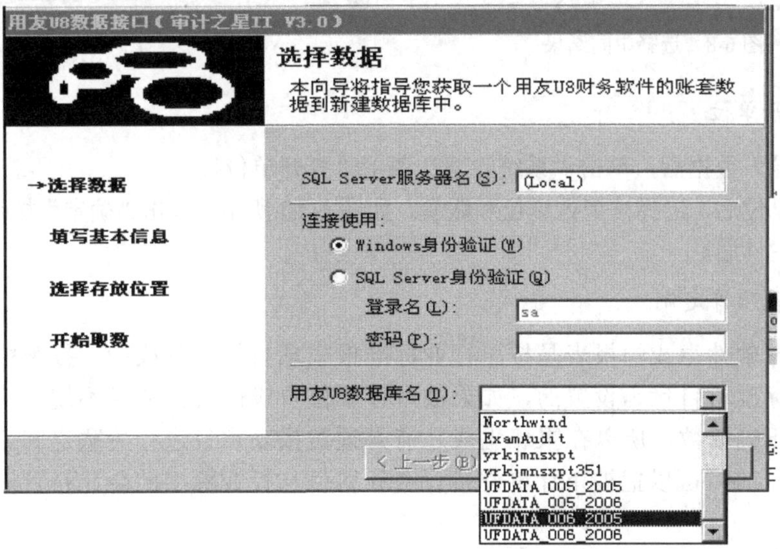

图6-6 生成中间结果——选择数据库

图 6-7 登录“审计之星”系统

（5）登录“审计之星”系统。单击开始菜单或桌面上的“审计之星”后，程序即可运行。初次运行时，默认只有一个用户为 admin，密码为 111111，如图 6-7 所示。

如果密码为空，单击“确定”按钮即可进行修改，用户也可以进入“审计之星”后，在“系统”菜单中进行密码修改。

（6）导入中间结果。在未打开任何单位前提下，选择菜单中的“系统管理”—“导入数据”，在弹出的对话框中选择“中间结果”，按提示选择前一步骤所生成的中间结果文件（图 6-8），即可引入被审计单位账套（图 6-9）。注意要定义单位的代码及行业信息，若被审计单位账套存在辅助账，还应在“审计之星”中先计算辅助账才能进行审计。导入成功后将在“审计之星”的“单位管理”中看到被审计单位账套信息。

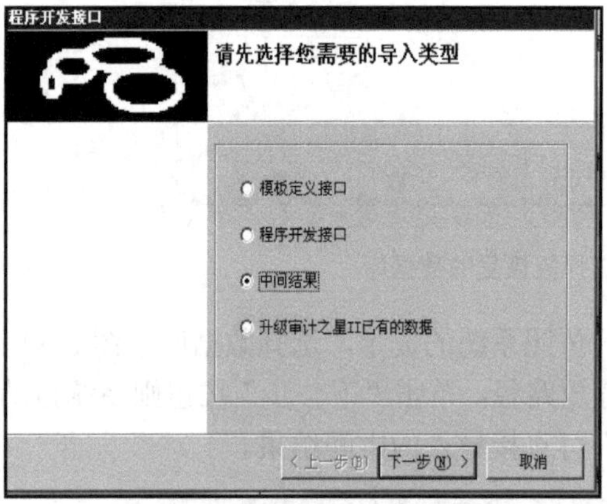

图 6-8 选择中间结果

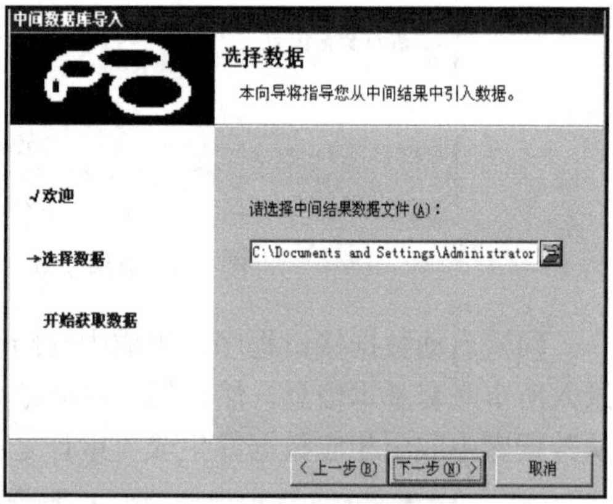

图 6-9 中间结果导入

2. 打开单位

用户导入数据后，单击“系统管理”菜单“打开单位”。

打开单位后，选择被审计单位和账套，如图 6-10 所示。单击“确定”按钮进入“审计之星”主界面。

3. 报表项目定制

因审计软件生成的报表是按照行业标准报表项目格式生成的，报表中的取数公式是按照标准科目代码设置的，如果被审计单位自设的会计科目不规范，就会造成报表不能正确取数，所以在报表生成之前必须对报表项目进行关联定制。通过操作“报表项目定制”可以把被审计单位自设会计科目与行业标准的会计科目进行对应及转换。

（1）单击主菜单“基本信息查询”—“报表项目定制”或单击界面引导图上的“账务信息查询”进入引导界面，然后双击“报表项目定制”。

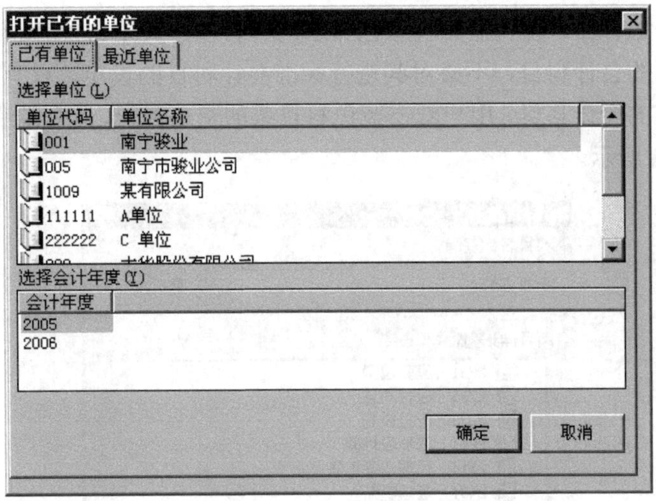

图 6-10　打开单位

（2）系统显示“科目代码对应”窗口，如图 6-11 所示。

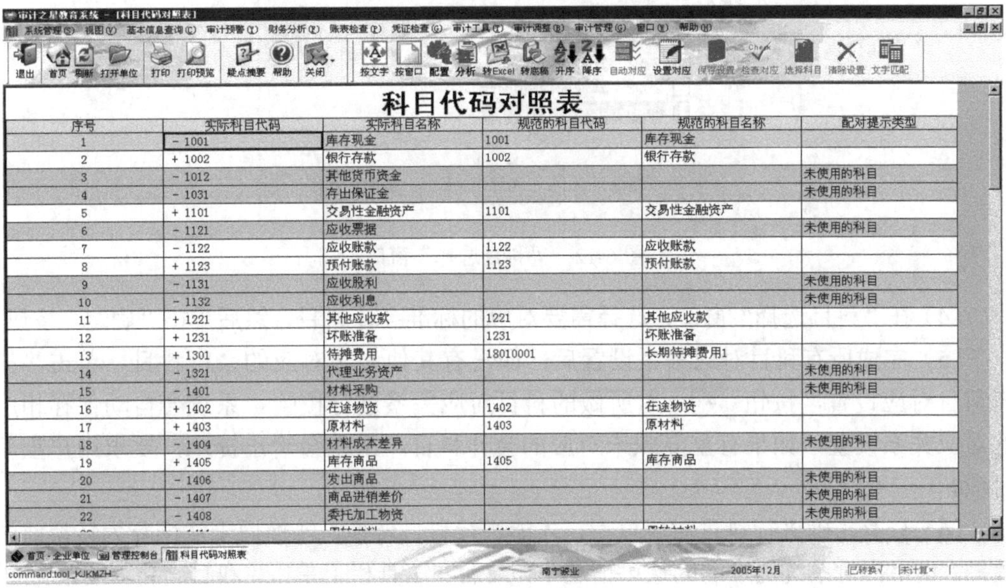

图 6-11　科目代码对照表

① 单击工具栏上“设置对应”按钮，开始进行科目对应关系的设置。

② 单击工具栏上“自动对应”按钮，系统会自动对应会计科目。

③ 单击工具栏上“文字匹配”按钮，系统会按文字进行匹配会计科目。如“账”和“帐”匹配。

④ 系统会根据会计科目名称进行自动匹配。界面左边列示了企业自设的会计科目（仅一级），右边默认列示了与之相对应的标准会计科目。标准会计科目是分模板定义。系统现默认的是财政部 2006 年颁布的《企业会计准则》的会计科目与科目代码。

（3）在界面上有白、粉、蓝三种颜色显示的科目项，其中白色和粉色分别是系统已经对应和未使用的会计科目，不必对其进行标准会计科目的设定。只有蓝颜色的会计科目是要手工对应的会计科目，用户双击蓝色科目条的空白单元，系统会弹出“科目选择”窗口，如图 6-12 所示。

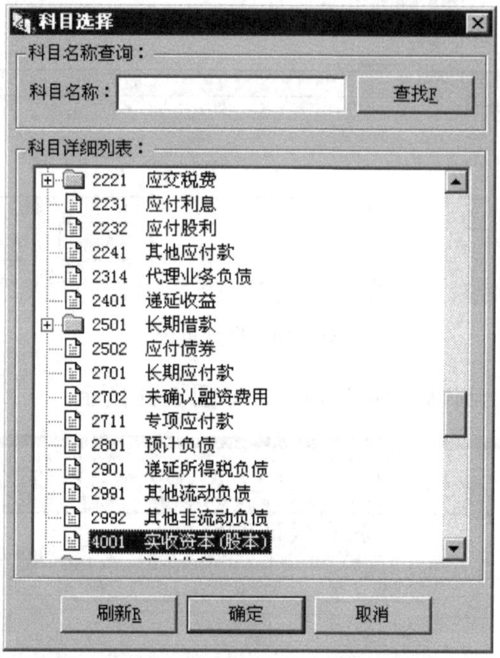

图 6-12　“科目选择”窗口

（4）在“科目选择”窗口，选择需要对应的标准会计科目，然后单击“确定”按钮。

（5）完成所有科目对应关系设置后，即没有其他尚未对应的余留科目，单击“检查科目对应设置”按钮 ，对所做的科目对应关系进行校验。系统会自动保存相应的对应关系设置，如果有重复或未对应的会计科目，系统会给出提示，要求用户重新对应。

（6）只有正确进行科目对应以后，才能进行科目转换，转换后无法恢复为转换前的数据。当用户对系统提示均为认可情况下，最后在工具栏上单击“科目转化”按钮 进行科目转换。

（7）系统完成会计科目转换后，即出现提示窗口，单击“确定”按钮关闭。

“报表项目定制”一旦完成，科目就按照设置后的结构体系重新调整，并且不能再恢复原状，所以在进行该项操作时可以对被审计账套做一个完整备份。只有完成“报表项目定制”功能，才可通过系统查看“主要会计报表”和进行“财务指标分析”的操作。

4. 对主营业务收入实施分析程序

（1）在【财务分析】菜单下选择【利润表逼近分析】，如图 6-13 所示，双击“营业收入”所在行，然后即可得到图 6-14 所示的主营业务收入各产品销售结构及与上年同期数据比较，通过【转 Excel】并补充底稿必备要件后形成工作底稿，如被审计单位上年没有电子数据，则需要在 Excel 中进行补充数据并编辑。

利润表逼近分析

2005年12月

单位：南宁骏业　　　　元

项目名称	行次	本月发生数	本年累计数	结构比重	上年同期	差异额	差异率
1	2	3	4	5	6	7=4-6	8=7/|6|
一、营业收入	1	710,020.00	9,432,580.00	100.00%		9,432,580.00	

图 6-13　利润表逼近分析

退出　首页　刷新　打开单位　打印　打印预览　疑点摘要　帮助　关闭　按文字　按窗口　配置　分析　转Excel　转底稿　自动警告　图形分析　升序　降序

主营业务收入明细科目一览表

2005年12月

单位：南宁骏业　　　　元

科目	本年累计数	比重	上年同期	差异数	差异率	建议分析
1	2	3	4	5=2-4	6=5/4	当前警告列:差异数
除气机	6,480,000.00	68.70%		6,480,000.00		√　NO.1
过滤袋	626,220.00	6.64%		626,220.00		
石墨杆Φ75	1,333,400.00	14.14%		1,333,400.00		
石墨轮Φ150	494,400.00	5.24%		494,400.00		
石墨轮Φ180	498,560.00	5.29%		498,560.00		
合计	9,432,580.00	100.00%		9,432,580.00		

图 6-14　主营业务收入比较

（2）在图 6-14 中，如若要分析某一种产品各月波动情况，直接双击该产品所在行，即可查询出各月销售情况，单击“图形分析”按钮，如图 6-15 所示，可直观看到其波动情况。图形分析所得的结论若要转为底稿，“审计之星”中只能截屏或打印输出，当然也可以在 Excel 中另外生成。

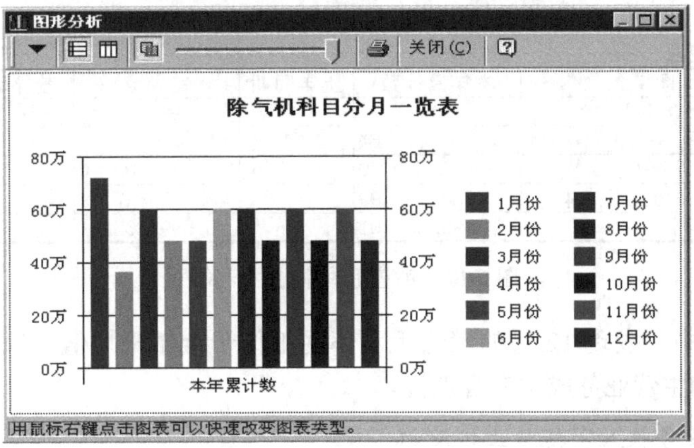

图 6-15　产品销售各月一览表

（3）选择“账表检查”菜单下“自定义检查”中的“销售毛利波动检查”，如图6-16所示，可以得到本年度毛利率指标并可与上年同期值比较，如需进一步分析各月波动情况，则双击“销售毛利率”所在行即可，如图6-17所示，可以直观看出各月毛利率变动情况。同理，可查看各月主营业务收入、主营业务成本波动情况，并结合销售毛利率波动分析收入与成本是否配比。建议将转出生成的工作底稿整合在一张Excel表中。

销售毛利率分月一览表

2005年12月

单位：南宁骏业 元

月份	主营业务收入	主营业务成本	销售毛利	销售毛利率	建议分析
1	2	3	4=2-3	5=4/2	当前警告列：销售毛利率
1月份	1,018,500.00	411,955.42	606,544.58	59.55%	
2月份	612,600.00	257,052.63	355,547.37	58.04%	
3月份	860,550.00	331,923.45	528,626.55	61.43%	
4月份	730,200.00	269,650.61	460,549.39	63.07%	√ NO.2
5月份	691,200.00	266,218.18	424,981.82	61.48%	√ NO.4
6月份	843,600.00	312,146.61	531,453.39	63.00%	√ NO.3
7月份	832,840.00	307,325.41	525,514.59	63.10%	√ NO.1
8月份	722,750.00	294,365.38	428,384.62	59.27%	
9月份	844,500.00	375,300.29	469,199.71	55.56%	
10月份	721,480.00	286,989.09	434,490.91	60.22%	
11月份	844,340.00	364,994.97	479,345.03	56.77%	
12月份	710,020.00	355,425.95	354,594.05	49.94%	
合计	9,432,580.00	3,833,347.99	5,599,232.01	59.36%	

图6-16 销售毛利率波动检查

毛利率指标分析表

2005年12月

单位：南宁骏业 元

科目	本年累计数	上年同期	差异数	差异率	建议分析
1	2	3	4=2-3	5=4/|3|	6
销售毛利率	59.36%				
主营业务收入	9,432,580.00		9,432,580.00		
减：主营业务成本	3,833,347.99		3,833,347.99		
销售毛利	5,599,232.01		5,599,232.01		

图6-17 销售毛利率分月一览表

在图6-17中，发现12月的销售毛利率明细低于全年平均值，应重点查证12月主营业务收入和主营业务成本的合理性。

5. 对主营业务收入实施截止性测试

销售截止测试的目的主要是证实主营业务收入是否已计入合理的会计期间，这有助于实现“发生”“完整性”“准确性”“计价或分摊”，认定相关的审计目标。

（1）截止测试的要点。

实施主营业务收入截止测试的要点在于检查发票开具日期或者收款日期、记账日期、发货日期这三个与主营业务收入确认有着密切关系的日期是否归属于同一适当会计期间。

（2）截止测试的审计路线。

围绕发票开具日期或者收款日期、记账日期、发货日期这三个重要日期，在审计实务中，审计人员可以考虑选择三条审计路线实施主营业务收入的截止测试，具体内容如表 6-1 所示。

表 6-1　主营业务收入的截止测试

起点	路线	目的	优点	缺点
账簿记录	从报表日前后若干天的账簿记录追查至记账凭证，检查发票存根与发货凭证	证实已入账是否在同一期间，已开具发票的货物是否已发货，有无多记收入，防止高估主营业务收入	比较直观，容易追查至相关凭证记录	缺乏全面性和连贯性，只能查多记，无法查漏记
销售发票	从报表日前后若干天的发票存根查至发货凭证与账簿记录	确认已开具发票的货物是否已发货，并于同一会计期间确认收入，防止低估收入	较全面、连贯，容易发现漏记收入	较费时、费力，尤其是难以查找相应的发货及账簿记录，不易发现多记收入
发运凭证	从报表日前后若干天的发货凭证查到发票开具情况与账簿记录	确认收入是否已记入适当的会计期间，防止低估收入	较全面、连贯，容易发现漏记收入	较费时、费力，尤其是难以查找相应的发货及账簿记录，不易发现多记收入

上述三条路线在实务中均被广泛采用，它们并不是孤立的，审计人员应依据职业判断结合实际情况选择一条或两条，甚至同时选择三条路线实施有效的截止测试。

（3）截止测试的操作步骤。

① 打开“主营业务收入截止性测试”底稿备用，如图 6-18 所示。

主营业务收入截止性测试

客户：			编制人：						日期：			索引号：		
截止日：			复核人：						日期：			页次：		
发票内容					出仓单		发货单		入账情况			是否跨期	审计调整	
编号	日期	品名	销售额	税金	号码	日期	号码	日期	日期	主营业务收入	应交税金	√（×）		

图 6-18　“主营业务收入截止性测试”底稿模板

②由于会计电算化中，不管是总账还是明细账的账簿资料皆依据同源记账凭证，而审计软件做数据导入时，也是将被审计单位的记账凭证导入系统，然后重新生成总账和明细账。因此，抽取样本的起点一般可以从记账凭证入手。如图 6-19 所示，在【凭证检查】菜单下选择【凭证条件设置检查】，新增“销售收入截止测试”条件并保存。

③图 6-19 中单击“查询”按钮，得到如图 6-20 所示 2005 年 12 月 21 日至 2005 年

12 月 31 日的主营业务收入相关记账凭证。打开 2006 年账套后，同理得到 2006 年 1 月 1 日至 2006 年 1 月 10 日间主营业务收入相关记账凭证。

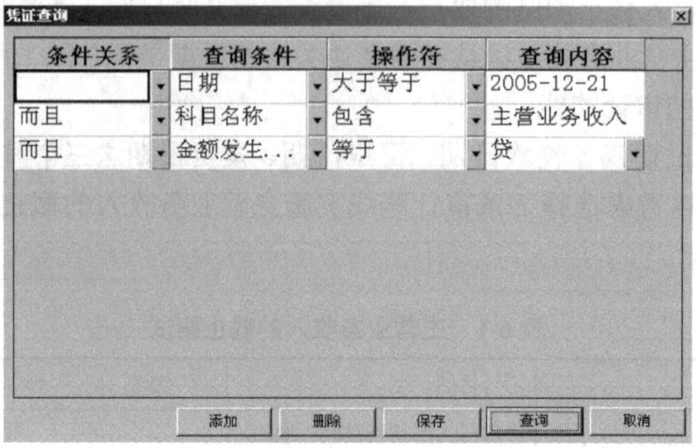

图 6-19 销售收入截止测试凭证查询条件设置

凭证分录一览表

2005年1月 -- 2005年12月

单位：南宁骏业

序号	日期	凭证号	科目代码	科目名称	摘要	数量	单价	借方发生数	贷方发生数
1	2005-12-21	记账凭证-70	600102	过滤袋	销售过滤袋和石墨轮				3, 300. 00
			600105	石墨轮 Φ180	销售过滤袋和石墨轮				9, 000. 00
2	2005-12-26	记账凭证-85	600102	过滤袋	销售石墨杆石墨轮过滤袋				4, 950. 00
			600103	石墨杆 Φ75	销售石墨杆石墨轮过滤袋				9, 000. 00
			600105	石墨轮 Φ180	销售石墨杆石墨轮过滤袋				6, 750. 00
3	2005-12-28	记账凭证-96	600101	除气机	销售除气机石墨杆石墨轮				120, 000. 00
			600102	过滤袋	销售除气机石墨杆石墨轮				4, 950. 00
			600103	石墨杆 Φ75	销售除气机石墨杆石墨轮				18, 000. 00
			600104	石墨轮 Φ150	销售除气机石墨杆石墨轮				8, 000. 00
4	2005-12-29	记账凭证-98	600102	过滤袋	销售石墨轮过滤袋				3, 960. 00
			600105	石墨轮 Φ180	销售石墨轮过滤袋				4, 500. 00
5	2005-12-29	记账凭证-99	600101	除气机	销售除气机石墨杆石墨轮过滤袋				120, 000. 00
			600102	过滤袋	销售除气机石墨杆石墨轮过滤袋				4, 950. 00
			600103	石墨杆 Φ75	销售除气机石墨杆石墨轮过滤袋				9, 000. 00
			600105	石墨轮 Φ180	销售除气机石墨杆石墨轮过滤袋				13, 500. 00

图 6-20 2005 年 12 月 21 日～12 月 31 日的记账凭证

④在图 6-20 中，双击打开每一张记账凭证，以 2005 年 12 月 21 日记账凭证-70 为例，打开记账凭证-70 后单击“查看原始凭证”按钮，如图 6-21 和图 6-22 所示，核对所附销售发票、发货单与记账凭证相关日期的信息，并记录于图 6-18 的底稿文件中。

⑤从“基本信息查询”菜单下打开“账套基本信息”，打开“原始单据”中的“出仓单存根”，如图 6-23 所示查询出 2005 年 12 月 21 日至 2006 年 1 月 10 日的出仓单存根联。

⑥从“基本信息查询”菜单下打开“账套基本信息”，打开“原始单据”中的“增值税附件”，查询出 2005 年 12 月 21 日至 2006 年 1 月 10 日的增值税发票复印件。

⑦将图 6-23 的出仓单、增值税发票复印件（存根联）与前述步骤对应的记账凭证（包括后附发票和发货单）进行核对，并将相关信息记录于图 6-18 的底稿文件中，特别注意相关日期是否一致，从而判断是否存在跨期确认入账的情况。测试完成，得到如图 6-24 所示的底稿结果，如果存在跨期入账情形，还需要求被审计单位编制调整分录。

凭证编号：记账凭证-70的原始凭证

记 70 业务 73

编号：051206

发货通知单

日期：05-12-21

签发人	李林时	合同号	200512007	收货单位	广州中山区欣欣铝制品技术开发部					
运输方式	铁运	采购单号		地　址	广东广州市中山区沙坡路107号					
运费处理方法	由供方负担	到　站	广东广州市	联系人	陈英		电话	0755-89756235		
销售部意见 同意 签名：黄善良 2005.12.21							传真	0755-89756235		
				货物名称	规格	数量	单位	单价	合计	
				过滤袋		100	个	33.00	3300.00	
发货完成情况 送货上门 发货员：陈桂林				石墨轮	ф180	20	个	450.00	9000.00	
送货		南宁承担运费								

图 6-21 记账凭证-70 所附发货通知单

凭证编号：记账凭证-70的原始凭证

记 70 业务 73

广西增值税专用发票

45000012345　　No 00085100

记帐联

开票日期：2005年12月21日

购货单位	名　　称：广州中山区欣欣铝制品技术开发部 纳税人识别号：440106852088991 地址、电话：广东广州市中山区沙坡路107号0755-89756235 开户行及账号：建行南山大道办58956200445215	密码区

货物或应税劳务名称	规格型号	单位	数量	单价	金额	税率	税额
过滤袋		个	100	33.00	3,300.00	17%	561.00
石墨轮	ф180	个	20	450.00	9,000.00	17%	1,530.00
合计					12,300.00		2,091.00
价税合计（大写）	壹万肆仟叁佰玖拾壹元整				（小写）¥ 14,391.00		

销货单位	名　　称：南宁市骏业高温材料有限责任公司 纳税人识别号：450121168168168 地址、电话：南宁市高新技术开发区0771-3838888 开户行及账号：中国工商银行广西区分行高新分理处00381208010019	备注 450121168168168 发票专用章

收款人：　　复核：　　开票人：覃方略　　销货单位：（章）

国税函（2004）123号广西印刷厂

第三联：记帐联 销货方记帐凭证

图 6-22 记账凭证-70 所附销售发票

出仓单 № 0512008

提货部门 销售部　　2005年12月26日

编号	产品名称	规格	单位	数量	单价	成本总额	产品明细账 号	页	说明
	[illegible]气机		台	1					
	过滤袋		个	150					
	石墨杆	ф75	根	20					
	石墨轮	ф250	个	20					

部门主管　　会计　　记账　　保管 [illegible]　　提货人 [illegible]　　制单 [illegible]

第一联 存根

出仓单 № 0512010

提货部门 销售部　　2005年12月26日

编号	产品名称	规格	单位	数量	单价	成本总额	产品明细账 号	页	说明
	过滤袋		个	120					
	石墨轮	ф250	个	10					

部门主管　　会计　　记账　　保管 [illegible]　　提货人 [illegible]　　制单 [illegible]

第一联 存根

图 6-23 2005 年 12 月 21 日～2006 年 1 月 10 日的出仓单存根联

主营业务收入截止性测试

客户：	南宁骏业高温材料有限公司		编制人：	张三				日期：			索引号：		
截止日：	2005年12月31日		复核人：	李四				日期：			页次：		
发票内容					出仓单		发货单		入账情况			是否跨期	审计调整
编号	日期	品名	销售额	税金	号码	日期	号码	日期	日期	主营业务收入	应交税金	√（×）	
No00085100	2005年12月21日	过滤袋	3300.00	561.00	No0512005	2005年12月19日	051206	2005年12月21日	2005年12月21日	3300.00	561.00	×	
		石墨轮φ180	9000.00	1530.00						9000.00	561.00	×	
	其他记录（略）												
截止日：2005年12月31日													
№00085105	2006年1月5日	除气机	120,000.00	20400.00	0512011	2005年12月30日	060101	2005年12月30日	2006年1月5日	120,000.00	20400.00	√	应在2005年确认收入
		石墨杆	18,000.00	3060.00						18,000.00	3060.00	√	
		过滤袋	5,280.00	897.60						5,280.00	897.60	√	
		石墨轮φ150	14,000.00	2380.00						14,000.00	2380.00	√	
审计说明及审计结论：该笔销售业务应确认为2005年收入，同时应结转其销售成本。调整分录如下：													

图 6-24 主营业务收入截止性测试结果

复习思考题

1. 会计信息系统审计有哪些特点，其基本框架包括哪些内容？

2. 会计信息化是会计发展的方向。你认为这一变化，将会给审计环境、审计技术带来哪些变化？为了应对这些新情况，审计人员应当如何提高自身的业务水平，防范新的审计风险？

3. 信息技术的高速发展给审计带来挑战的同时，是否也带来有利的机会？谈谈你的看法。

4. 如何利用中间结果进行数据采集？

5. 应用审计软件实施会计信息系统审计与传统手工审计的主要区别是什么？

6. 请思考如果利用“审计之星”对主营业务成本进行审计，应实施哪些操作步骤？

第七章 企业资源计划中的会计信息系统

会计信息系统可以是一个独立的系统，也可以是企业信息系统即企业管理软件的一个子系统。企业管理软件以信息技术为支撑，但它不是一个纯技术系统，其灵魂是管理思想，主体是蕴含管理思想的管理应用模式。目前企业管理软件的主要代表是企业资源计划（ERP），产生于美国。它并非产生于理论家的灵感迸发，而是源自市场竞争的需求和实践经验的总结。它是信息技术与先进管理理论相融合的产物，其实施将有利于企业资源的良好配置、调度和充分运用，使企业管理规范化、科学化，提高企业管理水平与市场竞争力。它的思想和方法已经在美国等工业发达国家得到了广泛的应用，并取得了显著的经济效益。

【重要概念】 企业 ERP 系统　MRPⅡ系统　供需链管理　ERP 系统下的会计信息系统

第一节　企业资源计划系统

一、企业 ERP 系统的概念和特征

ERP 系统这个概念最早是由美国著名的 IT 技术咨询和评估集团加特纳（Gartner Group）于 20 世纪 90 年代提出来的，目前已经得到广泛应用。我们认为，ERP 系统是指以信息技术为支撑，运用先进的企业管理思想，系统化地集成企业内外各种资源的全方位信息，为企业管理层和员工提供决策支持的强大技术与信息平台。可以从管理思想、信息技术和管理系统三个层次来阐述 ERP 系统的核心特征。

从管理思想上来讲，先进的企业管理思想是 ERP 灵魂之所在。如今市场上的各种 ERP 产品实际上是借鉴西方先进的管理思想和理念并使之反映在企业的业务流程再造（business process reengineering，BPR）过程之中，如订货点控制、物料独立需求与相关

需求理论、全面质量管理思想（total quality control，TQC）、实时生产系统（just in time，JIT）、供应链理论等许多从西方优秀企业成功实践中所总结的先进经验和管理思想。如果一个企业仅在实施 ERP 系统后使企业的业务处理更加高度自动化而没有运用 ERP 系统所包含的管理思想重新组织业务流程再造，这充其量仅仅是一个自动化系统而已，并非真正意义上的企业 ERP 系统。

从技术上讲，运用先进的信息技术集成企业的各种信息是 ERP 系统的技术本质特征所在。如今信息技术已经在众多企业得到广泛应用，可是大多数企业中，各个部门甚至各个岗位的信息系统都是独立分散的，这使得信息的功能难以全面发挥。ERP 系统就是将企业销售、采购、物流、财务、人力等各部门的信息系统集中在一起，实现全企业范围内的信息共享。用一句话来概括，即实现企业所有信息全面及时集成共享是 ERP 系统最大的技术魅力。

从管理系统上来讲，ERP 系统是整合了现代企业管理理念、基础数据、业务流程，包括计算机各种软硬件于一体的非常庞大复杂的企业资源管理系统。

二、企业 ERP 系统的目标、管理对象和基本功能模块

（一）企业 ERP 系统的目标

ERP 系统的目标是多方面的，涉及企业经营管理和信息支持两个大的方面。ERP 系统的最终目标包括两个方面：第一个目标就是成为一个能够为企业决策提供高质量、充分信息的决策支持系统，这依赖 ERP 系统将企业经营管理各方面能进入系统的所有信息都纳入系统中来，同时利用系统中现有的数据处理加工程序、方法和模型产生决策所需的信息；第二个目标就是通过 ERP 系统的实施优化企业业务流程。将先进的企业管理思想在企业中实施，从而最终提高企业的管理质量和效率。这两个目标归根结底都是要提高企业的竞争力，提高企业适应多变的市场变化的反应能力，使自己在激烈的市场竞争中不断发展壮大。

（二）企业 ERP 系统的管理对象

ERP 系统的管理对象是企业的各种内外资源，包括内部资源和外部资源，从形态上可以划分为物流、资金流和信息流三种形态，具体包括厂房、生产线、存货、企业资金、人力资源、客户、供应商等企业所能拥有或控制的以及与企业有重要联系的各种要素，几乎涵盖企业维持正常经营所必需的各种资源和信息。

（三）企业 ERP 系统的基本功能模块

由于各个 ERP 厂商的产品各有特色，所包含的功能也存在一定的差别，在这里我们先撇开具体的产品，仅从 ERP 产品能做什么这个角度以制造业为背景对 ERP 系统的构成做一个简要的分析，即分析它主要包括哪些方面的功能模块（图 7-1）。

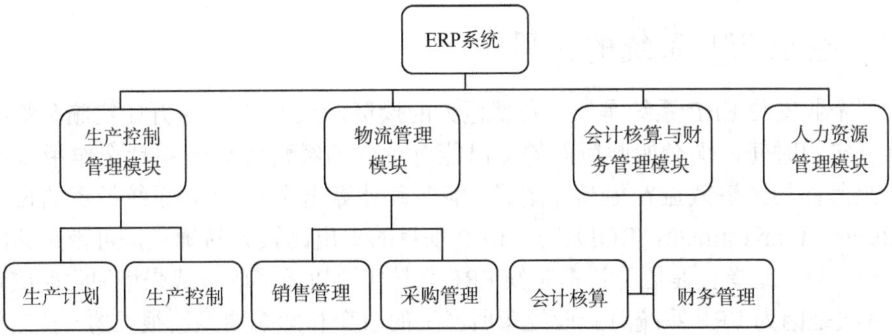

图 7-1　ERP 系统通用模块

在制造业中，企业经营一般包括四个方面的内容：生产产品活动、物流管理（包括销售、采购等）、会计和财务活动、人力资源管理等。相应地，企业 ERP 系统也包括四大功能块：生产控制管理模块，物流管理模块，会计核算与财务管理模块，人力资源管理模块。

（1）生产控制管理模块。生产管理控制模块是企业 ERP 系统的核心所在，也是企业 ERP 系统最初发展阶段 MRP 物料需求计划的主要内容。主要功能在于将整个生产计划的制订与实施以及控制过程有机地联系在一起，将与企业产品生产有密切联系的所有相关信息集合起来，保证企业既不会出现原材料短缺又不会出现库存过量，使得企业生产流程前后连贯地进行。因为库存太多，不但会占用流动资金，也会增加库存的保管费用。

（2）物流管理模块。物流管理模块主要包括销售管理模块和采购管理模块两大部分。销售的管理从产品的销售计划开始，实现对产品销售、销售地区、客户信息等各种信息的全面管理和分析。主要分为三大功能部分：为企业建立全面的客户信息档案，对其分类管理，以达到高效率保留老客户和争取新客户的目的；与财务部门协同在最短的时间内进行客户的信用检查和订单管理；对企业产品销售的各种统计与分析。采购管理是用来控制存储物料的数量，确定最优采购的时间和数量，以保证稳定的生产物料支持，但又最小限度地占用存货流动资本，这是一种动态的存货控制系统。

（3）会计核算与财务管理模块。会计核算与财务管理模块又包括两大部分：会计核算模块和财务管理模块。会计核算模块主要是记录、反映企业的经济活动，并最终产生反映企业财务状况、经营成果和现金流量的会计报表，它由总账模块、应收应付模块、现金管理模块、固定资产管理模块、工资核算模块、报表处理模块等部分组成；财务管理模块主要是基于会计信息的分析，为企业资金的筹集、投放等财务决策提供决策信息，侧重于分析、计划、预测和控制。

（4）人力资源管理模块。长期以来，企业一直是把与企业制造资源有关的有形资源作为企业的资源来管理，但近年来，企业内部的人力资源开始受到高度重视，被视为企业的资源之本。主要有人力资源规划的辅助决策、招聘管理、工时管理等功能模块。

三、企业 ERP 系统的作用

大型企业安装 ERP 系统是一个花费巨大的投资，从 ERP 项目开始实施到最终完成需要好几年的时间，那么如此巨额的支出能对企业的经营管理产生什么作用或者能给企业带来怎样的经济效益？更具体地说，能精确计算出企业 ERP 系统投资的投资回报率（returns of investment，ROI）吗？ERP 项目的支出比较容易确定，可带来的回报却难以精确计量，这首先是因为许多时候 ERP 系统主要以无形的方式来增加收益或者减少支出；其次是因为 ERP 系统对企业经营所产生的改变和影响要经历很长的一段时间，而且难以追踪和量化计算。然而，ERP 系统增加企业竞争力的功能却是有目共睹的。

事实上，尽管存在许多失败的案例，实施 ERP 系统所能带来的巨大效益确实对许多企业（特别是大型企业）有着很大的诱惑力。使用 ERP 系统总体来说可以为企业带来如下的经济效益。

（1）库存量下降 30%～50%，这是人们说得最多的效益，可以使一般用户的库存投资减少 40%～50%，库存周转率提高 50%。

（2）延期交货减少 80%。当库存减少并稳定的时候，用户服务的水平提高了，企业的准时交货率平均提高 55%，误期率平均降低 35%。

（3）采购提前期缩短 50%。

（4）制造成本平均降低 12%。

四、企业 ERP 系统的发展历程

（一）20 世纪 60 年代的 MRP 系统

20 世纪 40 年代为解决库存问题，人们提出了订货点法，但当时由于计算机系统没有得到广泛应用，使得人工计算订货点非常复杂，所花费的时间也很长，最终的效益大打折扣。60 年代，随着计算机逐步应用到企业生产过程中，短时间内计算出企业众多物料的订货点成为可能，于是出现了物料需求计划系统（materials requirements planning，MRP）来合理确定订货点、采购批次和时间，有效进行采购和库存管理。

MRP 系统的主要任务就是解决企业库存过高或不足的问题，因为企业库存不足会导致物料的短缺，影响企业生产进度，造成停工损失，而库存过高则占用企业太多的流动资金，影响企业资金的使用效益。MRP 系统的原理就是对企业总的生产计划进行细分，并根据企业生产的各种物料标准来科学确定何时采购或生产多少的物料以满足企业的生产。其逻辑流程如图 7-2 所示。

（二）20 世纪 70 年代的闭环 MRP 系统

20 世纪 60 年代的 MRP 系统能够根据相关数据精确计算出生产所需物料需求的准确时间和数量，但其主要缺陷在于没有考虑到企业现有的生产能力和采购条件两个约束条件，因此计算出来的物料需求有可能因企业设备和工时的不足而没有能力进行生产或者因原材料的供给不足而无法生产。同时也缺乏根据计划实施的反馈信息对计划进行调整的功能。

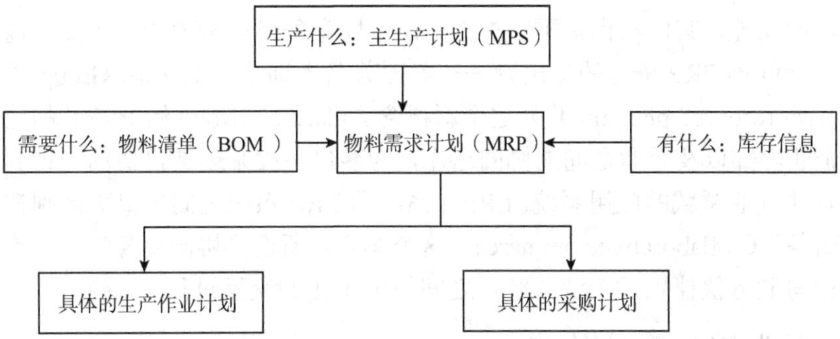

图 7-2　MRP 系统的逻辑流程

于是为了克服上述不足，MRP 系统在 20 世纪 70 年代发展为闭环 MRP 系统（close-loop MRP）。除了物料需求计划，闭环 MRP 系统还包括生产能力需求计划、车间作业计划和采购作业计划，具备了信息反馈和调整计划的功能，形成一个封闭的完整的生产计划与控制系统。

（三）20 世纪 80 年代的 MRPⅡ系统

20 世纪 70 年代，闭环 MRP 系统使与企业生产有关的子系统得到统一，将相关生产信息集成起来，这是一个很大的进步，但还有明显的不足，因为生产管理只是企业管理的一部分，它仅仅涉及企业的物流，并不涉及销售、财务等子系统。销售、财务两个子系统由另外独立的系统进行处理，这就会使各个子系统成为独立的信息孤岛，造成了数据的重复录入和存储，甚至不一致性，同时也不利于企业整合信息进行进一步的分析。于是，20 世纪 80 年代就出现了制造资源计划系统（manufacturing resource planning），英文缩写还是 MRP，为了区别需求计划 MRP 而标记为 MRPⅡ系统。

MRPⅡ系统包含企业内部管理的各个方面，是一个把企业的销售、财务、采购、工程技术等各个子系统都集成在一起的复杂系统。它的基本思想就是把企业当作一个内部联系非常密切的有机整体，从整体最优的角度出发，使它们协调共同发展。

MRPⅡ系统最大的突破在于实现了物流、资金流和信息流的完全统一，可以由生产或销售活动直接产生财务数据，把实物形态的物料流动直接转换为价值形态的资金流动，保证了生产数据、销售数据与财务数据的一致性。可以说，MRPⅡ系统是一个完整的企业内部信息管理系统。

（四）20 世纪 90 年代的 ERP 系统

传统的企业经营战略是以企业自身为中心的，企业的组织形式按职能层次划分结构，但 20 世纪 90 年代以来，随着经济全球化和市场国际化的飞速发展，企业所面临的竞争异常激烈，于是以客户为中心、面向整个供应链成为企业在新形势下的基本管理理念。虽然 MRPⅡ系统是一个有效的内部管理系统，但管理对象主要是企业内部资源，很少涉及企业外部资源，显然这种系统无法适应新的企业竞争环境。面向企业所有内外资源的企业资源计划 ERP 系统就应运而生。

当然，随着计算机技术、互联网技术以及移动通信技术的快速发展，ERP 系统也在不断产生新的功能，其内涵也在不断扩大。在市场竞争日益激烈与电子商务蓬勃发展的大背景下，2000 年 ERP 概念的提出者——美国著名咨询公司 Gartner Group 提出了 ERP Ⅱ（enterprise resource planning Ⅱ）这个新概念。Gartner Group 给 ERP Ⅱ的定义是：支持、优化企业内部以及企业之间的协同运作，为客户和股东创造价值的一种商业战略与一套面向具体行业领域的应用系统。ERP Ⅱ系统和 ERP 系统之间的最大区别在于前者引入“协同商务”（collaborative commerce）这个概念。所谓“协同商务”指的是企业内部人员、企业与业务伙伴以及企业与客户之间的电子化的交互过程。

五、企业 ERP 系统的实施

据不完全统计，在我国近万家实施 ERP 项目的企业中，只有 10%～20%的企业能够按预算成功实施，且大多数为外资企业；30%～40%的企业能够部分实现各子系统的集成；而整体失败的企业却高达 50%。中国 IT 界的传奇人物、联想前任总裁柳传志曾经说过，企业上 ERP 项目可能找死，而不上 ERP 项目就是等死。这些令人沮丧的事实无疑给那些对 ERP 项目充满期待的企业老总泼了一盆冷水。的确，ERP 系统过低的实施成功率已成为制约 ERP 系统迅速推广的重要因素。ERP 项目的实施是一个非常复杂的庞大工程，几乎涉及企业经营管理的各个方面，同时影响企业员工的利益分配格局。

（一）前期工作阶段

前期工作也就是在安装 ERP 软件之前所要完成的工作，主要包括成立项目小组、前期培训、需求分析、确定目标以及选择 ERP 软件等工作。在实际工作中，这个阶段的工作最容易被忽视，但是这期间工作的好坏实际上直接关系到整个 ERP 项目能否成功实施，理应受到企业的高度重视。

（1）成立项目小组。从层次上看，项目小组可以分为三个层面的小组：① 领导小组；② 项目实施小组；③ 业务组。

（2）领导层及项目组成员培训。在企业决定实施 ERP 项目时，就应对企业的领导层及项目组成员进行严格的培训，培训的主要内容是 ERP 系统的基本原理和管理思想。只有让企业高层真正明白 ERP 系统的原理，才能使他们更自愿地实施 ERP 项目，企业职员执行效果才能得到有效保证。

（3）企业管理的分析与诊断。也就是由企业高层和各级管理人员认真总结企业管理经验，寻找企业经营管理中存在的各种问题。对大中型企业而言，聘请 ERP 项目实施顾问，同他们一起寻找企业管理中的问题，提出解决办法，是一个不错的决策。

（4）分析需求，确定目标。在进行上一步管理问题的分析与诊断后，就应进一步明确企业目前的需求，确定实施 ERP 项目的明确目标，也就是明白企业需要 ERP 项目解决管理中哪些的问题。企业应将这些具体的需求目标形成正式的书面报告。

（5）软件选型。要想选择一款适合本企业的 ERP 软件，核心的一点就是要能“知己知彼”。“知己”就是上一步所说的明确自己需要什么，“知彼”就是要弄清楚厂商提供的 ERP 软件所具有的具体功能，了解 ERP 软件所具有的管理思想和功能能否满足企业的需求。当然，这不能仅听 ERP 厂商的一面之词，也要向 ERP 项目做得比较成功的同行业企业取经。

（二）实施准备阶段

（1）数据准备。在 ERP 项目实施这一领域内，有这样一句行话：ERP 项目的实施是“三分硬件，七分软件，十二分数据”。这无疑说明基础数据准备的极端重要性。的确，对大多数企业而言，企业的经营管理非常复杂，涉及生产制造、销售、采购、财务、人事等各个方面，自然要进入 ERP 系统的基础数据的种类和数量是十分惊人的。许多企业由于之前的管理不到位，在基础数据没有准备充分的情况下，就进入实施阶段，结果自然是失败的。这些数据包括产品、工艺、库存、物料配件等信息，当然也包括一些系统参数的设置。衡量数据准备工作的标准就是基础数据的完整性、准确性。

为保证数据的准确性，应从两方面着手：一方面，必须保证收集到的原始数据是正确的，也就是数据来源是正确的，不然就会造成“垃圾进，垃圾出”的现象；另一方面，在把收集到的正确的原始数据输入 ERP 系统过程中，不能再引起任何附加的错误。

（2）系统安装调试。系统安装调试就是由 ERP 软件供应商负责将 ERP 软件安装到企业的计算机系统中来，并负责进行一系列的全面调试工作。

（3）软件原型调试。软件原型调试就是对 ERP 软件功能的全面测试。在测试时，应当是整个系统的全面测试，企业相关部门的相关人员都要参与测试，使参与者能理解各个子系统的功能、数据以及流程之间的集成关系。测试完成后，企业应能明白软件的功能在哪些方面不能满足企业的需求，提出解决的方案，以便能与 ERP 软件供应商共同实行二次开发。

（三）模拟运行及用户化

（1）选择本企业有代表性的产品，将各种必要的数据录入 ERP 系统，测试 ERP 系统的功能和稳定性。

（2）制定 ERP 系统环境下的新的企业工作准则与规则，并且组织企业职员进行全面的学习培训，使每个岗位的职工都熟悉本岗位在 ERP 系统的基本操作。

（四）系统切换运行

根据企业的条件和实施状况，可以对 ERP 系统所有的功能模块一次性地全部切换，也可以分模块分次来完成。出于谨慎考虑，可以考虑 ERP 系统与原来的计算机系统或者手工系统同时运行一段时间，但这个并行运行的时间不能太长，因为每项业务都要做双份工作，大大增加工作量，造成企业经营成本的增加。

（五）新系统运行

在 ERP 项目实施过程中，有两项工作会贯彻实施的全过程，必须引起高度重视。一个就是培训工作贯彻始终，包括对领导层、中层管理者、基层操作人员、系统管理员以及程序员的培训，内容非常广泛，涉及 ERP 系统的基本原理以及具体操作的技术细节。另外一个就是企业最高管理当局必须高度重视 ERP 项目的实施。ERP 项目的成功实施只能采取从上到下的实施过程，从下到上的推进方法在这里是行不通的，只会失败。“ERP 项目就是‘一把手’工程”，这足见最高决策者在这个项目实施中发挥的关键作用。

六、企业 ERP 系统在中国的应用与发展

自从 1981 年沈阳第一机床厂从德国工程师协会引进第一套 MRPⅡ软件以来，MRPⅡ/ERP 在我国的应用和推广已经走过了近 40 年。从起步、探索到成熟的风雨历程，大致可以划分为三个阶段。

（1）20 世纪整个 80 年代可以称为启动期。由于受许多因素的制约，应用效果很有限，从整体上看，企业所得的回报与巨大的投资和当初的宏图大略相差甚远。一些专家学者在分析总结这一阶段的应用情况时，提出了“三个三分之一”的论点，即“国外的 MRPⅡ软件三分之一可以用，三分之一修改之后可以用，三分之一不能用”。

（2）1990 年到 1996 年可以称为成长期。大多数的 MRPⅡ/ERP 系统用户在成功启用系统之后都获得了或多或少的经济效益和管理效益，但不容忽视的是也存在许多不足之处，主要有：企业在选择和应用 MRPⅡ/ERP 系统时缺乏整体的规划；应用的广度不够，主要是在制造业使用。

（3）从 1997 年起 ERP 系统的应用发展在我国开始进入成熟期。这一时期显著的特点是国产的 ERP 系统软件开始崭露头角，成为中小型企业 ERP 软件有力的竞争者，但还无法对高端 ERP 软件市场产生强烈冲击。

七、主要的 ERP 软件简介

当前世界上主要的 ERP 系统供应商有德国的 SAP 公司，美国的 Oracle 公司、IBM 公司，软件巨头 Microsoft 公司于 2004 年也正式切入 ERP 软件市场；中国内地主要的 ERP 软件供应商有用友集团、金蝶公司、神州数码、和佳公司，中国台湾的 ERP 厂商有鼎新、普扬、汉康、艾一、天心等公司。

（一）SAP 公司的 S/4HANA 产品

SAP 公司成立于 1972 年，总部位于德国沃尔多夫市，是全球最大的企业管理和协同化商务解决方案供应商、全球第三大独立软件供应商。全球 188 个国家的 232 000 家客户正在从 SAP 解决方案中获益，其中包括财富 500 强 80%的企业及 85%最有价值的品牌。2016 年 12 月，SAP S/4HANA Cloud 1611 版本正式发布。S/4HANA 其精髓所在就是简化，让系统变得足够敏捷，帮助用户更好地满足市场的需求，应对全球化的挑战。埃森哲、凯捷、德勤、安永、普华永道、中软总公司、中建材信息、文思海辉等合作伙伴纷纷表示将致力于同 SAP 进一步展开合作，利用各种支持工具和资源充分挖掘 SAP S/4HANA 的潜力，为用户提供更大的商业价值。

（二）Oracle 的 Oracle Application 产品

Oracle 公司成立于 1977 年，总部设在美国的加利福尼亚州，是世界上仅次于美国微软的第二大软件制造商、著名的数据库软件公司。其主要产品是大型数据库 Oracle。虽然 Oracle 公司进入 ERP 软件市场的时间比较晚，但凭借其强大的数据库支持，在这一市场取得了相当不错的成绩，其 ERP 产品是 Oracle Application，有多达 45 种的模块

供用户选择组合使用。目前，全世界有超过 6000 家大客户在中国上海、成都、广州等地设有办事处。

（三）用友的 U8 和 NC 产品

1988 年 12 月 6 日，在北京中关村一间租用的很小房间内，用友创始人王文京和苏启强以 5 万元的借款和 1 台电脑为全部资产，成立了用友财务软件服务社。经过多年的发展，用友公司发展成为中国最大的管理软件、ERP 软件、财务软件供应商，中国软件产业的第一品牌。目前，中国约有 50 万家企业运行着用友管理软件，每年有 5 万家企业选择用友 ERP 软件，每天至少有 300 万人使用着用友软件。用友财务软件已成为事实上的中国财务软件的行业标准。

用友公司主要的软件产品有用友 ERP-U8 和用友 ERP-NC。用友 U8 软件是一款基于 Web 应用，实现会计核算、财务管理、供应链管理和决策支持的一体化管理的 ERP 软件，包括财务、购销存和决策三大组成部分。目前，最新版本是用友公司 2009 年推出的用友 U8.90 版本的 U8。用友 ERP-NC 是用友公司为企业建立先进应用系统推出的应用架构和个性化的应用解决方案。

（四）金蝶的 K/3 产品

1993 年，徐少春在深圳与美籍华人赵西燕共同投资成立金蝶软件（中国）有限公司。经过多年的发展，公司拥有 46 家以营销、服务为主的分支机构，用户量达 10 多万。金蝶于 1999 年 5 月推出 K/3 产品（包括 K/3 v9.x 和 K/3.net 两个版本）。其中，K/3.net 系统是中国第一个成功的、具有革命性的基于 Net 平台的 ERP 产品。

第二节　ERP 系统环境下的会计信息系统

会计信息系统是会计学与信息技术相结合的产物，会计处理模式与信息技术是会计信息系统的两大支柱。纵观会计信息系统的发展历程，不难看出，每一次企业管理模式及信息环境的重大转变都会引起会计信息系统的设计思想及运作方式的革新。作为现代企业先进管理理论及信息技术的产物，ERP 系统引入企业的现代管理中必将引起企业会计信息系统的重大变化。那么，与传统的会计信息系统相比，ERP 系统环境下的会计信息系统有了较大的改变。

一、两种环境下的会计信息系统的比较

（一）从系统独立性的角度来看

传统的会计信息系统是基于企业财务部门的部门级内部网，它是仅供财会部门使用的封闭的独立信息系统，独立性很强，与企业其他部门的业务子系统间不存在自动的数据联系，不能实现全部数据共享，即使与其他业务子系统有连接，也仅仅是利用软件的数据接口，人工实现数据在不同的子系统之间的数据的导入和导出。但由于 ERP 系统

集成企业范围内所有的业务子系统，那么会计信息系统作为一个核心子系统，与其他业务子系统存在非常紧密的联系，因而 ERP 系统环境下的会计信息系统是一个开放的、数据共享性强的信息系统。

（二）从会计处理流程的角度来看

在传统会计信息系统环境下，会计人员将各业务部门传递过来的原始凭证录到系统中来，然后审核与记账，最后输出会计报表，可以说与手工环境的会计处理流程一样，是手工业务的复制，只不过效率与质量有了很大的提高。但在 ERP 系统环境下，生产活动、销售业务、采购业务等业务信息在由各业务部门输入至各个业务子系统后就会自动进入会计信息系统生成记账凭证、总账和明细账，烦琐的记账录入过程基本消失，在很大程度上改变了会计业务处理流程。

（三）从会计职能的角度来看

在传统会计信息系统环境下，大多数企业的产、供、销各个环节与财务部门存在脱节的现象，经济业务所产生的信息首先会在企业各个业务部门内部流转，每隔一段时间或在期末才会由业务部门“批处理”，将业务资料传送至财务部门进行账务处理。这样，会计的功能也就定位于数据的收集与处理，仅仅起到“事后诸葛亮”的作用。即使在会计电算化后也只是会计处理的简单自动化，大量的业务数据信息未能进入会计信息系统，有的即使进入了，也存在这样或那样的不完整性或不一致性，更存在时间上的严重滞后性。许多会计数据只是简单地记录下来，未能得到进一步的分析利用，会计信息系统在控制与决策支持方面发挥的作用也就十分有限，最终在企业形成一个“会计信息孤岛”。

但在 ERP 系统环境下，会计信息系统作为一个核心子系统，能与其他业务子系统高度集成，业务数据可以在全企业范围内实现完全共享，这样一方面几乎完全消除了会计信息的滞后性，大幅度地提高了会计信息的准确性，会计信息质量有了质的提高，同时增加了进入会计信息系统的业务信息总类和数量；另一方面会计信息系统也不再仅仅局限于简单的财务处理和记录反映功能，而是进一步拓展至控制和决策支持服务领域，大大提高了会计信息系统在企业管理中的作用，会计工作的重心也从经济业务的记录与计量转向经济信息的深加工。

综上所述，在 ERP 系统环境下，会计信息系统不仅很好地完成了会计的反映功能（体现在反映的速度、质量有质的飞跃），而且实现了部分财务管理功能。

二、会计信息数量和质量的极大提升

为更好理解 ERP 系统环境下 AIS 的特点，先来简单描述传统手工会计环境、独立会计信息系统环境以及 ERP 系统中的会计信息系统环境下，会计信息的处理、加工和传递过程。如图 7-3 所示。

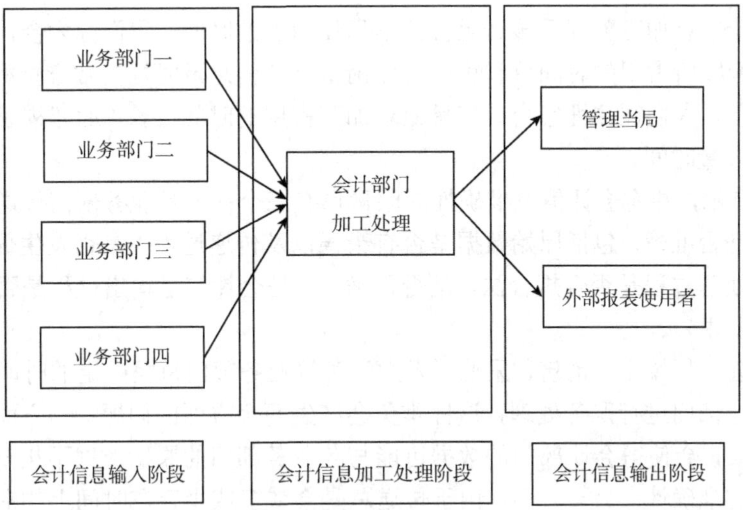

图 7-3　会计信息输入处理与输出阶段关系

图 7-3 大体描述了会计信息通用的加工处理和传递流程，分为三个阶段，即会计信息输入阶段、会计信息加工处理阶段以及会计信息输出阶段。无论在手工会计环境下还是电算化的会计环境下，会计信息都是由业务部门提供原始的经济事项信息，然后传递至会计部门进行会计信息的确认、计量、记录，经加工整理后将最终的会计信息反映至管理当局以供决策或者传递给外部报表使用者，这是任何一种环境都适用的会计信息流程。

（一）会计信息的数量和种类增加了许多

在 ERP 系统环境下，会计信息系统所采集的业务数据信息的种类和数量增加了很多。ERP 系统最大的特点之一就是财务处理和业务活动的统一，它几乎集中了企业全部业务活动的所有数据，包括所有财务信息和非财务信息。因而，对财务信息的记录，不但包括常见的日期、科目、账户余额等信息，这些数据在以往的会计信息系统中一般不予以反映，但在 ERP 系统环境下，这些数据由业务处理子系统进行采集，通过数据加工进入会计信息系统。

（二）会计信息质量有了很大的提高

及时性和准确性是衡量会计信息质量两个非常重要的标准。以往由于会计处理手段的落后等因素的影响，许多企业的年报要在年后几个月才能报出，而且经常在发布后要修修补补，报表的及时性和准确性一直受到广大投资者的强烈质疑与批评。但在互联网高度发达的今天，在 ERP 系统环境下，这一现状可以得到根本的改变。下面来详细分析为什么 ERP 系统环境下的会计信息系统 AIS 会有如此大的功能。

图 7-3 显示，决定会计信息及时性的时间因素共包括三个阶段的因素：一是企业经济业务发生后，传送至会计部门的时间，我们称为会计信息输入的时间；二是会计部门在接收到原始的经济业务信息后进行加工处理的时间，我们称为会计信息加工处理的时

间；三是会计信息加工整理后传送至会计信息使用者的时间，我们称为会计信息输出时间。这三个阶段所占用的时间总和可以看作衡量会计信息及时性的数量指标。在传统会计信息环境下，人们往往埋怨会计信息处理加工占用的时间过长，而忽视了会计信息输入所占用的大量时间。

图 7-3 显示，决定会计信息准确性的因素也有三个：一是业务部门传送给会计部门的业务数据是否准确，包括原始数据是否有错误以及传递过程中是否发生偏差；二是会计信息加工处理过程是否合规合法，是否正确；三是会计信息输出过程是否符合会计准则与制度的要求。

在手工会计环境下，销售、采购、人力资源等业务部门每隔一定的时间段将业务资料传送至会计部门进行账务处理，这样难免会产生两个方面的问题：一方面，由于传递过程中的错误，会使得会计部门的数据可能与各业务部门的原始数据不相一致，从而影响会计信息的准确性；另一方面，由于传送总是会或多或少存在时间上的滞后性，加之由于会计处理是手工操作，必将大大延长会计信息从输入到输出的时间，严重影响了会计信息的及时性。

在以往会计电算化下的独立会计信息系统环境下，虽然会计信息加工处理实现了计算机自动化处理，减少了会计信息加工处理所占用的时间，但由于业务部门的业务资料传送过程没有发生本质的改变，会计信息输入阶段所占用的时间仍然很长。这样，会计信息的及时性没有得到根本改善，准确性也不能得到很好的保证，影响了会计信息的进一步发挥。

但在企业 ERP 系统环境下，这一切都将改变，会计信息的及时性和准确性都可以得到很好的保证。ERP 系统的一个核心特征就在于各部门的数据高度集成共享，各部门的业务子系统能无缝连接。在这种环境下，各部门的业务数据统一存储在中央数据服务器，会计部门调用数据也直接从中央数据服务器获得。会计信息系统预先设置了大多数经济业务的会计处理程序，在业务部门输入经济业务的原始信息后，系统会自动生成会计凭证，汇总会计信息，这样不但可以保证会计部门与各业务部门数据的一致性，也缩短了会计信息的输入时间。这将大大提高会计信息的准确性与及时性，会计信息的质量从此有了一个质的飞跃。可以相信，在不久的未来，随着计算机技术和网络技术的飞速发展，会计数据的采集、处理与输出完全可以做到实时化。届时，经济业务一旦发生就会立刻传至会计部门做账处理，然后股东等外部会计报表使用者就可以查看最新的会计报表，也就产生了所谓的实时报告系统，此时不再有月报、年报的概念，只有日报的概念，会计信息的及时性问题得到彻底解决。

通过以上分析不难看出，ERP 系统环境下的会计信息系统之所以在很大程度上增加会计信息的数量并提高会计信息的质量，其根本原因就在于各个业务子系统与会计信息系统的高度集成和业务数据在企业范围内的全面共享。

三、实现控制和财务决策支持功能

在企业 ERP 系统环境下，大量的会计凭证由系统自动生成，会计人员只需要编制少量的特殊业务凭证，也就是说，会计人员有较多时间来实现会计的其他功能。另外，企业 ERP 系统的实现使得更多的经济业务信息进入会计信息系统，这样会计人员更有条件为企业对经济进行控制和财务决策提供更加全面的深层次信息。此时，会计活动的起点是业务而非凭证，更注重业务对财务的影响及财务对经济业务的控制。会计信息系统一方面从业务子系统提取经济业务数据进行确认、计量、记录和报告；另一方面对现有信息的加工综合处理实现对经济业务的预测、控制以及决策支持功能。会计核算功能仍然是会计信息系统的重要功能，但其重要性已大大降低，会计的预测、控制功能成了最重要的功能。

四、ERP 系统环境下会计信息系统的地位

在前面的分析中，我们可以看到，处于 ERP 系统下的会计信息系统从单一的会计核算系统发展成以管理控制和提供决策支持为主的综合决策支持子系统。此时的会计信息系统不再是一个专供企业财会部门使用的部门信息系统，而是一个供整个企业使用的企业级 ERP 系统中的一个核心子系统。相对应的是，ERP 系统环境下的会计信息系统在企业管理中的地位与作用也得到很大提高，从只是单纯对经济业务的记录反映发展到真正参与企业的决策中来，成为企业决策支持系统的重要组成部分，这正是广大会计人员孜孜追求的目标。

第三节　ERP 系统下会计信息系统与其他子系统的联系

在企业 ERP 系统环境下的会计信息系统与一般独立会计软件有着很大的不同，最大的区别在于企业 ERP 系统下的会计信息系统与其他业务子系统高度集成，各子系统之间有相应的接口，会计信息系统与其他业务子系统（销售子系统、采购子系统、生产控制子系统、人力资源管理子系统等）存在非常紧密的数据联系、功能联系和输出联系。

一、会计部门与其他业务部门的业务联系

图 7-4 描述了简化的企业部门联系情况。可以看出其他职能部门要为会计部门提供各种业务数据：销售部门要为会计部门提供销售收入和数量的数据；采购和物料管理部门要提供存货采购成本、数量与库存存货数据信息；生产部门则要提供产成品数量和成本方面的数据，以确定制造产成品的花费（原材料直接成本、车间一般管理费等）；人力资源管理部门则要提供企业员工薪金和福利支出方面的数据。会计部门向企业管理当局和外部利益相关者提供的会计报表的准确性与及时性与各职能部门提供数据的准确性和及时性有着非常紧密的联系。

其他职能部门要从会计部门获取自己所需的财务数据，作为经营管理决策的重要依据。销售人员需要从会计部门获取成本利润数据，分析当前价格是否合理，是否需要改变价格策略，还要获取客户的信用评估，决定给予客户的赊欠额度；采购和物料管理部门要从会计部门获取资金预算等数据；人力资源部门需要会计部门提供劳动力成本数据

以分析企业在支付员工费用上有多大的承受力。

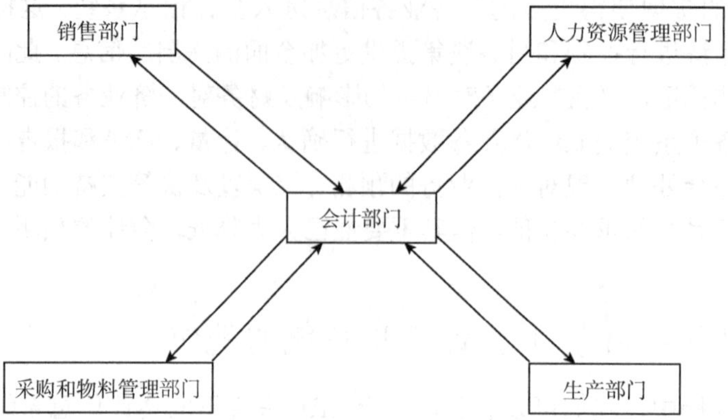

图 7-4　企业各部门与会计部门的联系

二、ERP 系统下会计信息系统与其他子系统的联系

不论在传统管理环境还是在企业 ERP 系统环境下，会计部门与其他职能部门的联系总是存在的。其最大的区别就在于两者联系的手段与紧密程度有着很大的变化。

在传统管理环境下，各职能部门存储各自部门的业务数据，使用各自独立的数据库服务器，当其他职能部门需要本部门的业务数据时，才由相应部门以人工传递或联机系统的方式传递至需求部门，这种传递是被动的。在这种环境下传递的信息可能产生不一致，并且经常发生滞后，影响信息及时性，最终导致业务信息利用率的大大降低；发生较多的额外数据保管和传递成本，特别是在企业往跨地区、跨国界方向发展的背景下，这种数据更是会成倍增长。

ERP 系统的出现将彻底改变这种状况，各职能部门的数据联系和传递几乎可以在瞬间就完成，而且几乎是零成本的。这是由于 ERP 系统允许在企业范围内所有职能部门使用公用的数据库服务器，采用公用的单一数据库。形象地说，在传统管理环境下，各职能部门与会计部门还是两家人，但在企业 ERP 系统环境下，会计部门与各职能部门则真正地成为一家人。

复习思考题

1. ERP 系统有哪几个本质特征？ERP 系统产生的动因有哪些？

2. ERP 系统的发展可以分为哪些发展阶段，每个阶段各有什么优缺点？

3. 收集一些 ERP 软件产品的资料，了解它们具体的特点。

4. 随着 ERP 系统功能的进一步强大和完善，会计信息系统与其他子系统的集成性会进一步加强，自动化程度会更高，试想一下这会对会计这个职业产生什么影响。

5. 实地考察一下企业实务中各个部门与财务部门存在的业务联系，并结合这种联系思考 ERP 系统下会计信息系统与其他子系统的联系。

第八章

电子商务支付结算系统

在电子商务的运作过程中，资金流是十分重要的环节，货币的支付是必不可少的。同时，电子商务的支付结算又是人们非常敏感、对系统技术要求较高的工作。本章以电子支付为主线，全面讲授了电子支付的概念，电子货币、移动支付、网上银行支付和第三方支付的内容和方法。

【重要概念】 电子商务　电子支付　第三方支付　移动支付　网上支付

第一节　电子商务支付概述

随着网络经济的发展，电子商务已经成为商品交易的最新模式，而任何一笔交易最后都要落实到货币的支付结算上来，货币的所有权转移是所有商业交易的一个核心。因此，网上支付结算是电子商务最终实现的关键。正是由于网上支付与结算的革命性创新，才成就了电子商务这个新兴产业过去的产生和今后的飞速发展。

截至2016年12月，我国使用网上支付的用户规模达到4.75亿，年增长率为14.0%。

值得注意的是，2015年手机网上支付增长尤为迅速，用户规模达到3.58亿，增长率为64.5%，网民手机网上支付的使用比例由39.0%提升至57.7%。

一、电子支付的概念

中国人民银行制定的《电子支付指引（第一号）》第二条第一款将电子支付定义为："电子支付是指单位、个人直接或授权他人通过电子终端发出支付指令，实现货币支付与资金转移的行为。"一般来讲，电子支付（e1ectronic payment）是指电子交易的当事人（包括客户、商家和金融机构）之间，使用安全电子手段，通过网络进行的货币或资金、智能卡等支付手段的支付信息，通过网络安全地传送到银行或相应机构来实现电子支付。电子支付是电子商务系统的重要组成部分。同时也是电子商务中准确性、安全性要求最高的一个过程。

二、电子支付的特点及优势

与传统的支付方式相比较，电子支付具有以下特点及优势。

（一）电子支付的特点

（1）电子支付是采用先进的信息技术来完成信息传输的，其各种支付方式都是采用数字化的方式进行款项支付的，而传统的支付方式则是通过现金的流转、票据的转让及银行的汇兑等物理实体的流转和信息交换来完成款项支付的。

（2）电子支付的工作环境是基于一个开放的系统平台（如互联网）之上，而传统支付则是在较为封闭的系统中运作，如银行系统的专用网络。

（3）电子支付使用的是最先进的通信手段，如互联网、外联网，传统支付使用的则是传统的通信媒介。电子支付对软、硬件设施的要求很高，如联网的计算机、相关的软件及其他一些配套设施，而传统支付除了在银行端有较高的要求，在客户端几乎没有什么要求。

（二）电子支付的优势

电子支付具有方便、快捷、高效、经济的优势。用户只要拥有一台联网的计算机或者移动通信设备，足不出户便可在很短的时间内完成整个支付过程。

目前各国的电子结算系统尚处于发展适用阶段，仍存在一些问题，主要包括技术方面、安全方面、法规方面、跨国货币兑换和结算等方面，仍需要不断改进提高。

三、电子支付的类型

电子支付的类型按照电子支付指令发起方式分为网上支付、电话支付、移动支付、销售点终端交易、自动柜员机交易和其他支付方式。

（一）网上支付

网上支付，又称为在线电子支付。不能等同于电子支付，它是在电子支付基础上发展起来的，从广义上说，是指交易双方在网上发生的一种资金交换。它是以金融电子化网络为基础，以商用电子化机具和各类交易卡为媒介，以电子计算机技术和通信技术为手段，以电子数据形式存储在银行的计算机系统中，并通过计算机网络系统以电子信息传递形式实现的流通和支付。网上支付系统是电子支付系统发展的更高形式，它使得电子支付可随时随地通过 Internet 进行直接的转账、结算。

（二）电话支付

电话支付是电子支付的一种线下实现形式，是指消费者使用电话（固定电话、手机）或其他类似电话的终端设备，通过银行系统就能从个人银行账户里直接完成付款的方式。

（三）移动支付

移动支付是使用移动设备通过无线方式完成支付行为的一种新型的支付方式。移动支付所使用的移动终端可以是手机、个人数字助理（personal digital assistant，PDA）、移动 PC 等。

（四）销售点终端交易

销售点终端交易就是平时用的刷卡支付方式。网上订货后，在商品交付时，通过手持支付终端，只要提供银行卡和密码，便可以实现在线刷卡支付。

（五）自动柜员机交易

自动柜员机交易就是到银行设的自动柜员机，根据提示办理转账支付。

（六）其他支付方式

网上购物后，选择货到付款方式，在物流公司发货员把货物送到手上时，客户用现金支付给发货员，由发货员为电子商务企业代收货款。除此之外，还有一些虚拟货币支付方式，如游戏币、QQ 币等。

第二节　电子货币

一、电子货币的概念

电子货币，是指用一定金额的现金或存款从发行者处兑换并获得代表相同金额的数据，通过使用某些电子化方法将该数据直接转移给支付对象，从而清偿债务。严格意义是指消费者向电子货币的发行者支付传统货币，而发行者把与传统货币的相等价值，以电子形式储存在消费者持有的电子设备中。

电子货币是一种表示现金的加密序列数，它可以用来表示现实中各种金额的币值。随着基于纸张的经济向数字经济的转变，电子现金将成为主流。电子货币具有匿名性、节省交易费用、节省传输费用、持有风险小、支付灵活方便、防伪造及防重复性、不可跟踪性等特点。

二、电子货币的种类

电子货币主要有两种：一种是基于 Internet 网络环境使用的且将代表货币价值的二进制数据保管在微机终端硬盘内的电子现金，如 QQ 币、游戏币等；另一种是将货币价值保存在 IC 卡内并可脱离银行支付系统流通的电子钱包，如学校饭卡、美发机构使用的会员卡、健身会所的会员卡、超市里的积分卡等

三、电子货币的特点

电子货币具有以下特点。

（1）以电子计算机技术为依托，进行储存、支付和流通。

（2）可广泛应用于生产、交换、分配和消费领域。

（3）融金融储蓄、信贷和非现金结算等多种功能为一体。

（4）使用简便、安全、迅速、可靠。

（5）现阶段电子货币的使用通常以银行卡（磁卡、智能卡）为媒体。

四、电子货币与纸币的区别

电子货币与纸币的区别表现在以下几个方面。

（1）纸币一般是由中央银行或者特定的金融机构垄断发行的。中央银行承担其发行成本，享有其利润。而电子货币的发行机制有所不同，发行机构既有中央银行，也有一般金融机构，甚至非金融机构，且更多的是后者。

（2）纸币是以中央银行和国家信誉为担保的法定货币，而电子货币大部分是由不同的机构开发设计的，带有异性特征的产品。

（3）传统货币在使用时，既不是安全匿名的，也不可能做到完全非匿名，交易双方或多或少可以了解到对方的个人信息。而电子货币要么是非匿名的，要么是匿名的，且具有较高的安全性。

（4）货币的使用具有严格的地域限制；而电子货币打破了地域的限制，只要商家愿意接受，消费者可以很容易地获得和使用多国货币。

（5）传统货币的防伪依赖于特定实质，而电子货币的防伪只能采取电子技术和通信技术及加密或认证系统来完成和实现。

（6）电子货币技术标准的制定，电子货币的推广应用，在大部分国家都具有半政府半民间的性质。一般是企业负责技术安全标准的制定。

五、电子货币的功能

电子货币具有以下功能。

（1）转账结算功能：直接消费结算，代替现金转账。

（2）储蓄功能：使用电子货币存款和取款。

（3）兑现功能：异地使用货币时，进行货币汇兑。

（4）消费贷款功能：向银行贷款，提前使用货币。

六、电子货币的支付工具

电子货币的支付工具有电子支票、电子钱包、电子现金、电子信用卡等。

（一）电子支票

电子支票是一种电子货币支付方法，其主要特点是，通过计算机通信网络安全移动存款以完成结算。电子支票的使用过程：无论个人或企业，负有债务的一方，签发支票或其他票据，交给有债权的一方，以结清债务，约定的日期到来时，持票人将该票据原件提交给付款人，即可领取现金。

（二）电子钱包

电子钱包是电子商务活动中网上购物客户常用的一种支付工具，是在小额购物或购买小商品时常用的。使用电子钱包的客户通常在银行里都是设有账户的。在使用电子钱包时，将有关的应用软件安装到电子商务服务器上，利用电子钱包服务系统就可以把自己在电子货币或电子金融卡上的数据输入进去。在进行付款时，如果客户使用电子信用卡付款，只要单击相应项目或相应图标即可完成，人们常将这种支付方式称为单击式或点击式支付方式。目前使用较多的电子钱包是支付宝钱包和微信钱包。

（三）电子现金

电子现金（E-cash）又称电子货币（E-money）或数字货币（digital cash），是纸币现金的数字化，它是一种非常重要的电子支付系统，通常以数字形式存储并流通，但比现实货币更加方便、经济。它将用户账户中的资金转换成一系列加密序列数，用这些序列数表示现实中各种金融币值。使用电子现金时，用户只需在开展电子现金业务的银行开设账户并在账户内存钱，即生成了具体的电子现金，就可以在接受电子现金的网络商店购物。

电子现金最简单的形式包括三个主体（商家、用户、银行）和四个安全协议过程（初始化协议、提款协议、支付协议、存款协议）。电子现金具有纸质现金和数字化的优势，如灵活方便、费用低、防伪性、持有风险小、匿名性及其他性质。电子现金一般用于小额支付，企业使用电子现金可以扩大商业机会，增强自身的竞争力，特别是中小企业可以利用电子现金降低交易成本。

（四）电子信用卡

信用卡也称贷记卡，是商业银行或信用卡公司向个人和单位发行的，凭以向特约单位购物、消费和向银行存取现金的一种信用凭证，其特点是当用户的资金不足时，在规定数额内银行可为用户提供透支贷款服务。电子商务活动中使用的信用卡称为电子信用卡，它通过网络直接完成付款，是目前最流行的电子支付工具。

由于电子信用卡被广泛发行，使用简单，且被全世界接受，因此它成为银行提供电子支付服务的主要手段。但由于使用电子信用卡需要通过公共 Internet 的网络进行信用卡传输，因此在技术上需要保证传输的安全性和可靠性。利用 SET 安全电子交易协议保证电子信用卡卡号和密码的安全传输，在信用卡进行支付的过程中，也需要验证认证客户、商家以及信用卡发放机构的身份，防止抵赖行为的发生。

七、电子货币的性质

对于电子货币是否构成货币的问题在学术界尚有争论。法律学者认为，在经济学界对货币的概念尚无定论的前提下，将电子货币是否构成一种新型货币的论证任务交给法学家是不现实的。一般认为，对电子货币是否构成货币的一种，应当视具体情况个案处理。对于信用卡、储值卡类的初级电子货币，只能视为查询和转移银行存款的电子工具或者是对现存货币进行支付的电子化工具，并不能真正构成货币的一种。而类似计算机现金的现金模拟型电子货币，则初步具备了流通货币的特征。但是，要真正成为流通货币的一种，现金模拟型电子货币还应当满足以下条件。

（1）被广泛地接受为一种价值尺度和交换中介，而不是仅作为一种商品。

（2）必须是不依赖于银行或发行机构信用的用于清偿债务的最终手段，接受给付的一方无须保有追索权。

（3）自由流通，具有完全的可兑换性。

（4）本身能够成为价值的保存手段，而不需要通过收集、清算、结算来实现其价值。

（5）完全的不特定物，支付具有匿名性。

随着移动互联网、电子商务，第三方支付和各行业信息化的发展越来越成熟，电子货币的使用范围也越来越广，使用金额越来越大，使用频率越来越高。根据相关法案，自 2016 年 1 月起，丹麦成为世界第一个无现金国家。各个国家使用电子货币的比例也越来越大，电子货币正深刻地影响着人们生活的方方面面。

第三节 移动支付

随着 4G 时代的到来，互联网的快速发展，以及消费者消费习惯的改变和消费方式的多元化，移动支付作为一种新兴的支付方式，凭借其特有的方便快捷、及时高效等优点，逐渐为消费者所喜爱和接受，移动支付技术也成为目前新兴支付技术的热点之一，它的核心理念是将近距离非接触式智能卡和手机终端相连接，通过手机模拟卡片实现现场支付功能，并利用手机的网络通信功能实现远程支付功能，同时利用智能卡的高安全性来保障支付信息及支付过程的安全性。随着手机支付技术成熟度及用户体验的不断提高，手机支付业务的发展呈不断上升的趋势。随着移动互联网以及智能手机快速普及，近年来全球移动支付市场规模增速为 38%左右，预计未来几年，全球移动支付市场将保持 30%以上年增长率，发展前景广阔。

一、移动支付的概念

移动支付也称手机支付，是指基于无线通信技术，通过移动电话终端实现的非语音方式的货币资金的转账和支付，即允许用户使用其移动终端（通常是手机、PDA 等）随时随地对所消费的商品或服务进行账务支付。移动支付将终端设备、互联网、应用提供商以及金融机构相融合，为用户提供货币支付、缴费等金融业务。

二、移动支付的特征

移动支付属于电子支付方式的一种，因而具有电子支付的特征，但因其与移动通信技术、无线射频技术、互联网技术相互融合，又具有自己的特征。

（1）灵活性。随身携带的移动性，消除了距离和地域的限制。结合了先进的移动通信技术的移动性，随时随地获取所需要的服务、应用、信息和娱乐。

（2）及时性。不受时间地点的限制，信息获取更为方便、快捷、及时，用户可随时对账户进行查询、转账或进行购物消费。

（3）定制化。基于先进的移动通信技术和简易的手机操作界面，用户可定制自己的消费方式和个性化服务，账户交易更加简单方便。

（4）集成性。以手机为载体，通过与终端读写器近距离识别进行的信息交互，运营商可以将移动通信卡、公交卡、地铁卡、银行卡等各类信息整合到以手机为平台的载体中进行集成管理，并搭建与之配套的网络体系，从而为用户提供十分方便的支付以及身份认证渠道。

（5）成本低。能方便地解决交易中存在的大量重复发生的小额支付，降低双方的交易成本，可替代现有小额支付模式。

三、移动支付的种类

移动支付主要分为近场支付和远程支付两种。

（1）近场支付。近场支付就是用手机刷卡的方式坐车、买东西等，很便利。

（2）远程支付。远程支付是指通过发送支付指令（如网银、电话银行、手机支付等）或借助支付工具（如通过邮寄、汇款）进行的支付方式，如掌中付推出的掌中电商、掌中充值、掌中视频等远程支付。

在具体的实现和操作过程中，远程支付和近场支付在交易场景、硬件安全要求、支付金额和资金账户的类型等方面具有明显差异。

四、移动支付的方式

移动支付的方式有短信支付、扫码支付、指纹支付、NFC 近场支付、声波支付等。

（一）短信支付

短信支付是手机支付的最早应用，将用户手机 SIM 卡与用户本人的银行卡账号建立一一对应的关系，用户通过发送短信的方式在系统短信指令的引导下完成交易支付请求，操作简单，可以随时随地进行交易。手机短信支付服务强调了移动缴费和消费。

（二）扫码支付

扫码支付是一种基于账户体系搭建起来的新一代无线支付方案。在该支付方案下，商家可把账号、商品价格等交易信息汇编成一个二维码，并印刷在各种报纸、杂志、广告、图书等载体上发布。

用户通过手机客户端扫描二维码，便可实现与商家支付平台账户的支付结算。商家根据支付交易信息中的用户收货、联系资料，就可以进行商品配送，完成交易。此方式以支付宝和微信为代表，并已经成为目前的主流支付方式。

（三）指纹支付

指纹支付即指纹消费，是采用目前已成熟的指纹系统进行消费认证，即客户使用指纹注册成为指纹消费折扣联盟平台会员，通过指纹识别即可完成消费支付。相比于数字密码，指纹具有唯一性、稳定性和难以复制等特点，安全性更加可靠，能有效提高支付安全性，减少密码泄露的风险，同时提升用户体验。

（四）NFC 近场支付

NFC（Near Field Communication，近场通信），即近距离无线通信技术，又称近距离无线通信，是一种短距离的高频无线通信技术，允许电子设备之间进行非接触式点对点数据传输（在 10 厘米内）交换数据。这种支付方式适合线下小额支付领域，如便利店、快餐店等。NFC“刷一刷”，不需要使用移动网络，主要使用手机射频、蓝牙、红外灯通道，具有方便、快捷、灵敏、比二维码支付安全性高一些的优点。缺点是投资成本非常高，这也是此模式推广较慢的重要原因。采用此种支付模式的主要有 Apple Pay、中国银联、中国移动和银行联手推广等。

（五）声波支付

声波支付是利用声波的传输，完成两个设备的近场识别。其具体过程是，在第三方支付产品的手机客户端里，内置有“声波支付”功能，用户打开此功能后，用手机麦克风对准收款方的麦克风，手机会播放一段“咻咻咻”的声音。然后售货机听到这段声波之后就会自动处理，用户在自己手机上输入密码，售货机就会吐出商品。

随着科技的迅速发展，生物识别等高新技术将是未来移动支付的发展方向，支付宝也在虹膜支付、人脸识别等技术上进行研发，未来或许市民还能够在手机上实现“眨眼支付”“刷脸支付”“可穿戴支付”“3D 场景支付”等。

五、移动支付的交易过程

移动支付流程：

购买请求→收费请求→认证请求→认证一授权请求→授权收费完成→支付完成→发运商品。

六、移动支付的业务

移动支付的主要业务可以分为以下几类。

（一）手机小额服务

主要是使用手机账号或特制的小额账号完成支付功能。一般采用 SMS、无线应用协议（wireless application protocol，WAP）、USSD 等技术实现，通过将手机绑定银行卡、网络银行、移动话费积分为小额账户充值，可以通过电信运营商提供业务，管理用户账户，第三方交易服务提供商提供支付平台，付费采用预付费实时扣除、后付费记账等方式完成。

（二）金融移动服务

移动运营商与银行机构合作，将手机与银行卡绑定，从银行卡支付交易费用。金融移动服务一般由电信运营商提供信道，目前主要是短信模式，银行负责资金管理、结算等，由第三方交易平台负责移动支付运营管理。这种服务的付费采用实时扣除模式，同时也支持信用卡支付。

（三）公共事业缴费

目前一般通过手机银行 APP，手机客户端软件就能实现煤气、水、电、电话费等日常生活公共事业性缴费。

第四节 网上银行支付

1995 年 10 月，美国 3 家银行联合在互联网上创建了全球第一家网上银行——“安全第一网络银行”，成为网上银行发展的里程碑。此后，作为银行的一种新型客户服务渠道，网上银行以其所具备的独特优势迅速成为国内外银行争夺的焦点，从而为整个银行业带来了千载难逢的发展机遇和无限商机，并成为国内外银行争夺客户、争夺市场的重要手段。

一、网上银行的概念

网上银行又称网络银行、在线银行，是指银行利用 Internet 技术，通过 Internet 向客户提供开户、查询、对账、行内转账、跨行转账、信贷、网上证券、投资理财等传统服务项目，使客户可以足不出户就能安全便捷地管理活期和定期存款、支票、信用卡及个人投资等。可以说，网上银行是在 Internet 上的虚拟银行柜台。网上银行又被称为“3A 银行”，因为它不受时间、空间限制，能够在任何时间（anytime）、任何地点（anywhere）、以任何方式（anyway）为客户提供金融服务。

二、网上银行的特点

网上银行是随着互联网的普及和电子商务的发展，逐渐成熟起来的新一代电子银行。它具有以下特点。

（一）无时空限制、全球化

网上银行是开放的银行，其服务不受空间的制约，客户在任何能够上网的地方都可以享受到同样的网上银行服务，大大加快了银行全球化的进程。

（二）服务方便、快捷、高效、可靠

以前使用的票据和单据大部分被电子支票、电子汇票和电子收据所代替；原有的纸币被电子货币，即电子现金、电子钱包、电子信用卡所代替；原有纸质文件的邮寄变为通过数据通信网络进行传送。

（三）降低银行服务成本，提高服务效率

一是网上银行全面实现无纸化交易，节约了大量的纸质成本；二是开办网上银行

业务，主要利用公共网络资源，不需设置物理的分支机构或营业网点，减少了人员费用，也提高了银行后台系统的效率；三是大量减少了人工服务的错误，能有效提高银行的盈利能力。

（四）有利于服务创新，向客户提供多种类、个性化服务

通过银行营业网点销售保险、证券和基金等金融产品，往往受到很大限制，主要是由于一般的营业网点难以为客户提供详细、低成本的信息咨询服务。利用互联网和银行支付系统，能突破时空限制，整合银行的资金、信息、客户群等方面的优势，配套提供证券、保险等其他金融服务，能根据每个客户不同的需要“量身定做”个人的金融产品，容易满足客户咨询、购买和交易多种金融产品的需求，客户除办理银行业务外，还可以很方便地进行网上买卖股票债券等，最大限度满足客户多样化、个性化的金融需要。

（五）网上银行的互动性

网上银行支持服务的互动性。客户可以就一系列有先后顺序的交易逐个在网上银行进行，同时在短时间内就能根据交易结果随时调整自身的决策，决定下一交易，而这在传统银行基本上是不可能的。

（六）开放性与虚拟性

传统电子银行所提供的业务服务都是在银行的封闭系统中运作的，而网上银行的Web服务器代替了传统银行的建筑物，网址取代了地址，其分行是终端机和 Internet这个虚拟化的电子空间，因此有人称网上银行为“虚拟银行”。但它又是实实在在的银行，利用网络技术把自己与客户连接起来，在有关安全设施的保护下，随时通过不同的计算机终端为客户办理所需的一切金融业务。

三、网上银行的主要业务

网上银行依托于传统银行业务，并为其带来了根本性的变革，同时也拓展了传统的电子银行业务功能。一般说来网上银行的业务品种主要包括基本网上银行业务、网上投资、网上购物、个人理财助理、企业银行及其他金融服务。

（1）基本网上银行业务。银行提供的基本网上银行服务包括在线查询账户余额、交易记录，下载数据，转账和网上支付等。

（2）网上投资。由于金融服务市场发达，可以投资的金融产品种类众多，如银行基金、外汇买卖、债券、银行保险、贵金属、银行理财产品等多种金融产品服务。

（3）网上购物。商业银行的网上银行设立的网上购物协助服务，大大方便了客户网上购物，为客户在相同的服务品种上提供了优质的金融服务或相关的信息服务，加强了商业银行在传统竞争领域的竞争优势。

（4）个人理财助理。个人理财助理是国外网上银行重点发展的一个服务品种。各大银行将传统银行业务中的理财助理转移到网上进行，通过网络为客户提供理财的各种

解决方案，提供咨询建议，或者提供金融服务技术的援助，从而极大地扩大了商业银行的服务范围，并降低了相关的服务成本。

（5）企业银行。企业银行服务一般提供账户余额查询、交易记录查询、总账户与分账户管理、转账、在线支付各种费用、透支保护、储蓄账户与支票账户资金自动划拨、商业信用卡等服务。此外，还包括投资服务等，部分网上银行还为企业提供网上贷款业务。

（6）其他金融服务。除了银行服务外，大多数商业银行的网上银行均通过自身或与其他金融服务网站联合的方式，为客户提供多种金融服务产品，如保险、抵押和按揭等，以扩大网上银行的服务范围。

第五节　第三方支付

网络银行支付方式只具备资金传递功能，而不能对交易双方进行约束和监督，在整个交易过程中，无论是货物质量、交易诚信还是退换货要求等环节，都无法得到可靠保障。在此背景下，提供信用担保服务的第三方支付平台应运而生。

一、第三方支付的概念与特点

（一）第三方支付的概念

第三方支付是指具备一定实力和信誉保障的独立机构，采用与各大银行签约的方式，提供与银行支付结算系统接口的交易支持平台的网络支付模式。在第三方支付模式下，买方选购商品后，使用第三方平台提供的账户进行货款支付（支付给第三方），并由第三方通知卖家货款到账、要求发货；买方收到货物，检验货物，并且进行确认后，再通知第三方付款；第三方再将款项转至卖家账户。由于拥有款项收付的便利性、功能的可拓展性、信用中介的信誉保证等优势，第三方支付较好地解决了长期困扰电子商务的诚信、物流、现金流问题，因而它在电子商务中发挥着重要作用。

（二）第三方支付的特点

第三方支付具有以下特点。

（1）解决了网络时代物流和资金流在时间与空间上的不对称问题。

（2）有效地减少了电子商务交易中的欺诈行为。

（3）节约交易成本，缩短交易周期，提高电子商务的效率。

（4）促进银行业务的拓展和服务质量的提高。

（5）能够较好地突破网上交易中的信用问题。

（6）操作简便可靠。

通过第三方平台的交易，买方选购商品后，使用第三方平台提供的账户进行货款支付，由对方通知卖家货款到达、进行发货；买方检验物品后，就可以通知付款给卖家。第三方支付平台的出现，从理论上讲，杜绝了电子交易中的欺诈行为。

二、第三方支付的基本流程

在第三方支付交易流程中，支付模式既使商家看不到客户的信用卡信息，又避免了信用卡信息在网络上多次公开传输而导致被窃，下面以 B2C 交易为例。

第一步，客户在电子商务网站上选购商品，最后决定购买，买卖双方在网上达成交易意向。

第二步，客户选择利用第三方作为交易中介，客户用信用卡将货款划到第三方账户。

第三步，第三方支付平台将客户已经付款的消息通知商家，并要求商家在规定时间内发货。

第四步，商家收到通知后按照订单发货。

第五步，客户收到货物并验证后通知第三方。

第六步，第三方将其账户上的货款划入商家账户中，交易完成。

三、第三方支付平台

第三方支付平台是提供第三方支付服务的网络平台，它旨在通过一定手段为交易双方提供信用担保，从而化解网上交易风险的不确定性，有效防止电子交易中的欺诈行为，增加网上交易成交的可能性。据艾瑞咨询集团统计数据显示，2015 年我国第三方支付市场规模金额达 31.2 万亿元。其中，第三方互联网支付交易规模金额达 118 674.5 亿元，同比增长 46.9%。

目前，国内外知名的第三方支付平台有以下几个。

1. PayPal

PayPal 是目前全球最大的在线支付提供商，成立于 1998 年 12 月，总部在美国加利福尼亚州圣荷西市，全球有超过 1 亿个注册账户，是跨国交易中最有效的付款方式。任何人只要有一个电子邮件地址，都可以方便而安全地使用 PayPal 在线发送和接收付款，避免了传统的邮寄支票或者汇款的方法。PayPal 支持 190 多个国家和地区的交易，支持 20 多种币种，快速、安全而又方便，是跨国交易的理想解决方案。

2. 支付宝

支付宝是国内领先的独立第三方支付平台，是由阿里巴巴集团首席执行官马云在 2004 年 12 月创立的第三方支付平台，是阿里巴巴集团的关联公司。支付宝致力于为中国电子商务提供“简单、安全、快速”的在线支付解决方案。

3. 财付通

财付通是腾讯公司于 2005 年 9 月正式推出的专业在线支付平台，致力于为互联网用户和企业提供安全、便捷、专业的在线支付服务。

4. 拉卡拉支付

拉卡拉支付是一种技术融合，即将银行严格的风险控制与支付企业的技术创新相结合。招商银行、广发银行等手机银行已经内置拉卡拉移动支付功能，解决了手机银行只能受理本行银行卡的问题。官方数据显示，截至 2015 年年底，拉卡拉拥有 1 亿线下个人用户，270 万商户，收单交易额 1.6 万亿元。线下收单业务的市场占有率排名第三。在移动支付领域，它的排名也仅次于支付宝和财付通。

5. Moneybookers

2003 年 2 月 5 日，Moneybookers（MB）成为世界上第一家被政府官方认可的电子银行，它还是英国电子货币协会的 14 个成员之一。它被多家公司列为仅次于 e-gold 的主要付款形式。更重要的是这家电子银行里的外汇是可以转到中国国内银行账户里的。

6. 宝付

宝付推出的“我的支付导航”主要分个人支付导航与商户支付导航两大板块。从网上交水、电、煤等基本生活需要，到旅行买机票、火车票，订酒店，再到网上购物、通信充值等各种类型“日常便民服务”，“我的支付导航”不仅为广大用户提供了便利的生活支付服务，也给企业商户提供了行业解决方案、“一站式”解决方案及增值服务等产品服务。

7. 国付宝

国付宝是商务部中国国际电子商务中心与海航商业控股有限公司合资成立的，针对政府及企业的需求和电子商务的发展，精心打造的具有背景的，引入社会诚信体系的独立的第三方电子支付平台，它也是“金关工程”的重要组成部分。

8. 迅银支付

迅银支付是由国内金融、支付、科技等领域资深从业人士组成，以自有创新技术，努力为国内企业、行业客户和投资者提供安全便捷稳定的互联网金融支付的科技平台，它拥有成熟而完善的管理经验及服务体系。

迅银支付以终端消费群体的需求为核心，其智能终端中还包括信用卡还款，话费充值，水、电、煤代缴等一系列便民服务，最大化地服务了消费者。迅银支付加盟的审批也十分简单，办理较便捷，安装完即能使用。除此以外，迅银支付还拥有金融服务 T+0 平台、商盟生活服务平台、数据外包服务平台等。

迅银支付作为行业中的佼佼者，首先考虑的是商户的利益，保证商户交易不停、结算不缓，不让任何商户损失一分钱。这些商户是给予迅银支付最大信任的人，有他们的信任，才有迅银支付的未来。其次考虑的是经销商的利益，保证经销商分润不停、业务稳定。

四、第三方支付存在的主要问题

第三方支付平台的先天不足和市场环境的复杂多变导致了其在发展过程中存在诸

多亟待解决的问题。

（一）风险问题

在电子支付流程中，资金一般会在第三方支付服务商处滞留，即出现所谓的“资金沉淀”，如缺乏有效的流动性管理，则可能存在资金安全和支付的风险。同时，第三方支付机构开立支付结算账户，先代收买家的款项，然后付款给卖家，这实际已突破了现有的诸多特许经营的限制，它们可能为非法转移资金和套现提供便利，因此形成潜在的金融风险。

（二）电子支付经营资格的认知、保护和发展问题

第三方支付结算属于支付清算组织提供的非银行类金融业务，银行将以牌照的形式提高门槛。因此，对于那些从事金融业务的第三方支付公司来说，面临的挑战不仅仅是如何盈利，更重要的是能否拿到将要发出的第三方支付业务牌照。

（三）业务革新问题

因为支付服务客观上提供了金融业务扩展和金融增值服务，其业务范围必须要明确并且要大胆推行革新。到目前为止，全球拥有手机的人多于拥有电脑的人，相对于单纯的网上支付，移动支付领域将有更大的作为。所以第三方支付能否趁此机遇改进自己的业务模式，将决定第三方支付最终能否走出困境，获得发展。

（四）恶性竞争问题

电子支付行业存在损害支付服务，甚至给电子商务行业的发展带来负面冲击的恶意竞争的问题。国内的专业电子支付公司已经超过 40 家，而且多数支付公司与银行之间采用纯技术网关接入服务，这种支付网关模式容易造成市场严重同质化，也挑起了支付公司之间激烈的价格战。由此直接导致这一行业“利润削减快过市场增长”，在中国，惯用的价格营销策略让电子支付行业吞下了利润被摊薄的苦果。

复习思考题

1. 电子货币与传统货币相比，有哪些优势和缺点?
2. 电子货币的安全性方面需要注意哪些问题?
3. 什么是移动支付?目前我国移动支付的商业模式有哪几种?
4. 简述第三方支付流程。
5. 什么是网上银行，它的主要业务包括哪些?
6. 支付宝属于哪种支付方式?谈谈这种支付方式的含义和作用。

第九章

系 统 管 理

用友 ERP-U8 管理软件由财务、购销存、决策支持、行业集团管理等多个子系统组成，各个产品之间相互联系共享数据，从而实现财务与业务一体化的管理，解决了传统的财务软件在模块与模块之间不易进行数据传递和数据共享的弊端，实现了从财务软件到管理软件的质的飞跃。

系统管理是整个用友 EPR-U8 管理软件各子系统的管理模块，其主要功能是对管理系统的各个产品进行统一的操作管理和数据维护，包括新建账套，新建年度账，账套修改和删除，账套备份，根据企业经营管理中的不同岗位职能建立不同角色，新建操作员和权限的分配等功能。本章主要介绍了系统管理的功能和使用方法。

【重要概念】 系统管理　账套　权限

第一节　启动与注册

启动与注册是进入系统管理的途径。由于用友 ERP-U8 管理软件内含的各个产品是为同一个会计主体的不同层面服务的，并且产品与产品之间相互联系、数据共享，因此，要求这些产品具备如下特点。

（1）具备公用的基础信息。

（2）拥有相同的账套和年度账。

（3）操作员和操作权限集中管理并且进行角色的集中权限管理。

（4）业务数据共用一个数据库。

这些功能主要通过系统管理模块实现。

一、系统管理模块的功能

系统管理模块的功能主要有如下方面。

（一）账套管理

账套指的是一组相互关联的数据。一般来说，可以为企业中每一个独立核算的单位建立一个账套，系统最多可以建立 999 个套账。

对账套的统一管理，包括建立、修改、引入和输出（恢复备份和备份）。

（二）操作权限的管理

对操作员及其功能权限实行统一管理，设立统一的安全机制，包括用户、角色和权限设置。

（三）设置自动备份计划

允许设置自动备份计划，系统根据这些设置定期进行自动备份处理，实现账套的自动备份。

（四）对年度账的管理

对年度账的管理包括建立、引入、输出年度账，结转上年数据，清空年度数据。

本章将从启动与注册、设置操作员、建立账套信息、分配操作员权限几个方面分别做详细介绍。

二、启动

正确安装软件以后，就可以启动用友 ERP-U8 管理软件进行系统管理功能的操作了。

单击屏幕左下角的“开始”按钮；选择“程序”“用友 ERP-U8”“系统服务”，然后单击“系统管理”，启动完成，便可进行注册了。

三、注册

注册操作具体分为如下五个方面。

（1）选择“系统”—“注册”功能菜单，显示登录系统界面如图 9-1 所示。

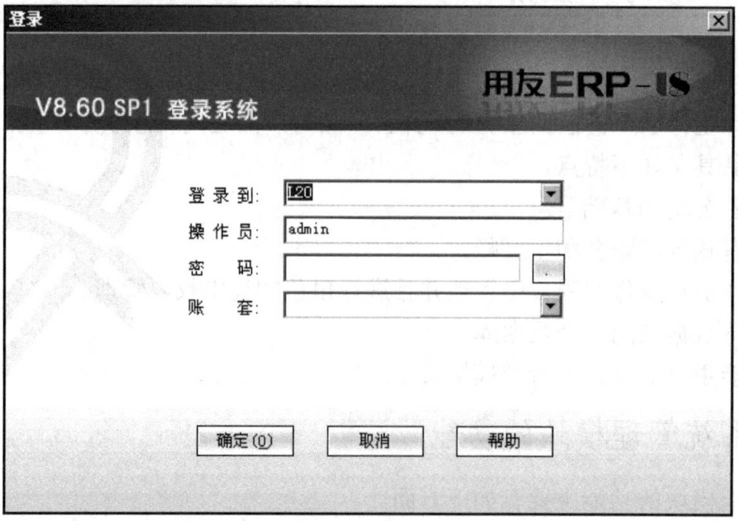

图 9-1 “登录”界面

（2）选择服务器（一般可以默认）。

（3）输入操作员名称。在这里可以以系统管理员注册，也可以以账套主管注册，但是第一次进入时应以系统管理员的身份进行注册。

（4）在密码处输入密码，admin 默认是没有密码，因此可以不输。

在这里需要说明的是：在实际工作中 admin 必须及时加上密码，如此才能保证数据的安全，但如果在学生机房练习时，因多人同时使用同一台计算机，则不要加密码。

如果要修改密码，则在密码处输入正确的密码（如果没有可以不输），然后，单击“…”按钮，输入两遍新密码即可。

（5）单击“账套”按钮，出现 default 后单击“确定”按钮即可登录。

注意：

系统管理员和账套主管都可进入系统管理，但他们是有区别的；账套主管是由系统管理员指定，系统管理员负责整个系统的安全和维护工作。只有以系统管理员身份注册进入，才可以进行账套的管理（包括账套的建立、引入和输出），以及操作员及其权限的设置。而账套主管负责所管账套的维护工作，可以进行所选账套的修改和所选年度内账套的管理（包括账套的创建、清空、引入、输出和年末结转，所选账套的数据备份），以及操作员权限的设置。因此，对它们设置口令并保密尤为重要。

“系统管理”界面分为上下两部分，上面部分列示的是正登录到系统管理的各系统名称、运行状态和注册时间，下面部分列示的是各系统中正在执行的功能。查看时，用户可在上一部分用鼠标选中一个子系统，下一部分将自动列示出该子系统中正在执行的功能。这两部分的内容都是动态的，它们将根据系统的执行情况自动更新变化。

用户是指有权登录，并对有关功能进行操作的人员。设置用户后系统对于登录操作，要进行相关的合法性检查。其作用类似于 Windows 的用户账号，只有设置了具体的用户之后，才能进行相关的操作。

只有系统管理员才能进行此项操作，因此要增加、修改、删除用户必须以“admin”进入系统管理。

（一）增加用户

增加用户操作有如下四个步骤。

（1）在“系统管理”主界面，选择“权限”菜单中的“用户”，单击进入用户管理功能界面。

（2）在用户管理界面，单击“增加”按钮，显示“增加用户”界面。此时录入编号、姓名、口令、所属部门、e-mail、手机号内容，并在所属角色中选中归属的内容。然后单击“增加”按钮，保存新增用户信息。

（3）单击“增加”按钮确认。

（4）重复（2）（3）步，继续增加。

栏目说明：

编号 必须输入，不能为空，最大不能超过 10 位，不能输入数字、字母、汉字之外的非法字符。操作员编号在系统中必须唯一。

姓名 必须输入，不能为空，最大不能超过 10 位，不能输入数字、字母、汉字之外的非法字符。

口令 可以为空，最长不能超过 20 位，输入时以隐含符号“×”代替输入信息。

确认口令 不能输入非法字符。必须与前面输入的口令完全一致，否则不允许进行下一项内容的输入，也不允许保存该用户信息。

所属部门 可以为空，最大不能超过 20 位，不能输入非法字符。

所属角色 选择用户所属的角色名称和 ID 号，一旦为用户指定了角色，则直接拥有该角色的相应权限。如果不指定该用户的角色，则应在权限设置中设置该用户所拥有的某一账套的操作权限。

（二）修改用户

修改用户操作步骤如下。

（1）在“用户管理”窗口中，选择要修改的用户记录。

（2）单击“修改”按钮，进入修改状态，但已启用用户只能修改口令、所属部门、e-mail、手机号和所属角色信息。此时系统会在“姓名”后出现“注销当前用户”的按钮，如果需要暂时停止使用该用户，则单击此按钮。此按钮会变为“启用当前用户”，可以单击“继续”按钮启用该用户。

（3）修改完成后，单击“修改”按钮，系统自动保存并显示修改后的用户信息。

（三）删除用户

在“用户管理”中选要删除的用户，单击“删除”按钮，可删除该用户。但已启用的用户不能删除。

第二节 账套管理

用友是以账套为单位来管理数据的，可以为独立核算的企业设立一个账套，用友最多可以设立 999 个套账，但 999 和 998 是用来存演示数据的，所以不能使用。

一、建立账套

企业应用用友 ERP-U8 管理软件之始，首先需要在系统中建立企业的基本信息、核算方法、编码规则等，称之为建账，然后在此基础上启用用友应用系统的各个子功能，进行日常业务处理。

建立账套必须用系统管理员（admin）登录系统管理。

（一）输入账套信息

在“系统管理”界面单击“账套”中的“建立”按钮进入“创建账套”界面，如图 9-2 所示。

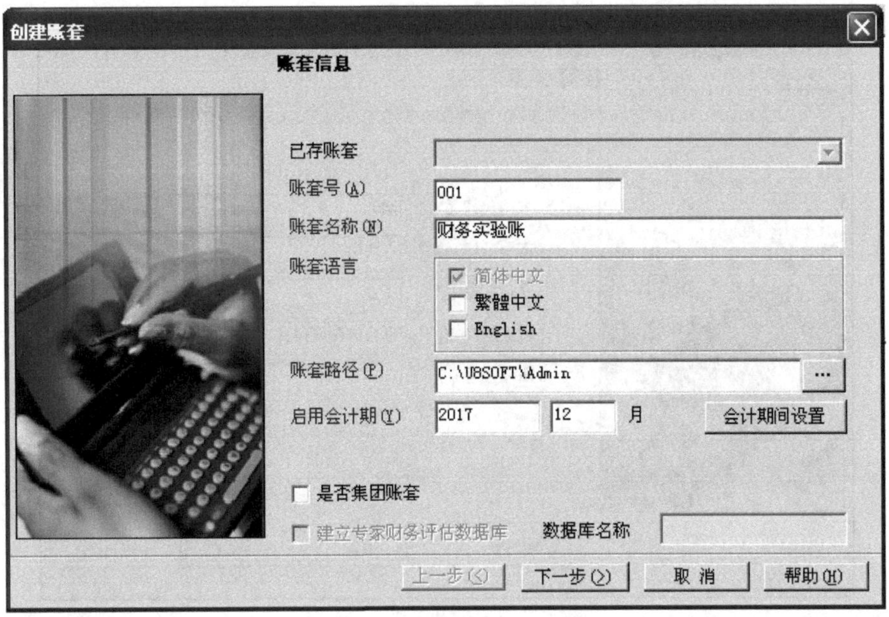

图 9-2 “创建账套”界面

栏目说明：

已存账套 系统将现有的账套以下拉列表的形式在此栏目中表示出来，用户只能参照，而不能输入或修改。其作用是在建立新账套时可以明晰已经存在的账套，避免在新建账套时重复建立。

账套号 用来输入新建账套的编号，用户必须输入，可输入 3 个字符（只能是 001～997 的数字，而且不能是已存账套中的账套号）。

账套名称 用来输入新建账套的名称，作用是标识新账套的信息，必须输入。可以输入 40 个字符。

账套路径 用来输入新建账套所要被保存的路径。可以采用默认的形式，也可以修改。

启用会计期 用来输入新建账套被启用的时间，具体到“月”，系统会自动默认当前机器的系统时间，但可以修改为用户想要的时间。

（二）输入单位信息

在“账套信息”界面单击“下一步”按钮进入“单位信息”对话框。

按提示依次输入单位的有关信息，其中单位名称是必须输入的内容，其余均可不输。

（三）核算类型设置

在“单位信息”界面操作完成后，单击“下一步”按钮，进入“核算类型”对话框，如图 9-3 所示。

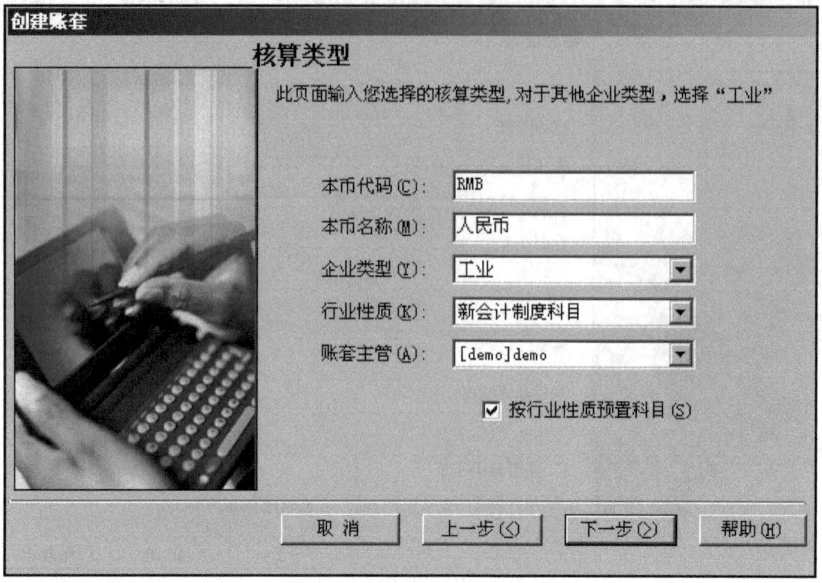

图 9-3 “核算类型”对话框

栏目说明：

本币代码 用来输入新建账套所用的本位币的代码，系统默认的是“人民币”的代码 RMB。

本币名称 用来输入新建账套所用的本位币的名称，系统默认的是“人民币”，此项为必有项。

企业类型 用户必须从下拉列表中选择输入与自己企业类型相同或最相近的类型，系统提供工业、商业和医药流通三种选择。

行业性质 必须从下拉列表中选择输入本单位的行业性质。

账套主管 用来确认新建账套的账套主管，只能从下拉列表中选择输入。

按行业性质预置科目 如果用户希望采用系统预置所属行业的标准一级科目，则勾选该选项前打钩，那么进入产品后，所有一级会计科目和部分二级科目由系统自动设置；如果不选，则由用户自行设置会计科目。

（四）确定分类信息

完成“核算类型”对话框的操作后，单击“下一步”按钮，进入“分类信息”设置对话框。

如果单位的存货、客户、供应商较多，且希望对它们进行分类管理，可以勾选分类选项，表明要对它们进行分类管理；否则，可以选择不进行分类。不过，如果选择了分类，那么在进行基础信息设置时，必须先设置分类，然后才能设置相应的档案。

是否有外币核算是指如果单位有外币业务，如用外币进行交易业务或用外币发放工资等，可以勾选此选项，否则不必选择。

输入完成后，单击“完成”按钮，系统提示“可以创建账套了么”，单击“是”按钮完成上述信息设置，进行下面设置；单击“否”按钮返回确认步骤界面；单击“上一步”按钮，返回第三步设置；单击“取消”按钮，取消此次建账操作。

单击“完成”按钮后，进入“编码方案”界面设置选项。

（五）输入“编码方案”

为了便于对经济业务数据进行分级核算、统计和管理，软件将对会计科目、企业的部门等进行编码。编码方案是指设置编码方案的级次方案，这里采用群码方案，这是一种分段组合编码，每一段有固定的位数。编码规则是指分类编码共分几段，每段有几位。一级至最底层的段数称为级次，每级的编码位数称为级长。编码总级长为每级编码级长之和。

如果在“核算类型”处勾选了“按行业性质预置科目”，则此处的“科目编码级次”的 422 是不可改动的。但除此项外其余均可按企业的要求自行改动。

在系统未使用前，如果分类编码方案设置有误，可以在“企业门户”中的“基础信息”中进行修改。

如果有所改动，则单击“保存”按钮进入下一步，否则单击“取消”按钮进入“数据精度”对话框进行相应设置，如图 9-4 所示。

图 9-4 “数据精度”对话框

（六）确定数据精度

数据精度是定义数据的小数位数，由于各单位对数量、单价等的核算精度要求不一致，为了适应不同的需求，系统提供了自定义数据精度的功能。系统默认值是 2，定义完成后，如果有变动也可以在“企业应用平台”的“设置”中进行调整。

设置完成后，单击“保存”按钮出现如图 9-5 所示的对话框。单击“否”按钮，账套建立完成，但尚未启用任何系统，可以到“企业应用平台”中去启用。单击“是”按钮，可以直接进行系统启用的设置。

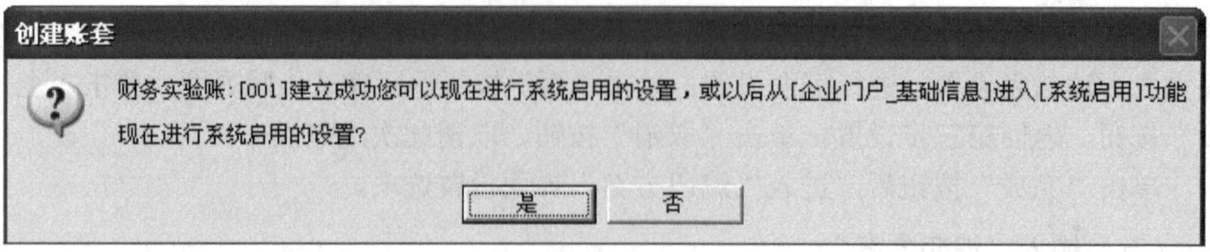

图 9-5 “是否启用系统”对话框

二、修改账套

建完账后，或经过一段时间的使用后，发现账套的某些信息需修改，则可通过修改功能进行修改。

但要注意，账套建立是由系统管理员完成的，但修改则是账套主管的工作范围，系统管理员无此项权限。因此要对账套修改，必须以账套主管的身份登录方可进行。

登录后，选择“账套”菜单中的“修改”命令，打开“修改账套—账套信息”对话框。系统会列出建账时输入的内容，有的可以修改，有的则不可以，不可以的以灰色显示，单击“下一步”按钮查看或修改相应信息。确认修改内容，最后单击“是”按钮，否则单击“否”按钮放弃修改。

三、输出账套

输出账套功能是指将所选的账套数据进行备份输出。对于企业系统管理员来讲，定时地将企业数据备份出来存储到不同的介质上（如常见的 U 盘、网络磁盘等），对数据的安全性是非常重要的。如果企业由于不可预知的原因（如地震、火灾、计算机病毒、人为的误操作等），需要对数据进行恢复，此时备份数据就可以将企业的损失降到最小。当然，对于异地管理的公司，此种方法还可以解决审计和数据汇总的问题。具体应根据企业实际情况加以应用。

（1）以系统管理员身份进入系统管理模块。

（2）选择“账套”菜单下级的“输出”功能，弹出“账套输出”界面。

（3）在“账套号”处选择需要输出的账套，单击“确认”按钮。如果将“删除当前输出账套”同时选中，在输出完成后系统会确认是否将数据源从当前系统中删除。

（4）经过压缩进程，进入“选择账套备份路径”对话框，在此处选择备份的目标路径。系统会提示输出是否成功。

在学生机房使用计算机做练习，每次下课时，做一份备份将文件保存，是非常重要的。

四、引入账套

引入账套功能是指将系统外某账套数据引入本系统中。例如，当账套数据遭到破坏时，将最近复制的账套数据引入本账套中。再如，子公司的账套可以定期被引入母公司系统中，以便进行有关账套数据的分析和合并工作。

（1）以 admin 进入系统管理。选择“账套”的下级菜单“引入”，则进入引入账套的功能。

（2）选择要引入的账套数据备份文件，然后单击“确定”按钮。

（3）选择账套引入的目录，默认的是原输出路径，如果想引入其他位置，可以修改目标路径。

（4）单击“确定”按钮后，会弹出“是否覆盖”的对话框。确认后，机器经过一段时间的工作会提示我们引入成功。

第三节 权 限 管 理

系统管理员和账套主管都可以对系统内的操作员权限进行设置，不同的是系统管理员不但可以增删操作员，还可以对所有操作员的权限进行设置，而账套主管则只能对自己主管账套的操作员权限进行设置。

一、设置账套主管

账套主管是指拥有该账套所有权限的人，在用友系统中一个账套可以定义多个主管，一个操作员也可以担任多个账套的账套主管。

账套主管的设置有两种方法：第一种是在建立账套时直接指定。如图 9-6 所示，在账套主管处直接选择已设置的用户。第二种是通过“权限”菜单进行设置。操作步骤如下。

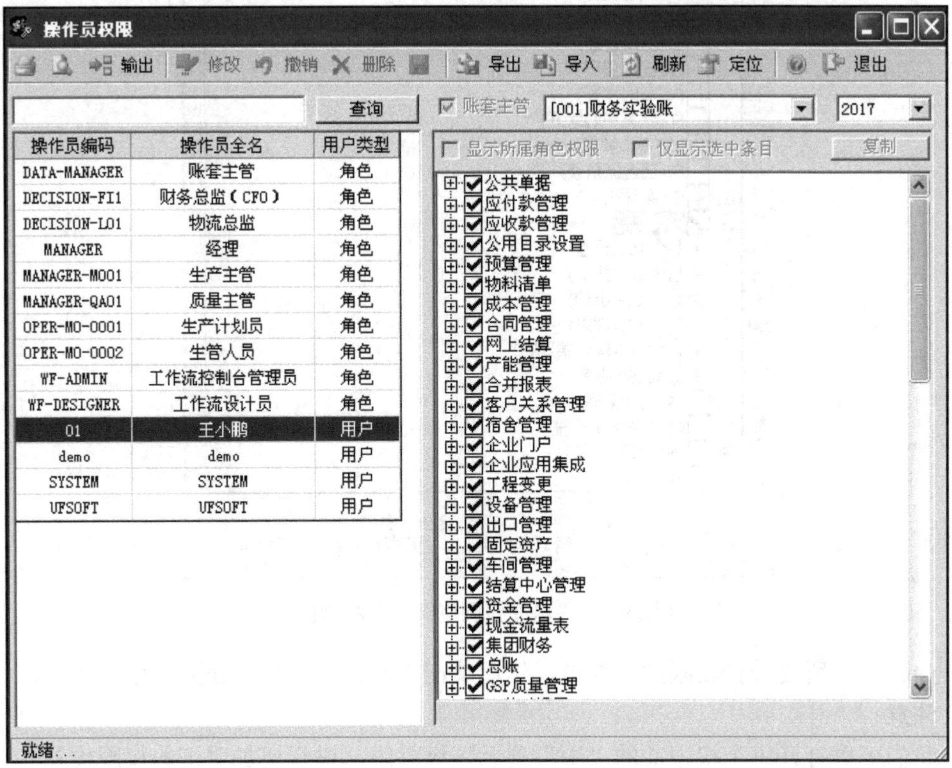

图 9-6 “操作员权限”对话框

（1）在“系统管理”窗口中，选择“权限”菜单中的“权限”命令，打开“操作员权限”对话框，如图 9-6 所示。

（2）单击对话框右上角“账套主管”下拉列表，选择账套。

（3）在左侧窗口的操作员列表中选择要设为账套主管的操作员。

（4）勾选右上角“账套主管”的复选框，此操作员就成为此账套的主管，拥有该账套的所有权限。

要取消账套主管，则取消勾选即可。

二、设置操作员权限

这里所说的操作员权限是指拥有某一账套的某些功能的操作员权限，而非拥有所有权限的账套主管，操作步骤如下。

（1）在“系统管理”窗口，选择“权限”菜单中的“权限”命令，打开“操作员权限”对话框。

（2）右上角选择“账套”，左边列表框选择要为之增加权限的操作员。

（3）单击“修改”按钮，出现如图 9-7 所示的“增加和调整权限”对话框。

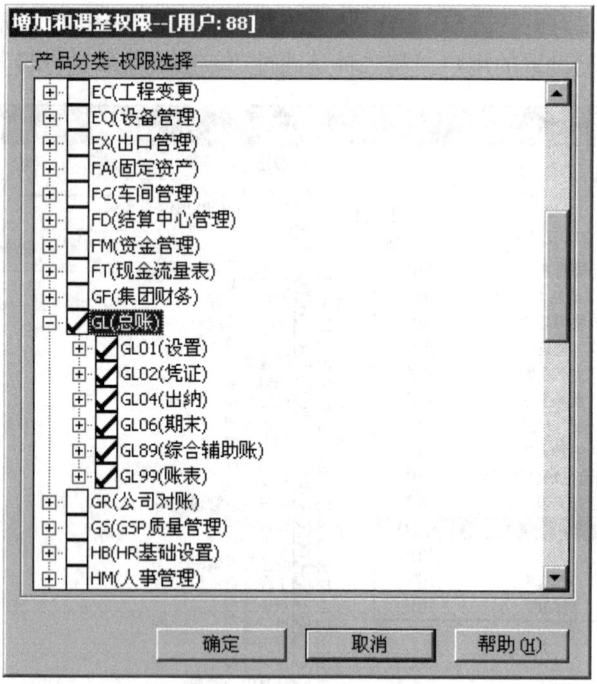

图 9-7　“增加和调整权限”对话框

（4）勾选所要选择权限的复选框，然后单击“确定”按钮，设置完成。

注意：

我们可以打开每个权限前的“＋”列示下级权限，进行更加明细的权限设置。

如果对所设置的权限分工不满意，可按上述步骤进行修改。

第四节 系统安全监控

一、设置自动备份计划

设置备份计划的作用是自动定时对设置好的账套进行输出（备份）。设置备份计划的优势在于设置定时备份账套功能，多个账套同时输出功能，在很大程度上减轻了系统管理员的工作量，同时可以更好地对系统进行管理。操作步骤如下。

（1）以系统管理员身份 admin 或者账套主管身份，进入系统管理模块，在“系统”菜单下选择“设置备份计划”，弹出“设置备份计划”功能界面。

（2）单击“增加”按钮，打开“增加备份计划”对话框。

栏目说明：

计划编号 系统可以同时设置多个不同条件组合的计划，系统编号是这些计划的标识号。最大长度可以为 12 个字符。

计划名称 可以对备份计划进行标称，最大长度 40 个字符。

备份类型 以系统管理员（admin）身份进入的可以进行选择，分为账套备份和年度备份，对于以“账套主管”权限注册进入系统管理备份计划的，此处是非选项“年度备份”。

发生频率 系统提供“每天、每周、每月”的选择，可以设置备份的周期。

发生天数 系统根据发生频率，确认执行备份计划的确切天数。如果选择“每天”为周期，系统不允许选择发生天数；如果选择“每周”为周期，系统允许选择的天数为 1～7 的数字（1 代表星期日，2 代表星期一，以此类推）；如果选择“每月”为周期，系统允许选择的天数为 1～31 的数字，如果其中每月的时间日期不足设置的天数，系统则按最后一天进行备份。例如，设置为 30，但在 2 月不足 30 天时，系统会在 2 月的最后一天进行备份。发生频率和发生天数组合确认备份的时间。举例来说，选择每周的第 5 天进行备份，就是在发生频率中选择“每周”，在“发生天数”中选择 6 即可。

开始时间 开始时间是指在知道的发生频率中的发生天数内的什么时间开始进行备份。例如，选择每周的第 5 天 00：00：00 时进行备份，就是在发生频率中选择“每周”，在“发生天数”中选择 6，在开始时间中选择 00：00：00 即可。

有效触发 有效触发是指在备份开始到某个时间点内，每隔一定时间进行一次触发检查，直到成功。此处不是检查的周期，而是检查的最终时间点（如遇网络或数据冲突无法备份时，以备份开始时间为准，在有效触发小时的范围内，系统可反复重新备份，直到备份完成）。

保留天数 保留天数是指系统可以自动删除时限之外的备份数据，当数值为 0 时系统认为永不删除备份。例如，设置为 100，则系统以机器时间为准，将前 100 天的备份数据自动删除。

备份路径 选择备份的目的地。可以选择本地硬盘，也可以选择网络路径。

二、清除系统运行异常

系统运行过程中，由于死机、网络阻断等都有可能造成系统异常，针对系统异常，系统管理中提供了“清除单据锁定”和“清除异常任务”两项功能。

在使用过程中由于不可预见的原因造成单据锁定时，此时单据的正常操作将不能使用，此时使用“清除单据锁定”功能，将恢复正常功能的使用。

用户以系统管理员身份注册进入系统管理，单击“视图”下拉菜单中的“清除单据锁定”按钮即可执行。

系统除了提供手动进行异常任务的清除之外，还提供了增强自动处理异常任务的能力，不用每次必须由系统管理员登录系统管理后手工清除。用户在使用过程中，可在U8服务管理器中设置服务端异常和服务端失效的时间，提高使用中的安全性和高效性。如果用户服务端超过异常限制时间未工作或由于不可预见的原因非法退出某系统，则视此为异常任务，在系统管理主界面显示“运行状态异常”，系统会在到达服务端失效时间时自动清除异常任务。在等待时间内，用户也可单击“视图”下拉菜单中的“清除异常任务”按钮，自行删除异常任务，以释放异常任务所占用的系统资源。

三、上机日志

为了保证系统的安全运行，系统随时对各个产品或模块的每个操作员的上下机时间、操作的具体功能等情况进行登记，形成上机日志，以便使所有的操作都有记录、有迹可循。用户可以对上机日志进行删除。

复习思考题

1. 系统管理主要有哪些功能？
2. 建立账套需要哪些步骤？
3. 账套的引入和输出的功能是什么？
4. 如何清除系统异常？
5. 如何设置自动备份计划？
6. 如何设置操作员权限？

第十章 基础设置

为使企业能够存储企业内部和外部的各种信息，企业员工、用户和合作伙伴能够从单一的渠道访问其所需的个性化信息，用友提供了企业应用平台。通过企业应用平台，企业员工可以通过单一的访问入口访问企业的各种信息，定义自己的业务工作，并设计自己的工作流程。信息的及时沟通，资源的有效利用，与合作伙伴的在线和实时的链接，将提高企业员工的工作效率以及企业的总处理能力。

系统应用平台是进入 U8 软件各子系统的门户，也是数据处理的平台。各子系统共享公用的基础信息，在启用新账套之始，应根据企业的实际情况，事先做好基础数据的准备工作，设置人员档案、客商档案、科目档案和项目目录等基础信息。本章主要介绍系统应用平台的使用和基础信息的设置。

【重要概念】 企业应用平台　项目核算　基础档案

第一节　系统启用

在用友 ERP-U8 应用系统中，要使用一个产品必须先启用这个产品。

一、进入企业应用平台

单击“开始”“程序”“用友 U8”“企业应用平台”命令，打开登录对话框，如图 10-1 所示。

操作员输入在建账时设置的操作员姓名或编码，以及在系统管理处设置的账套，单击“确定”按钮，进入企业应用平台，如图 10-2 所示。

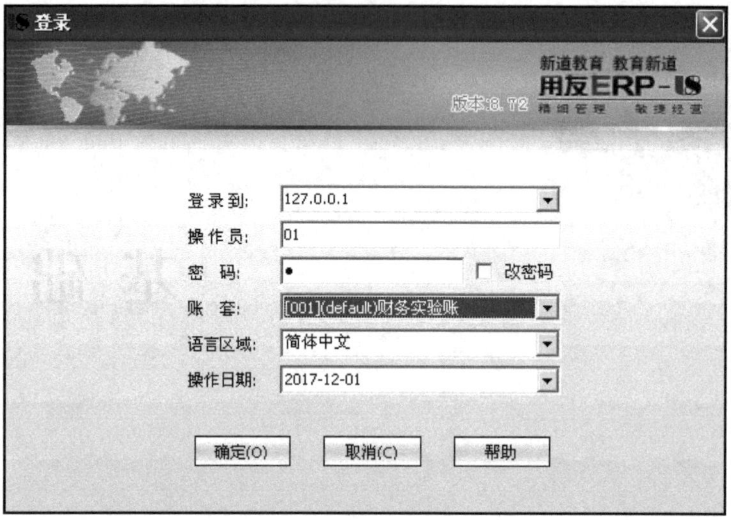

图 10-1 企业应用平台登录

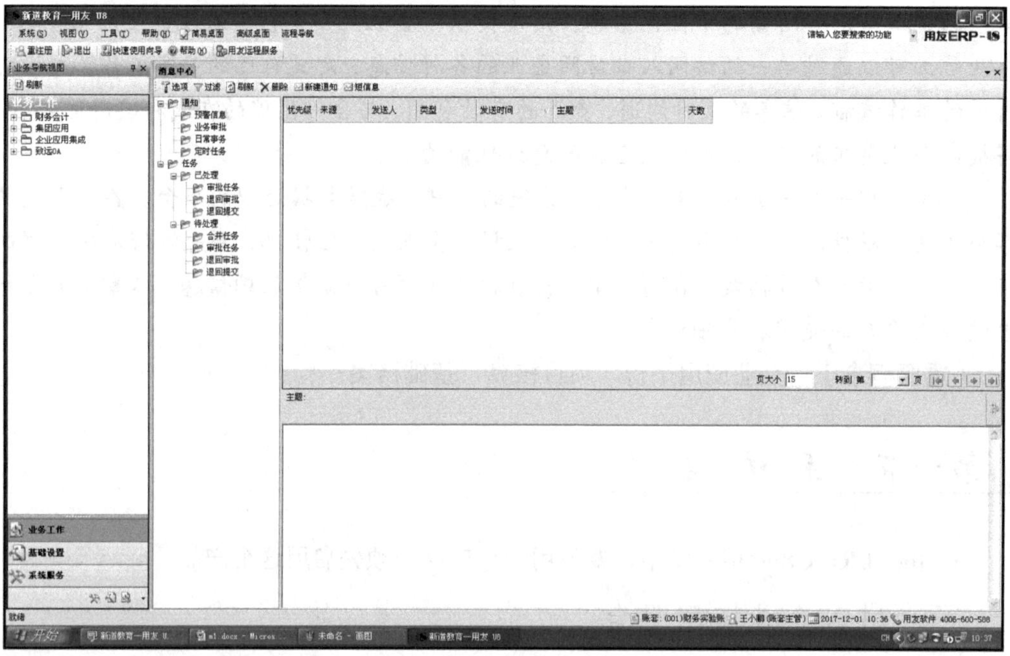

图 10-2 企业应用平台

企业应用平台的左下角显示“设置”“业务”“工具”三个标签，单击“设置”标签，左侧显示“基础信息”设置有关项目。

二、基本信息

基本信息包括“系统启用”“编码方案”“数据精度”三项，其中“编码方案”和“数据精度”在建账时都已设置过，在这里也可以进行修改。下面主要介绍一下“系统启用”。

系统只有启用后才能使用，系统启用可以在建账时直接启用，也可以在此启用。

单击“基本信息”下的“系统启用”按钮，出现如图 10-3 所示的“系统启用”界面。

图 10-3 “系统启用”界面

勾选子系统前的复选框，选择要启用的系统，弹出“日历”对话框。从中选择启用日期，然后确定。

第二节 人员与客商档案

一个账套是由若干个子系统构成的，这些子系统共享公用的基础信息，基础信息是系统运行的基石。在启用新账套时，应根据企业的实际情况，结合系统基础信息设置的要求，事先做好基础数据的准备工作，这样可使初始建账顺利进行。

设置基础档案之前应首先确定基础档案的分类编码方案，基础档案的设置必须遵循分类编码方案中级次和各级编码长度的设定。

一、机构人员

（一）部门档案

部门档案主要用于设置企业各个职能部门的信息，部门指某使用单位下辖的具有分别进行财务核算或业务管理要求的单元体，可以是实际中的部门机构，也可以是虚拟的核算单元。按照已经定义好的部门编码级次原则输入部门编号及其信息。最多可分 5 级，编码总长 12 位，部门档案包含部门编码、名称、负责人、部门属性等信息。

1. 进入部门档案

进入企业应用平台后，单击左下角的“设置”标签，单击“基础档案”“机构人员”

“部门档案”进入“部门档案”设置界面，如图 10-4 所示。

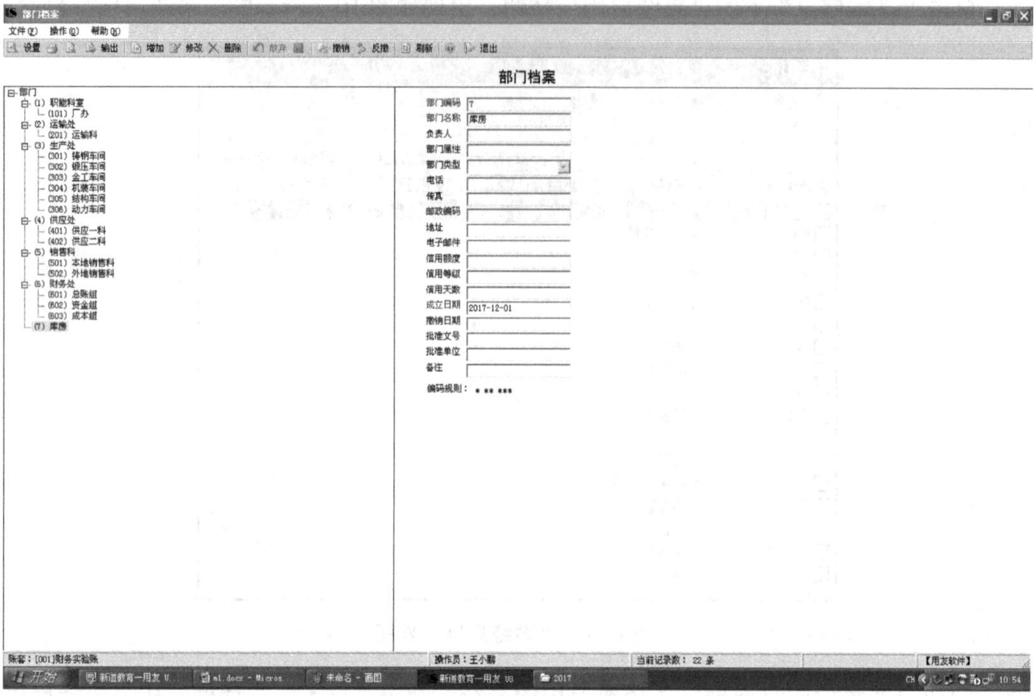

图 10-4 “部门档案”设置界面

2. 增加部门

单击“增加”按钮，在右侧窗口中按要求输入内容，其中“部门编码”“部门名称”和“成立日期”为必须录入项目，其余可选择录入。录入完成后，单击“保存”按钮，则此部门出现在左侧目录树上。

3. 修改部门

在部门档案界面左边，将光标定位到要修改的部门编号上，单击“修改”按钮。这时界面即处于修改状态，除部门编号不能修改，其他信息均可修改。修改后要保存。

4. 删除部门

单击左边目录树中要删除的部门，背景显示蓝色表示选中，单击“删除”按钮即可删除此部门。

注意：

若部门被其他对象引用就不能被删除。

（二）人员类别

对企业的人员类别进行分类设置和管理。一般是按树形层次结构进行分类，系统预置在职人员、离退人员、离职人员和其他人员四类顶级类别，用户可以自定义扩充人员子类别。

1. 增加人员类别

从左侧人员类别目录中选择一个人员类别，单击“增加”按钮，输入档案编码、档案名称、档案简称、档案简拼等信息，单击“确定”按钮，保存增加的人员类别，并作为当前人员类别的下级。

2. 修改人员类别

选定要修改的人员类别档案，单击“修改”按钮，或者双击鼠标修改档案内容（档案编码不可修改）。

3. 删除人员类别

选定要删除的人员类别，单击“删除”按钮，确认后删除。

说明：

人员类别顶级由系统预置：在职人员、离退人员、离职人员、其他人员；

顶级类别可以修改，但不允许增加和删除；

当某类别已有人员引用时，不允许增加其子类别；

查询或定位人员时，可以选择中间类别，显示结果包含该类别下的各子类别人员；

新增或修改人员信息时，只能选择末级的人员类别。

（三）人员档案

人员档案主要用于设置企业各职能部门中需要进行核算和业务管理的职员信息，必须先设置好部门档案才能在这些部门下设置相应的职员档案。除了固定资产和成本管理产品外，其他产品均需使用职员档案。如果企业不需要对职员进行核算和管理要求，则可以不设置职员档案。

（1）单击“人员档案”按钮后即可进入“人员档案”设置对话框，左侧为部门目录，右侧为人员列表。

（2）单击“增加”按钮，进入“人员档案”设置界面，蓝色项目为必须录入项。

栏目说明：

人员编号 必须录入，必须唯一。

人员名称 必须录入，可以重复。

行政部门名称 输入该职员所属的行政部门，参照部门档案。

人员属性 填写职员是属于采购员、库房管理人员还是销售人员等人员属性。

人员类别 必须录入，参照人员类别档案。

银行 人员工资等账户所属银行，参照银行档案。

账号 人员工资等的账号。

是否业务员 此人员是否可操作 U8 其他的业务产品，如总账、库存等。

是否操作员 此人员是否可操作 U8 产品，可以将本人作为操作员，也可与已有的操作员做对应关系。

生效日期 作为业务员时可操作业务产品的日期，默认为建立人员时的登录日期，可修改。

注销日期 已经做业务的业务员不能被删除，当他不再做业务时，取消其使用业务功能的权利；已注销的业务员可以取消注销日期。

业务及费用归属部门 此人员作为业务员时，所属的业务部门，或当他不是业务员，但其费用需要归集所设置的业务部门，参照部门档案，只能输入末级部门。

（3）单击“保存”按钮则保存了输入的人员档案。

二、客商信息

客商信息包括分类和档案两类数据，对于此处录入的数据在应收、应付、销售等系统均共享使用。如果企业客商较多、管理复杂，则根据需要做相应设置，如启用各种分类，否则输入档案即可。由于客户和供应商的操作与性质基本相同，这里只以供应商为例，简要说明。

（一）供应商分类

企业可以根据自身管理的需要对供应商进行分类管理，建立供应商分类体系。可将供应商按行业、地区等进行划分，设置供应商分类后，根据不同的分类建立供应商档案。没有对供应商进行分类管理需求的用户可以不使用本功能。

（1）单击“客商信息”下的“供应商分类”进入供应商分类设置窗口。

（2）分别输入“类别编码”和“类别名称”后单击“保存”按钮。

栏目说明：

类别编码 供应商的类别编码是系统识别不同供应商的唯一标志，所以编码必须唯一，不能重复或修改，且必须符合编码档案的编码规则。

类别名称 供应商的类别名称是用户对供应商的信息描述，可以是汉字或英文字母，不能为空。

（二）供应商档案

供应商档案主要用于设置往来供应商的档案信息，以便于对供应商资料管理和业务数据的录入、统计、分析。如果在建立账套时选择了供应商分类，则必须在设置完成供应商分类档案的情况下才能编辑供应商档案。

建立供应商档案主要是为企业的采购管理、库存管理、应付账管理服务的。在填制采购入库单、采购发票和进行采购结算、应付款结算与有关供货单位统计时都会用到供货单位档案，因此必须先设立供应商档案，以便减少工作差错。在输入单据时，如果单据上的供货单位不在供应商档案中，则必须在此建立该供应商的档案。

录入完成供应商分类后，单击“供应商档案”后即进入“供应商档案”设置界面。此界面分两个窗口，左侧是供应商分类，右侧是供应商档案。

单击“增加”按钮，就可以设置供应商档案了，如图 10-5 所示。

以蓝色显示的“供应商编码”“供应商简称”和“所属分类码”是必须输入项，其余项目均以实际需要选择输入。

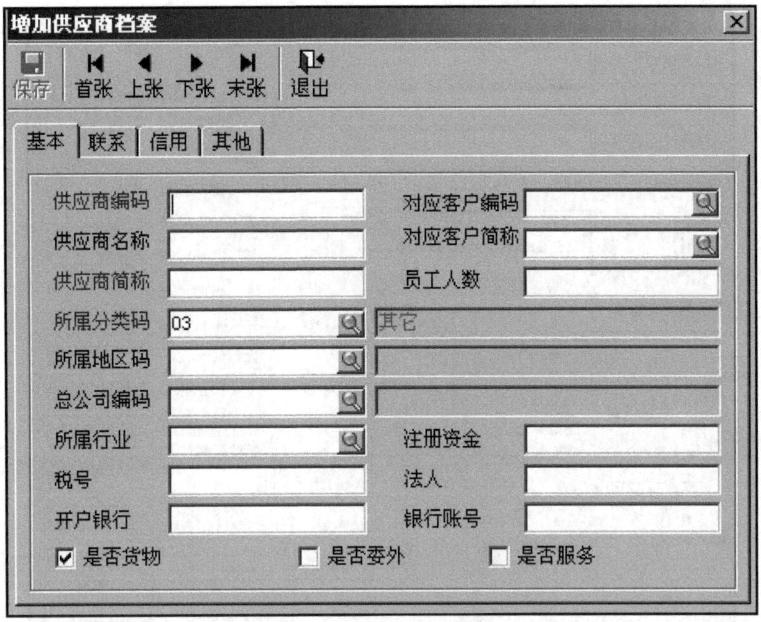

图 10-5 “增加供应商档案”界面

第三节 财务基础设置

一、科目档案

会计科目是填制会计凭证、登记会计账簿、编制会计报表的基础。设置会计科目是会计核算方法之一，用户将在会计核算和会计管理中所需要的会计科目在企业应用平台的基础档案中设置。

（一）增加会计科目

增加会计科目的操作步骤如下。

（1）在“企业应用平台”上选择“设置”标签，单击“基础档案”“财务”“会计科目”进入“会计科目”设置界面。如果建账时预置了会计科目，则此时显示几乎所有的一级会计科目和部分二级科目，如果预置的是企业类会计科目，则科目类型分为资产、负债、所有者权益、成本和损益。对照本单位的科目表，对会计科目进行增删和修改操作。

（2）单击“增加”按钮，出现“新增会计科目”编辑界面，如图 10-6 所示。

栏目说明：

科目编码 科目编码必须唯一。科目编码只能由数字（0～9）、英文字母（A～Z）及减号（－）、正斜杠（/）表示，其他字符（如&、"、'、;、空格等）禁止使用。

图 10-6 “新增会计科目”界面

科目名称 分为科目中文名称和科目英文名称，可以是汉字、英文字母或数字，可以是减号（—）、正斜杠（/），但不能输入其他字符。科目中文名称最多可输入 20 个汉字，科目英文名称最多可输入 100 个英文字母。

科目类型 行业性质为企业时，科目类型分为资产、负债、所有者权益、成本、损益，没有成本类的企业可不设成本类。

助记码 用于帮助记忆科目，一般可用科目名称中各个汉字拼音的头一个字母组成。例如，管理费用拼音为 guan li fei yong，则管理费用的助记码可写为 glfy，这样在制单或查账中需录管理费用时，可录其助记码 glfy，而不用录汉字“管理费用”，既可加快录入速度，也可减少汉字录入的量。在需要录入科目的地方输入助记码，系统可自动将助记码转换成科目名称。

账页格式 定义该科目在账簿打印时的默认打印格式。系统提供了金额式、外币金额式、数量金额式、外币数量式四种账页格式供选择。一般情况下，有外币核算的科目可设为外币金额式，有数量核算的科目可设为数量金额式，既有外币又有数量核算的科目可设为外币数量式，既无外币又无数量核算的科目可设为金额式。

辅助核算 也叫辅助账类。用于说明本科目是否有其他核算要求，系统除完成一般的总账、明细账核算外，还提供以下几种专项核算功能供用户选用：部门核算；个人往来；客户往来；供应商往来；项目核算。

一个科目可同时设置两种专项核算，如管理费用既想核算各部门的使用情况也想了解各项目的使用情况，那么，可以同时设置部门核算和项目核算。

个人往来核算不能与其他专项一同设置，客户与供应商核算不能一同设置。辅助账类必须设在末级科目上，但为了查询或出账方便，有些科目也可以在末级和上级设账类。但若只在上级科目设账类，其末级科目没有设该账类，系统将不承认，也就是说当上级科目设有某账类时，其末级科目中必设有该账类，否则将不处理。

在设置辅助核算时请尽量慎重，因为如果科目已有数据，而又对科目的辅助核算进行修改，那么，很可能造成总账与辅助账对账不平。

其他核算 用于说明本科目是否有其他要求，如银行账、日记账等。一般情况下，现金科目要设为日记账；银行存款科目要设为银行账和日记账。

科目性质 增加登记在借方的科目，科目性质为借方；增加登记在贷方的科目，科目性质为贷方。一般情况下，资产类科目的科目性质为借方，负债类科目的科目性质为贷方。

外币核算 用于设定该科目是否有外币核算，以及核算的外币名称。一个科目只能核算一种外币，只有有外币核算要求的科目才允许也必须设定外币币名。

数量核算 用于设定该科目是否有数量核算，以及数量计量单位。计量单位可以是任何汉字或字符，如千克、件、吨等。

银行存款科目要按存款账户设置，需进行数量、外币核算的科目要按不同的数量单位、外币单位建立科目。

封存 被封存的科目在制单时不可以使用。此选项只能在科目修改时进行设置。

受控系统 为了加强系统间的无缝连接，在本公司其他系统中也可以使用账务系统的会计科目，这些会计科目就是其他系统的受控科目，而其他系统为该科目的受控系统。例如，应收系统的受控科目可能是应收账款科目，固定资产科目的受控系统可能是固定资产系统。

汇总打印 在同一张凭证中当某科目或同一上级科目的末级科目有多笔同方向的分录时，如果希望将这些笔分录按科目汇总成一笔打印，则需要将该科目设置汇总打印，汇总到的科目设置成该科目的本身或其上级科目。

只有会计科目修改状态才能设置汇总打印和封存。只有末级科目才能设置汇总打印，且汇总到的科目必须为该科目本身或其上级科目。当将该科目设成汇总打印时，系统登记明细账仍按明细登记，而不是按汇总数登记，此设置仅供凭证打印输出。

（二）修改会计科目

将光标移到要修改的科目上，单击“修改”按钮或双击该科目，即可进入会计科目修改界面。

单击“修改”按钮，进入修改状态，用户可以在此对需要修改的项目进行调整，修改完毕后，单击“确认”按钮，如果想放弃修改，单击“取消”按钮即可。

如果要继续修改，单击“第一页”“前页”“后页”“最后页”找到下一个需要修改的科目，重复上述步骤即可。

如果本科目已被制过单或已录入期初余额，则不能删除、修改该科目。如要修改该科目必须先删除有该科目的凭证，并将该科目及其下级科目余额清零，再进行修改，修改完毕后要将余额及凭证补上。

已使用的末级会计科目不能再增加下级科目。非末级科目及已使用的末级科目不能再修改科目编码。

（三）删除会计科目

将光标移到要删除的科目上，单击“删除”按钮，即可删除当前会计科目。但已经使用的科目和非末级科目不能删除。

（四）指定现金、银行科目

单击“编辑”菜单下的“指定科目”按钮，用户在此选择现金、银行存款的总账科目，选择完毕后，单击“确认”按钮即可。

此处指定的现金、银行存款科目供出纳管理使用，所以在查询现金、银行存款日记账前，必须指定现金、银行存款总账科目。

二、凭证类别

许多单位为了便于管理或登账方便，一般对记账凭证进行分类编制，但各单位的分类方法不尽相同，所以本系统提供了“凭证分类”功能，用户完全可以按照本单位的需要对凭证进行分类。

单击“财务”按钮，选择“凭证类别”即可进入凭证类别设置界面。

（一）第一次进行选择

如果是第一进行凭证类别设置，系统提供了几种常用分类方式供用户选择。

（1）记账凭证。

（2）收款、付款、转账凭证。

（3）现金、银行、转账凭证。

（4）现金收款、现金付款、银行收款、银行付款、转账凭证。

（5）自定义凭证类别。

用户可按需要进行选择，选择完后，仍可进行修改。若选“自定义凭证类别”则完全由用户自行设置。

当选择分类方式后，则进入凭证类别设置，系统将按照所选的分类方式对凭证类别进行预置。

（二）增加凭证类别

单击“增加”按钮，在表格中新增的空白行中填写凭证类别字、凭证类别名称等栏目即可。

（三）修改凭证类别

将光标移到要修改的凭证类别上，双击即可进入修改状态。

（四）删除凭证类别

将光标移到要删除的凭证类别上，单击“删除”按钮，即可删除当前凭证类别。但已经使用的凭证类别不能删除。

（五）设置限制类型与限制科目

某些类别的凭证在制单时对科目有一定限制，这里，系统有五种限制类型供选择。

（1）借方必有：制单时，此类凭证借方至少有一个限制科目有发生。

（2）贷方必有：制单时，此类凭证贷方至少有一个限制科目有发生。

（3）凭证必有：制单时，此类凭证无论借方还是贷方至少有一个限制科目有发生。

（4）凭证必无：制单时，此类凭证无论借方还是贷方不可有一个限制科目有发生。

（5）无限制：制单时，此类凭证可使用所有合法的科目。

限制科目由用户输入，可以是任意级次的科目，科目之间用逗号分割，数量不限，也可参照输入，但不能重复录入。

注意：

已使用的凭证类别不能删除，也不能修改类别字。

三、项目定义

一个单位项目核算的种类可能多种多样，如在建工程、对外投资、技术改造、融资成本、在产品成本、课题、合同订单……为此应允许企业定义多个种类的项目核算，因此，可以将具有相同特性的一类项目定义成一个项目大类。一个项目大类可以核算多个项目，为了便于管理，我们还可以对这些项目进行分类管理。例如，可以按以下步骤定义项目。

设置科目：在“会计科目”功能中执行。如对产成品、生产成本、商品采购、库存商品、在建工程、科研课题、科研成本等科目设置项目核算的辅助账类。

定义项目大类：在“项目目录”功能中定义。如增加生产成本、在建工程、商品核算、科研成本等项目大类。

指定核算科目：在“项目目录”功能中指定。如将产成品、生产成本等科目指定为生产成本项目大类的科目；将在建工程科目指定为在建工程项目大类的科目。

定义项目分类及项目：如在建工程项目大类下的明细项目及分类。

单击“财务”“项目目录”项，进入项目档案设置。

（一）增加项目大类

单击“增加”按钮，屏幕显示“项目大类定义”向导一，如图 10-7 所示，可输入“新项目大类名称”。

单击“下一步”按钮显示增加项目大类向导二，如图 10-8 所示，可定义项目分类的级次。级次最多可定义 8 级，代码总长不能超过 22 位，每一级代码最多可定义 9 位。

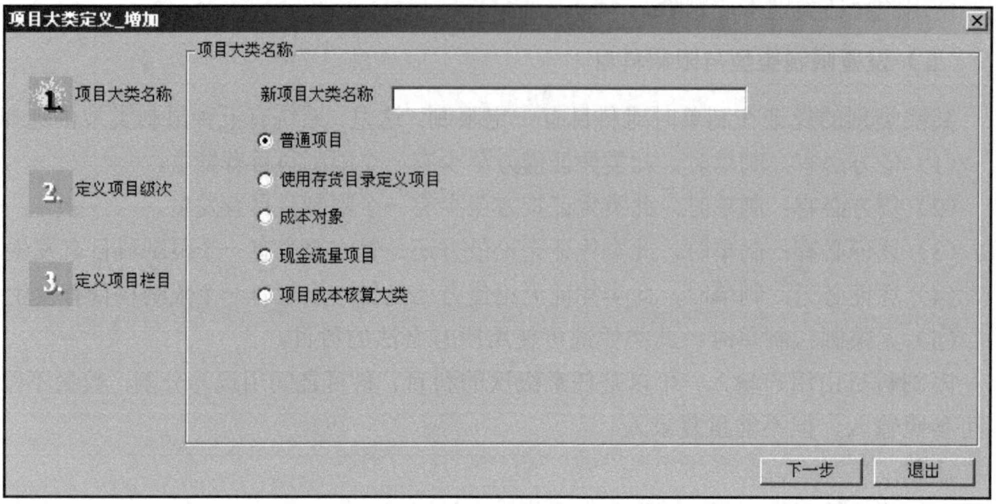

图 10-7 输入“新项目大类名称”

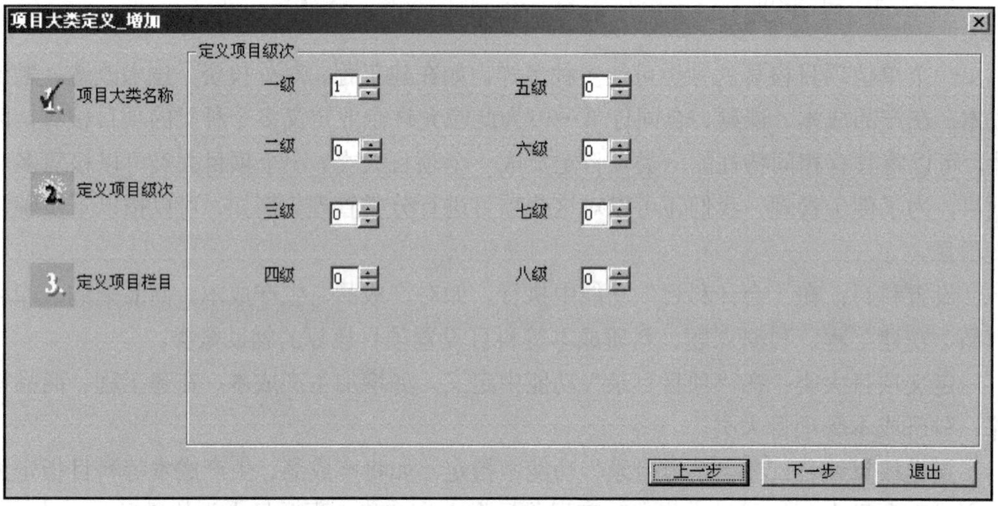

图 10-8 项目大类级次定义

单击“下一步”按钮显示增加项目大类向导三，如图 10-9 所示，可定义项目栏目结构。单击“增加”按钮，即可定义栏目名称、数据类型等；单击“删除”按钮，则删除当前光标所在的记录行；可以直接在表格中进行修改。

已输入数据的栏目最好不要删除，否则这些栏目的数据将无法再查到。

系统默认四个栏目，即项目编号、项目名称、是否结算、所属分类码，用户可以将核算名称改为用户所需的名称，如产品名称、工程名称等。

此时单击“增加”按钮即可增加一个栏目。

单击“完成”按钮，就已定义好一个项目大类了。

通过本功能可设定单位需进行哪几类项目核算，系统允许同一单位可进行几个大类的项目核算，如某单位将其第一类项目设为投资项目核算，第二类项目设为在建工程核算等，而每一种类项目核算的内容可不同，如投资项目核算同在建工程核算的内容是不同的。

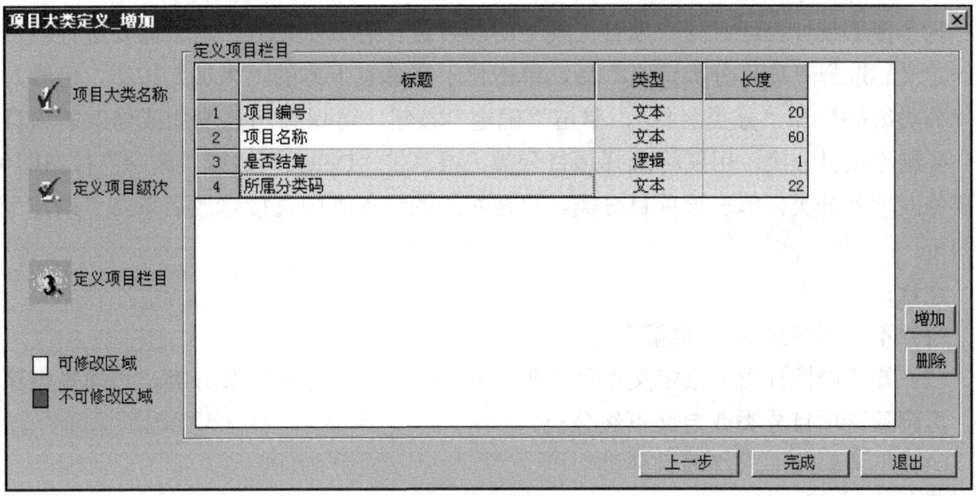

图 10-9 项目大类栏目定义

（二）设置核算科目

单击“核算科目”按钮，出现如图 10-10 所示的界面，在左侧窗口上出现待选科目，这些科目是在会计科目设置时设为项目属性的。首先选中科目，然后单击“选入”或“恢复”按钮进行选入或恢复操作。完成后单击“确定”按钮保存。

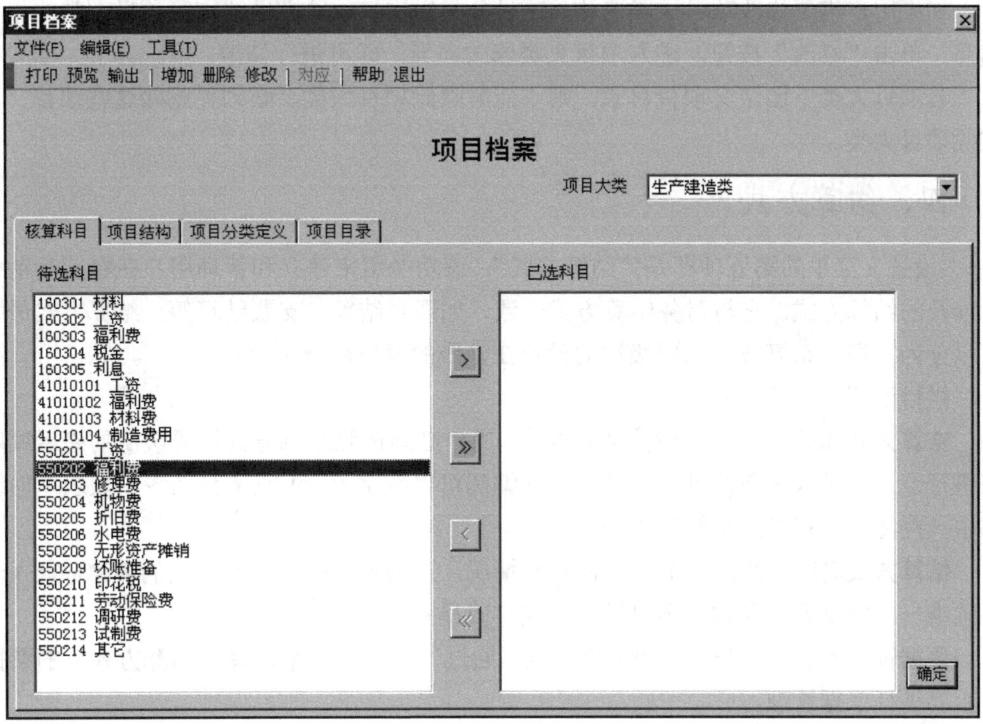

图 10-10 设置核算科目

（三）项目分类定义

为了便于统计，可对同一项目大类下的项目进行进一步划分，这就需要进行项目分类的定义。选择“项目分类定义”后，单击位于屏幕右下方的“增加”按钮，可输入项目“分类编码”和“分类名称”，单击“确定”按钮，可保存当前增加或修改的项目分类。要删除项目分类，用鼠标选择项目分类，再单击“Delete”键或“删除”按钮即可。若要修改项目分类，单击该项目分类，再在右边的录入框中直接修改后单击“确定”按钮即可。

注意：

（1）不能隔级录入分类编码。

（2）若某项目分类下已定义项目则不能删除，也不能定义下级分类，必须先删除项目，再删除该项目分类或定义下级分类。

（3）不能删除非末级项目分类。

（四）项目目录定义

项目大类及分类定义完成后，则可进入“项目目录维护”功能中录入各个项目的名称及定义的其他数据，平时项目目录有变动应及时在本功能中进行调整。在每年年初应将已结算或不用的项目删除。

（五）如何修改项目大类

如果用户需要修改项目大类名称、项目分类级次、项目栏目结构等项目大类的相关信息，单击“修改”按钮，进入项目大类修改向导，即可进行修改。

若项目大类下已定义项目目录，则不能删除此项目大类，必须先删除这些项目，再删除项目大类。

四、结算方式

“设置”菜单的第五项即是“结算方式”，该功能用来建立和管理用户在经营活动中所涉及的结算方式。它与财务结算方式一致，如现金结算、支票结算等。结算方式最多可以分为 2 级。结算方式编码级次的设定在建账的编码部分中进行。

栏目说明：

结算方式编码 用以标识某结算方式。用户必须按照结算方式编码级次的先后顺序来进行录入，录入值必须唯一。结算方式编码可以数字 0～9 或字符 A～Z 表示，但编码中一些特殊字符以及空格禁止使用。

结算方式名称 用户根据企业的实际情况，必须录入所用结算方式的名称，录入值必须唯一。结算方式名称最多可写 6 个汉字或最多 12 个字符。

票据管理标志 用户可根据实际情况，通过勾选复选框来选择该结算方式下的票据是否要进行票据管理。

（一）增加

单击功能键中的“增加”按钮，界面的右边部分，也即结算方式所包括的各项内容便被激活，用户可根据企业的实际情况，在相应栏目中输入适当内容。

（二）保存

在增加或修改操作中，功能键中的“保存”按钮自动激活，单击“保存”按钮便可将本次增加或修改的内容保存，并在左边部分的树形结构中添加和显示。

（三）修改

用户可先在左边部分用光标选择要修改的结算方式，然后单击功能键中的“修改”按钮，便可对右边部分显示的所选定的结算方式的内容进行修改。

（四）删除

用户可先在左边部分用光标选择要删除的结算方式，然后单击功能键中的“删除”按钮，便可对所选定的结算方式内容进行删除。结算方式一旦被引用，便不能进行修改和删除的操作。

（五）放弃

在增加或修改操作中，功能键中的“放弃”按钮自动激活，单击“放弃”按钮便可放弃本次增加或修改的内容。

复习思考题

1. 用友 ERP-U8 应用系统中，企业应用平台基本信息有哪几项？
2. 一个项目定义有哪几个步骤？
3. 人员顶级类别有哪几种？
4. 如何设置凭证类别中的限制类型与限制科目？
5. 科目的辅助核算有几种类型？
6. 如何指定现金和银行科目，有何意义？

第十一章

总　　账

总账系统属于财务管理系统的一部分，而财务系统与其他系统成并行关系。账务系统既可独立运行，也可同其他系统协同运转。它概括地反映企业供产销等全部经济业务的综合信息，在财务管理系统中处于中枢地位。总账系统的任务就是利用建立的会计科目体系，输入和处理各种记账凭证，完成记账、结账以及对账工作，输出各种总分类账、日记账、明细账和有关辅助账。

U8 总账系统适用于企事业单位，主要提供凭证处理、账簿处理、出纳管理和期末转账等基本核算功能，并提供个人、部门、客户、供应商、项目核算和备查簿等辅助管理功能。本章系统地介绍了总账系统的基本业务处理及操作方法。

【重要概念】　期初余额　凭证处理　记账　结账

第一节　初 始 设 置

总账系统接收工资系统、固定资产系统、应收应付系统、资金管理、网上银行、报账中心、成本管理、项目管理、存货核算等系统生成的凭证。总账系统向 UFO 报表系统、管理驾驶舱、财务分析系统等提供财务数据生成财务报表及其他财务分析表。

图 11-1 所示为总账系统与其他系统关系图。

一、总账参数设置

在初次启用总账系统时，需要确定反映总账系统核算要求的各种参数，使得通用总账系统适用于本单位的具体核算要求。总账系统的业务参数将决定总账系统的输入控制、处理方式、数据流向、输出格式等，设定后一般不能随意更改。

系统启用后，如果系统预置的参数与实际需要不符，应根据实际情况，在总账系统使用之前通过设置总账系统“选项”正确选择适合本单位的各种参数。

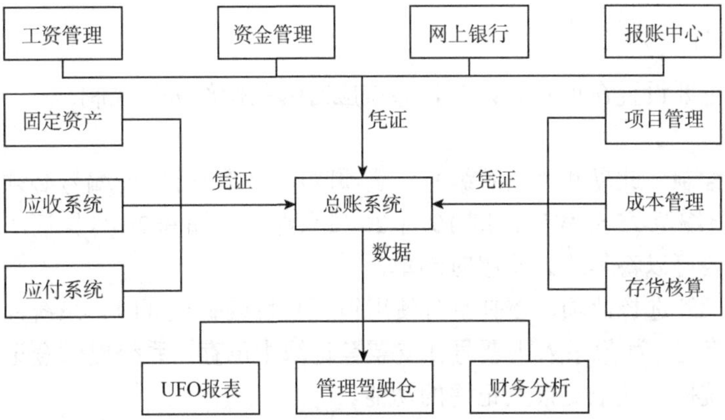

图 11-1 总账系统与其他系统关系图

进入“企业应用平台”后，单击“业务”标签，选择“财务会计”“总账”“设置”“选项”后出现如图 11-2 所示的界面。

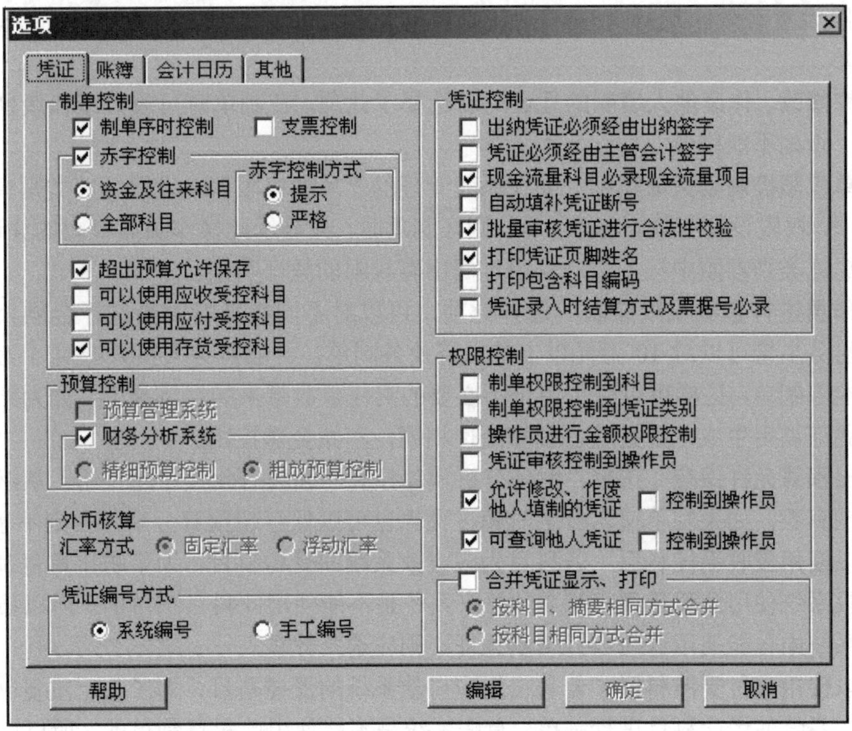

图 11-2 设置选项

单击“凭证”“账簿”“会计日历”“其他”页签，即可进行账簿选项的修改。

（一）凭证

选择“凭证”页签，可查看及修改有关凭证的选项。

1. 制单控制

制单控制主要设置在填制凭证时，系统应对哪些操作进行控制。

栏目说明：

制单序时控制 此项和“系统编号”选项联用，制单时凭证编号必须按日期顺序排列，10 月 25 日编至 25 号凭证，则 10 月 26 日只能开始编制 26 号凭证，即制单序时，如果有特殊需要可以将其改为不序时制单。

支票控制 若选择此项，在制单时使用银行科目编制凭证时，系统针对票据管理的结算方式进行登记，如果录入支票号在支票登记簿中已存，系统提供登记支票报销的功能；否则，系统提供登记支票登记簿的功能。

赤字控制 若选择了此项，在制单时，当“资金及往来科目”或“全部科目”的最新余额出现负数时，系统将予以提示。提供了提示、严格两种方式，用户可根据具体情况需要进行选择。

制单权限控制到科目 要在系统管理的“功能权限”中设置科目权限，再选择此项，权限设置有效。选择此项，则在制单时，操作员只能使用具有相应制单权限的科目制单。

允许修改、作废他人填制的凭证 若选择了此项，在制单时可修改或作废别人填制的凭证，否则不能修改。

制单权限控制到凭证类别 要在系统管理的“功能权限”中设置凭证类别权限，再选择此项，权限设置有效。选择此项，则在制单时，只显示此操作员有权限的凭证类别。同时在凭证类别参照中按人员的权限过滤出有权限的凭证类别。

操作员进行金额权限控制 选择此项，可以对不同级别的人员进行金额大小的控制，如财务主管可以对 10 万元以上的经济业务制单，一般财务人员只能对 5 万元以下的经济业务制单，这样可以减少由于不必要的责任事故带来的经济损失。如为外部凭证或常用凭证调用生成，则处理与预算处理相同，不做金额控制。

超出预算允许保存 选择“财务分析预算控制”选项后此项才起作用，从财务分析系统取预算数，如果制单输入分录时超过预算也可以保存超预算分录，否则不予保存。

可以使用应收受控科目 若科目为应收款系统的受控科目，为了防止重复制单，只允许应收系统使用此科目进行制单，总账系统是不能使用此科目制单的。所以如果希望在总账系统中也能使用这些科目填制凭证，则应选择此项。

可以使用应付受控科目 若科目为应付款系统的受控科目，为了防止重复制单，只允许应付系统使用此科目进行制单，总账系统是不能使用此科目制单的。所以如果希望在总账系统中也能使用这些科目填制凭证，则应选择此项。

可以使用存货受控科目 若科目为存货核算系统的受控科目，为了防止重复制单，只允许存货核算系统使用此科目进行制单，总账系统是不能使用此科目制单的。所以如果希望在总账系统中也能使用这些科目填制凭证，则应选择此项。

注意：

总账和其他业务系统使用了受控科目会引起存货系统、应付系统、应收系统与总账对账不平。

2. 外币核算

如果企业有外币业务，则可选择“外币核算”，并选择相应的汇率方式——固定汇率、浮动汇率。“固定汇率”即在制单时，一个月只按一个固定的汇率折算本位币金额。“浮动汇率”即在制单时，按当日汇率折算本位币金额。

3. 凭证控制

栏目说明：

打印凭证页脚姓名 在打印凭证时，是否自动打印制单人、出纳、审核人、记账人的姓名。

打印包含科目编码 在打印凭证时，是否自动打印科目编码。

自动填补凭证断号 如果选择凭证编号方式为系统编号，则在新增凭证时，系统按凭证类别自动查询本月的第一个断号默认为本次新增凭证的凭证号。如无断号则为新号，与原编号规则一致。

现金流量科目必录现金流量项目 选择此项后，在录入凭证时如果使用现金流量科目则必须输入现金流量项目及金额。

批量审核凭证进行合法性校验 批量审核凭证时针对凭证进行二次审核，提高凭证输入的正确率，合法性校验与保存凭证时的合法性校验相同。

凭证录入时结算方式及票据号是否必录 录入凭证时，如要求录入结算方式及票据号，则选择此项，否则不选。

4. 权限设置

如只允许某操作员审核其本部门操作员填制的凭证，则应选择“凭证审核控制到操作员”；若要求现金、银行科目凭证必须由出纳人员核对签字后才能记账，则选择“出纳凭证必须经由出纳签字”；如要求所有凭证必须由主管签字后才能记账，则选择“凭证必须经由主管签字”；如允许操作员查询他人凭证，则选择“可查询他人凭证”。

5. 凭证编号方式

系统在“填制凭证”功能中一般按照凭证类别按月自动编制凭证编号，即“系统编号”；但有的企业需要系统允许在制单时手工录入凭证编号，即“手工编号”。

（二）账簿

“账簿”页签下主要是对打印方式和格式的设置。

（三）会计日历

单击“会计日历”页签，可查看各会计期间的起始日期与结束日期，以及启用会计年度和启用日期。此处仅能查看会计日历的信息，如需修改请到系统管理中进行操作。

二、期初余额设置

（一）录入期初余额

如果是第一次使用账务处理系统，必须使用此功能输入科目余额。如果系统中已有上年的数据，在使用“结转上年余额”后，上年各账户余额将自动结转到本年。

新用户（第一次使用用友账务的用户）如果是年中建账，比如是 9 月开始使用账务系统，建账月份为 9 月，可以录入 9 月初的期初余额以及 1～9 月的借、贷方累计发生额，系统自动计算年初余额；若是年初建账，可以直接录入年初余额。

操作步骤：

（1）将光标移到需要输入数据的余额栏，直接输入数据即可。

（2）如果是年中启用，还可以录入年初至建账月份的借、贷方累计发生额。

（3）录完所有余额后，单击“试算”按钮，可查看期初余额试算平衡表，检查余额是否平衡，也可单击“对账”按钮，检查总账、明细账、辅助账的期初余额是否一致。

若客户往来款项由应收系统核算，则客户往来科目中各客户的期初余额应在应收系统中录入，在总账系统中只能录入科目期初。若科目既有客户往来核算，又有部门（或项目）核算，则在总账系统中只能录入该科目下各部门（或项目）的期初数。同理，若供应商往来款项由应付系统核算，则供应商往来科目中各供应商的期初余额应在应付系统中录入，在总账系统中只能录入科目期初。若科目既有供应商往来核算，又有部门（或项目）核算，则在总账系统中只能录入该科目下各部门（或项目）的期初数。

只要求录入最末级科目的余额和累计发生数，上级科目的余额和累计发生数由系统自动计算。若年中启用，则只要录入末级科目的期初余额及累借、累贷，年初余额将自动计算出来。

如果某科目为数量、外币核算，可以录入期初数量、外币余额。但必须先录入本币余额，再录入外币余额。

在录入辅助核算期初余额之前，必须先设置各辅助核算目录。

（二）期初余额对账

由于初次使用，对系统不太熟悉，用户在进行期初设置时的一些不经意的修改，可能会导致总账与辅助总账、总账与明细账核对有误，系统提供对期初余额进行对账的功能，可以及时做到账账核对，并可尽快修正错误的账务数据。

操作步骤：

（1）进入期初余额后单击“对账”按钮。

（2）单击“开始”按钮可对当前期初余额进行对账，核对方法为总账上下级、明细账与总账之间对账，总账与辅助账之间对账。

（3）如果对账后发现有错误，可单击“显示对账错误”按钮，系统将把对账中发现的问题列出来。

（三）录入辅助核算科目的期初余额

辅助核算科目必须按辅助项录入期初余额，往来科目（含个人往来、客户往来、供应商往来账类的科目）应录入期初未达项，双击辅助核算科目的期初余额（年中启用）或年初余额（年初启用），屏幕即显示辅助核算科目期初余额录入窗口。

操作步骤：

（1）单击“增加”按钮，屏幕增加一条新的期初明细，用户可顺序输入各项内容。如果输入过程中发现某项输入错误，可按“ESC”键取消当前项输入，将光标移到需要修改的编辑项上，直接输入正确的数据即可。如果想放弃整行增加数据，在取消当前输入后，再按“ESC”键即可。

（2）如果需要修改某个数据，将光标移到要进行修改的数据上，直接输入正确数据即可，如果想放弃修改，按“ESC”键即可。

（3）要删除某一期初明细时，将光标移到要删除的期初明细上，单击“删除”按钮，经确认后即可。

（4）屏幕下端的状态栏显示期初的合计数。

（5）单击科目下拉列表可选择相同辅助账类的其他科目录入期初余额。若为项目核算科目则可选择相同项目大类的其他科目录入期初余额。

（6）在输入客户、供应商、部门、个人、项目信息时，按按钮或“F2”键可参照输入。

（7）单击“查找”按钮可对辅助期初明细进行查找定位。

（8）若期初余额试算不平衡，那么将不能记账，但可以填制凭证。

（9）若已经使用本系统记过账，则不能再录入、修改期初余额，也不能执行“结转上年余额”的功能。

（四）调整科目的余额方向

每个科目的余额方向由科目性质确定，占用类科目余额方向为借，来源类科目余额方向为贷。单击“方向”按钮可修改科目的余额方向。

只能调整一级科目的余额方向，且该科目及其下级科目尚未录入期初余额。当一级科目方向调整后，其下级科目也随一级科目相应调整方向。

第二节　凭证处理

记账凭证是本系统日常处理的起点，也是所有查询数据最主要的一个来源。凭证管理主要完成对记账凭证的录入、修改、打印、汇总、出纳签字、审核和记账等工作。

一、填制凭证

记账凭证是登记账簿的依据，在实行计算机处理账务后，电子账簿的准确与完整完全依赖于记账凭证，因而使用者要确保记账凭证输入的准确完整，在实际工作中，用户可直接在计算机上根据审核无误准予报销的原始凭证填制记账凭证（前台处理），也可以先由人工制单而后集中输入（后台处理），用户采用哪种方式应根据本单位实际情况，一般来说业务量不多或基础较好或使用网络版的用户可采用前台处理方式，而在第一年使用或人机并行阶段，则比较适合采用后台处理方式。

（一）填制凭证的步骤

填制凭证操作的步骤如下所述。

（1）单击菜单“凭证”下的“填制凭证”，进入填制凭证的界面。

（2）单击“增加”按钮或按“F5”键，增加一张新凭证，这时光标定位在凭证类别上。

在此处输入凭证类别字，或参照录入，确定后按“Enter”键，系统将自动生成凭证编号，并将光标定位在制单日期上。

栏目说明：

制单日期 系统自动取进入账务前输入的业务日期为记账凭证填制的日期，如果日期不对，可进行修改或单击按钮参照输入。

凭证编号 一般情况下，由系统分类按月自动编制，即每类凭证每月都从 0001 号开始，对于网络用户，如果是几个人同时制单，在凭证的右上角，系统提示了一个参考凭证号，真正的凭证编号只有在凭证已填制并经保存完毕后才给出，当只有一个人制单或使用单用户版制单时凭证右上角的凭证号即是正在填制的凭证的编号。系统同时也自动管理凭证页号，系统规定每页凭证有 5 笔分录，当某号凭证不止一页时，系统将自动在凭证号后标上几分之一，如收－0001 号 0002/0003 表示收款凭证第 0001 号凭证共有 3 张分单，当前光标所在分录在第二张分单上。如果在启用账套时或在“选项”中，设置凭证编号方式为“手工编号”，则用户可在此处手工录入凭证编号。

附单据数 在“附单据数”处输入原始单据张数，输完后按“Enter”键。

凭证自定义项 凭证自定义项是由用户自定义的凭证补充信息。用户根据需要自行定义和输入，系统对这些信息不进行校验，只进行保存。输入方法为：单击凭证右上角的“输入框”后进行输入即可。

（3）凭证内容输入。输入本张凭证的每一笔分录。每笔分录由摘要、科目、发生金额组成。

栏目说明：

摘要 输入本笔分录的业务说明，摘要要求简洁明了，或单击“参照”按钮选入常用摘要，常用摘要的选入不会清除原来输入的内容。

科目 科目必须输入末级科目。科目可以输入科目编码、中文科目名称、英文科目名称或助记码。如果输入的科目名称有重名现象，系统会自动提示重名科目供选择。输入科目时可在科目区中单击按钮或按“F2”键参照录入。

（4）辅助信息录入。根据科目属性输入相应的辅助信息。如部门、个人、项目、客户、供应商、数量、自定义项等。在这里录入的辅助信息将在凭证下方的备注中显示。

当需要对所录入的辅助项进行修改时，双击所要修改的项，系统显示辅助信息录入窗，即可进行修改。

① 如果科目有客户往来的属性，则屏幕提示用户输入“客户”“业务员”“票号”等信息。“客户”可输入代码或客户简称，也可通过参照功能输入。参照方法：在“客户”处单击按钮或按“F2”键，系统显示所有客户目录。也可以输入几个字，按“F2”键可参照出以这几个字开头的客户简称。如输入“北”字，再单击按钮或按“F2”键，可参照出第一个字为“北”的客户简称。“业务员”可输入该笔业务的销售或采购人员，“票号”可输入往来业务的单据号。

② 如果科目有供应商往来的属性，则屏幕提示用户输入“供应商”“业务员”及“票号”等信息。“供应商”可输入代码或供应商简称，也可通过参照功能输入，参照方法同上。“业务员”可输入该笔业务的销售或采购人员，“票号”可输入往来业务的单据号。

③ 若科目为部门核算科目，则屏幕提示用户输入“部门”信息，可输入代码或部门名称，也可单击按钮或按“F2”键参照输入。

④ 若科目为个人往来核算科目，则屏幕提示用户输入“部门”“个人”等信息，可输入代码或名称，也可单击按钮或按“F2”键参照输入。

⑤ 若科目为项目核算科目，则屏幕提示用户输入“项目”信息，可输入代码或名称，也可单击按钮或按“F2”键参照输入。

⑥ 若科目定义了自定义项，则屏幕提示用户输入各“科目自定义项”的信息。如商品销售收入科目定义了“销售类型”的科目自定义项，当在凭证中录入商品销售收入科目时，系统提示用户录入“销售类型”，此时可输入“现销”“赊销”等辅助信息，并可在查明细账、序时账时按“销售类型”条件进行查询。又如，工程项目科目可设置料、工、费等自定义项核算该科目每一笔业务的全部信息。

⑦ 如果该科目要进行数量核算，则屏幕提示用户输入“数量”“单价”信息。系统根据数量×单价自动计算出金额，并将金额先放在借方，如果方向不符，可按空格键调整金额方向。

⑧ 如果该科目要进行外币核算，系统自动将凭证格式改为外币式；如果系统有其他辅助核算，则先输入其他辅助核算后，再输入外币信息。

栏目说明：

外币　用户可修改、填入外币值，若该科目也核算数量，则系统自动根据数量×单价计算外币。

汇率　系统将自动显示在“外币及汇率”所录的汇率，若在“选项”中将“汇率方式”选项设为固定汇率，则显示当月的月初汇率，若“汇率方式”选项设为浮动汇率，则显示当日的浮动汇率，若当日未录入当日汇率，则显示已录入汇率的日子中最近一日的汇率。用户也可直接将光标移到汇率处进行输入或修改。单击按钮，可参照或输入各日的汇率。

金额　系统根据折算公式自动折算出金额，并将金额先放在借方，如果方向不符，将光标移动到贷方后，按空格键即可调整金额方向。如果在“选项”中没有设置数据小数位，系统会自动取整。

折算公式　在“外币及汇率”中定义，一般企业使用外币×汇率＝本币的公式折算本币金额，也有些企业采用外币÷汇率＝本币的公式折算本币金额。

若外币、汇率或金额输入有误，可以将光标移到错误数据处，直接在上面修改。

⑨ 若科目为银行科目，那么，屏幕提示用户输入“结算方式”“票号”及“票据日期”信息。其中，“结算方式”应输入银行往来结算方式，“票号”应输入结算号或支票号，“票据日期”应输入该笔业务发生的日期，“票据日期”主要用于银行对账。

对于要使用“支票登记簿”功能的用户，若希望在制单时也可进行支票登记，则应在“选项”中设置“支票控制”选项，那么在制单时，如果所输的结算方式应使用支票登记簿，在输入支票号后，系统则会自动勾销支票登记簿中未报销的支票，并将报销日期填上制单日期，所以在支票领用时，最好在支票登记簿中予以登记，以便系统能自动勾销未报的支票。若支票登记簿中未登记该支票，系统将显示支票录入窗供用户将该支票内容登记到支票登记簿中，同时填上报销日期。

（5）金额，即该笔分录的借方或贷方本币发生额，金额不能为零，但可以是红字，红字金额以负数形式输入。如果方向不符，可按空格键调整金额方向。按快捷键“Ctrl＋L”可显示/隐藏数据位线（除千分线外）。

（6）当凭证全部录入完毕后，单击“保存”按钮或按“F6”键保存这张凭证，单击“放弃”按钮放弃当前增加的凭证。也可单击“增加”继续填制下一张凭证。

（7）若想放弃当前未完成的分录的输入，单击“删行”按钮或按“Ctrl＋D”键删除当前分录即可。

本系统默认应按时间顺序填制凭证，即每月内的凭证日期不能倒流，如 6 月 20 日某类凭证已填到第 200 号凭证，则填制该类 200 号以后的凭证时，日期不能为 6 月 1 日至 6 月 19 日的日期，而只能是 6 月 20 日至月底的日期。但用户也可解除这种限制，即在“选项”中，将其中的账套参数“制单序时”取消。

注意：

（1）一旦保存，其凭证类别、凭证编号将不能再修改。

（2）一张凭证中若有表外科目则不能有非表外科目存在，在制单、审核、记账中也不参与平衡检查，也不显示在发生额及余额表中。

（3）若不希望在凭证金额栏中显示数据位线（除千分位线外），可按“Ctrl＋L”键取消显示，若希望显示，也可按“Ctrl＋L”键恢复显示。

（4）在金额处按“＝”键，系统将根据借贷方差额自动计算此笔分录的金额。例如，填制某张凭证时，前两笔分为借 100，借 200，在录入第三笔分录的金额时，将光标移到贷方，按“＝”键，系统自动填写 300。

（5）若数量、单价有一方未录入，系统将根据金额或外币自动计算出数量、单价，提高录入效率和准确度。

（二）修改已填制的凭证

修改已填制的凭证具体操作步骤如下。

（1）在填制凭证中，通过单击“首张”“上张”“下张”“末张”按钮翻页查找或单击“查询”按钮输入查询条件，找到要修改的凭证。

（2）将光标移到制单日期处，可修改制单日期。

（3）若要修改附单据数、摘要、科目、外币、汇率、金额，直接将光标移到需修改的地方进行修改即可。

（4）凭证下方显示每条分录的辅助项信息，若要修改某辅助项，则将光标移到要修改的辅助项处，双击，屏幕即显示辅助项录入窗，可直接在上面修改。

（5）若要修改金额方向，可在当前金额的相反方向按空格键。

（6）若希望当前分录的金额为其他所有分录的借贷方差额，则在金额处按“＝”键即可。

（7）单击“插行”按钮或按“Ctrl＋I”键可在当前分录前插入一条分录。单击“删行”按钮或按“Ctrl＋D”键可删除当前光标所在的分录。

（8）修改完毕后，单击“保存”按钮保存当前修改，单击“放弃”按钮放弃对当前凭证的修改。

注意：

（1）若在“选项”中设置了“制单序时”，那么在修改制单日期时，不能在上一编号凭证的制单日期之前。如 1 月制的凭证不能将制单日期改为 2 月的日期。

（2）若在“选项”中设置了“不允许修改、作废他人填制的凭证”，则不能修改他人填制的凭证。

（3）如果某笔涉及银行科目的分录已录入支票信息，并对该支票做过报销处理，修改该分录，将不影响“支票登记簿”中的内容。

（4）外部系统传过来的凭证不能在总账系统中进行修改，只能在生成该凭证的系统中进行修改。

（三）查看其他凭证信息

总账系统的填制凭证功能不仅是各账簿数据的输入口，同时也提供了强大的信息查询功能。在凭证画面中有些信息是可直接查看到的，如科目、摘要、金额等；有些信息是通过某些操作间接查看到的，如各分录的辅助信息、当前分录行号、当前科目最新余额、外部系统制单信息等，下面介绍这些信息的查询方法。

辅助信息　光标在各会计分录间移动时，凭证的备注栏将动态显示该分录的辅助信息。

当前分录号　单击凭证右下方的  图标，屏幕显示当前分录是第几条分录。

科目自定义项内容　单击凭证右下方的  图标，屏幕显示当前科目的自定义项内容。

外部系统制单信息　若当前凭证为外部系统生成的凭证，可将光标移到记账凭证的标题处单击，系统将显示当前凭证来自哪个子系统，凭证反映的业务类型与业务号。当光标在某一分录上时，单击凭证右下方的  图标，则显示生成该分录的原始单据类型、单据日期及单据号。

当前科目最新余额　单击“余额”按钮，屏幕将显示当前光标所在科目的最新余额。

联查明细账 当光标在凭证分录上时，单击菜单“查看”下的“联查明细账”，系统将显示该笔业务发生科目的明细账。

联查原始单据 若当前凭证是由外币系统制单生成，那么，单击菜单“查看”下的“联查原始单据”，系统将显示生成这张凭证的原始单据。

分单 若当前凭证有多张分单，单击菜单“查看”下的“查找分单”，输入分单页号，可查看该张分单。

（四）作废/恢复作废凭证

作废/恢复作废凭证具体的操作步骤如下。

（1）进入填制凭证后，翻页查找或单击“查询”按钮输入查找条件，找到要作废的凭证。

（2）单击菜单“制单”下的“作废/恢复”，凭证左上角显示“作废”字样，表示已将该凭证作废。

作废凭证仍保留凭证内容及凭证编号，只在凭证左上角显示“作废”字样。作废凭证不能修改，不能审核。在记账时，不对作废凭证做数据处理，相当于一张空凭证。在账簿查询时，也查不到作废凭证的数据。

若当前凭证已作废，单击菜单“制单”下的“作废/恢复”，可取消作废标志，并将当前凭证恢复为有效凭证。

（五）凭证整理

有些作废凭证不想保留，可以通过凭证整理功能将这些凭证彻底删除，并对未记账凭证重新编号。具体操作如下。

（1）单击菜单“制单”下的“整理凭证”。

（2）选择要整理的月份，单击“确定”按钮后，屏幕显示作废凭证整理选择窗。

（3）选择要真正删除的作废凭证，单击“确定”按钮，系统即将这些凭证从数据库中删除，并对剩下凭证重新排号。

注意：

（1）若本月已有凭证已记账，那么，本月最后一张已记账凭证之前的凭证将不能做凭证整理，只能对其后面的未记账凭证做凭证整理。若想做凭证整理，先到“恢复记账前状态”功能中恢复本月月初的记账前状态，再做凭证整理。

（2）若由于手工编制凭证号造成凭证断号，也可通过此功能进行整理，方法是不选作废凭证，直接单击“确定”按钮即可。若是系统编号，删除凭证后系统提示用户是否整理空号凭证，若选取“是”，则将作废凭证删除并重新排凭证编号。

（六）快速制作红字冲销凭证

用户通过菜单“制单”下的“冲销凭证”制作红字冲销凭证。先输入制单月份，然后回答将冲销哪个月的哪类多少号凭证，则系统自动制作一张红字冲销凭证，本功能用于自动冲销某张已记账的凭证。

（七）调用常用凭证

如果在“常用凭证”中已定义了与目前将要填制的凭证相类似或完全相同的凭证，调用此常用凭证会加快凭证的录入速度。调用常用凭证后，对金额为 0 的分录入系统不予保存。调用方法如下所述。

（1）在制单时通过菜单“制单”下的“调用常用凭证”。

（2）按屏幕提示输入常用凭证代号，并单击“确定”按钮。

（3）其他操作同修改或填制凭证。

（八）生成常用凭证

当认为某张凭证应作为常用凭证保存时，可通过菜单“制单”下的“生成常用凭证”制作常用凭证。然后屏幕提示给该张凭证确定一个代号和说明。该张凭证即被存入常用凭证库中，以后可按所存代号调用这张常用凭证。

二、出纳签字

（一）对一张凭证进行出纳签字

出纳凭证由于涉及企业现金的收入与支出，应加强对出纳凭证的管理。出纳人员可通过出纳签字功能对制单员填制的带有现金银行科目的凭证进行检查核对，主要核对出纳凭证的出纳科目的金额是否正确，审查认为错误或有异议的凭证，应交与填制人员修改后再核对。

（1）进入“出纳签字”界面，如图 11-3 所示。

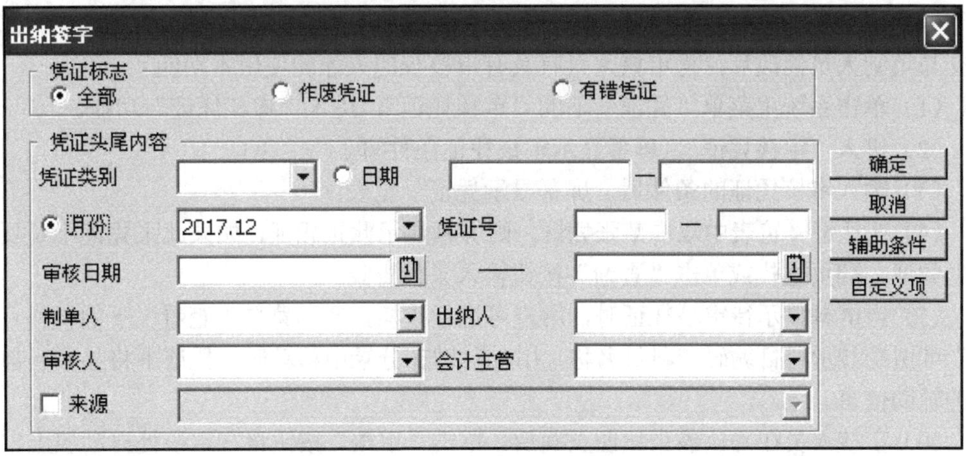

图 11-3　“出纳签字”界面

（2）输入出纳凭证的条件后，屏幕显示凭证一览表。

（3）在凭证一览表中双击某张凭证，则屏幕显示此张凭证，如果此凭证不是要进行签字的凭证，可翻页查找或单击“查询”按钮输入条件查找。

（4）当屏幕显示待签字凭证时，用户可进行签字，通过菜单“查看”下的“科目转换”可切换显示科目编码和科目名称，用↑或↓键在分录中移动时，凭证下将显示当前分录的辅助信息。若想查看其他凭证信息，见填制凭证中的“如何查看其他凭证信息”。

（5）出纳人员在确认该张凭证正确后，单击“签字”按钮将在出纳处自动签上出纳人姓名。

（6）若想对已签字的凭证取消签字，可单击“取消”按钮取消签字。

注意：

（1）企业可根据实际需要决定是否对出纳凭证进行出纳签字管理，若不需要此功能，可在“选项”中取消“出纳凭证必须经由出纳签字”的设置。

（2）凭证一经签字，就不能被修改、删除，只有被取消签字后才可以进行修改或删除。

（3）取消签字只能由出纳人自己进行。

（二）对一批凭证进行出纳签字或取消签字

单击“查询”按钮，输入查询条件后单击“确定”按钮，屏幕将显示符合条件的凭证，单击“签字”菜单下的“成批签字”，系统可自动对当前范围内的所有未签字凭证执行签字；单击“签字”菜单下的“成批取消签字”，系统可自动对当前范围内的所有已签字凭证执行取消签字。

三、审核凭证

（一）对一张凭证审核

审核凭证是审核员按照财会制度，对制单员填制的记账凭证进行检查核对，主要审核记账凭证是否与原始凭证相符，会计分录是否正确等。审查认为错误或有异议的凭证，应交与填制人员修改后，再审核，只有具有审核权的人才能使用本功能。

（1）单击系统主菜单“凭证”下的“审核凭证”，进入“审核凭证”功能。

（2）进入“审核凭证”，屏幕显示审核凭证条件窗。

（3）输入审核凭证的条件后，屏幕显示凭证一览表。

（4）在凭证一览表中双击某张凭证，则屏幕显示此张凭证，如果此张凭证不是要审核的凭证，翻页查找或单击“查询”按钮输入条件查找。

（5）当屏幕显示待审核凭证时，用户可进行审核，通过菜单“查看”下的“科目转换”可切换显示科目编码和科目名称，用↑或↓键在分录中移动时，凭证下将显示当前分录的辅助信息。

（6）审核人员在确认该张凭证正确后，单击“审核”按钮将在审核处自动签上审核人名，即该张凭证审核完毕，系统自动显示下一张待审核凭证。

（7）若审核人员发现该凭证有错误，可单击“标错”按钮，对凭证进行标错，以便制单人对其进行修改。若想对已审核的凭证取消审核，可单击“取消”按钮取消审核。

注意：

（1）审核人除了要具有审核权外，还需要有对待审核凭证制单人所制凭证的审核权，这个权限可在“明细权限”中设置。

（2）审核人和制单人不能是同一个人。凭证一经审核，就不能被修改、删除，只有被取消审核签字后才可以进行修改或删除。

（3）取消审核签字只能由审核人自己进行。

（4）采用手工制单的用户，在凭单上审核完后还需对录入机器中的凭证进行审核。

（5）作废凭证不能被审核，也不能被标错。

（6）已标错的凭证不能被审核，若想审核，需先单击“取消”按钮取消标错后才能审核。

（二）对一批凭证进行审核

进入凭证审核界面后，单击“查询”按钮，输入查询条件后单击“确定”按钮，屏幕将显示符合条件的凭证，单击“审核”菜单下的“成批审核”，系统自动对当前范围内的所有未审核凭证执行审核；单击“审核”菜单下的“成批取消审核”，系统自动对当前范围内的所有已审核凭证执行取消审核。

四、主管签字

在许多企业中为加强对会计人员制单的管理，常采用经主管会计签字后的凭证才有效的管理模式。因此本系统提供“主管签字”的核算方式，即其他会计人员制作的凭证必须经主管签字才能记账。

具体操作和审核操作类似。

五、查询凭证

本功能用于查询已记账及未记账凭证，具体操作如下。

（1）单击“凭证”下的“查询凭证”，进入“查询凭证”功能，屏幕显示查询条件窗。如要按科目、摘要、金额等条件进行查询，可单击“辅助条件”按钮输入辅助查询条件；如要按科目自定义项查询，可单击“自定义项”按钮输入自定义项查询条件。若选“已记账凭证”则可在已记账凭证中查询；若选“未记账凭证”，则可在未记账凭证中查询。

（2）输入查询凭证的条件后，屏幕将显示凭证一览表。

（3）在凭证一览表中双击某张凭证，则屏幕显示此张凭证。

（4）可翻页查找或单击“查询”按钮输入条件查找。

六、记账

记账凭证经审核签字后，即可用来登记总账和明细账、日记账、部门账、往来账、项目账以及备查账等。本系统记账采用向导方式，使记账过程更加明确。记账具体操作方法如下所述。

（1）单击“凭证”下“记账”，进入“记账”界面，如图 11-4 所示。

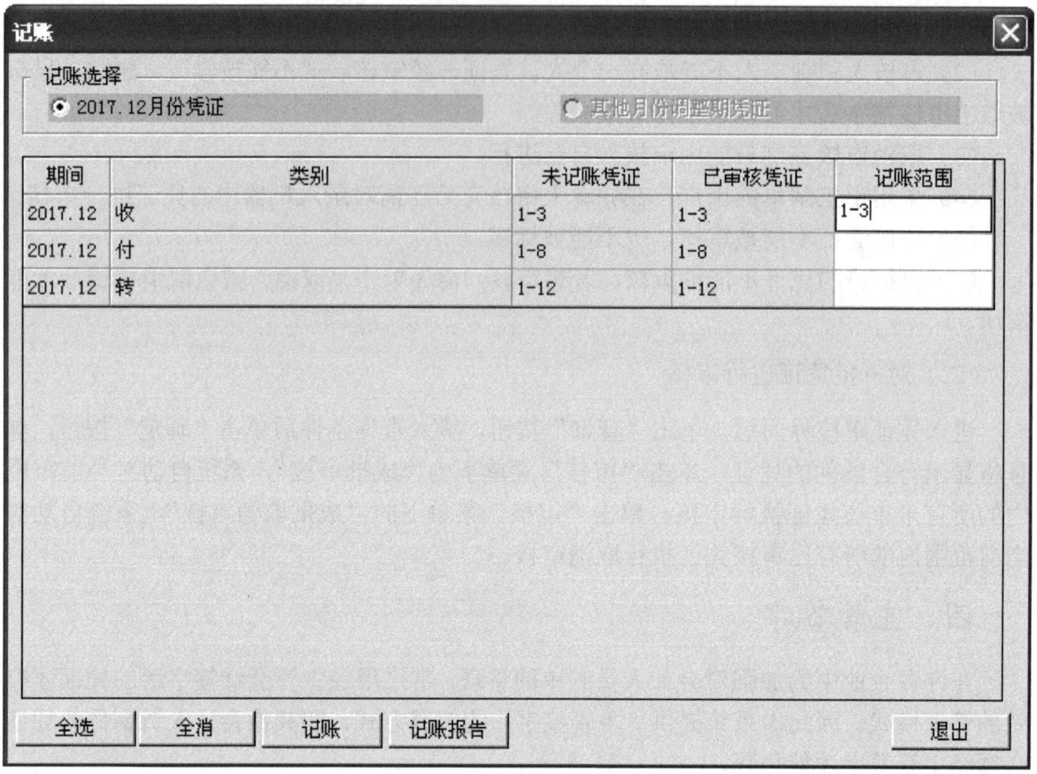

图 11-4 “记账”界面

（2）屏幕上列出各期间的未记账凭证范围清单，并同时列出其中的空号与已审核凭证范围，若编号不连续，则用逗号分割；若显示宽度不够，可拖动表头调整列宽查看。

单击可以输入的记账范围区（背景为白色），然后输入要进行记账的凭证范围。记账范围输入采用范围列示方式，可以输入数字、“－”和“，”。如在记账范围区输入“1～5，8，10～12”，其表示所选记账范围为1～5号凭证，第8号凭证，10～12号凭证。

（3）选择完成后，单击“下一步”按钮，系统先对凭证进行合法性检查，如果发现不合法凭证，系统将提示错误；如果未发现不合法凭证，屏幕显示所选凭证的汇总表及凭证的总数，供用户进行核对。如果需要打印汇总表，用户可单击“打印”按钮。

（4）核对无误后，单击“下一步”按钮，进入“记账”界面。

（5）当以上工作都确认无误后，用户可以单击“记账”按钮，系统开始登录有关的总账和明细账，包括正式总账、明细账；数量总账与明细账；外币总账与明细账；项目总账与明细账，部门总账与明细账；个人往来总账与明细账，银行往来账等有关账簿。

注意：

（1）记账过程一旦断电或其他原因造成中断，系统将自动调用“恢复记账前状态”恢复数据，故障排除后用户可重新记账。

（2）如果用户发现某一步设置错误，可通过单击“上一步”按钮返回后进行修改。如果用户在设置过程中不想再继续记账，可通过单击“取消”按钮，取消本次记账工作。

（3）在记账过程中，不得中断退出。

（4）在第一次记账时，若期初余额试算不平衡，系统将不允许记账。

（5）所选范围内的凭证如有不平衡凭证，系统将列出错误凭证，并重选记账范围。

（6）所选范围内的凭证如有未审核凭证，系统提示是否只记已审核凭证或重选记账范围。

七、恢复记账前状态

系统在记账时，万一发生记账被中断，系统将自动开启“恢复记账前状态”功能恢复中断状态，系统恢复正常时，用户可重新记账。另外由于某种原因，事后发现本月记账有错误，利用本功能则可将本月已记账的凭证变成未记账凭证，进行修改，然后再记账。进入系统时，本功能并没有显示，如果要使用本功能，必须在“对账”功能界面按快捷键“Ctrl＋H”激活“恢复记账前状态”功能，退出“对账”功能，在系统主菜单“凭证”下显示该功能。其具体操作步骤如下。

（1）单击“凭证”下的“恢复记账前状态”，屏幕显示恢复记账前状态窗口。

（2）进入本功能后，用户根据需要选择是恢复最近一次还是恢复本月月初状态。

栏目说明：

最近一次 即将最近一次记账的凭证恢复成未记账凭证，以便重新修改，再记账。

本月月初 即将本月全部已记账的凭证恢复成未记账状态，以便重新修改，再记账。

（3）选择完成后，单击“确认”按钮，系统开始恢复工作。

八、常用凭证

在单位里，会计业务都有其规范性，因而在日常填制凭证的过程中，经常会有许多凭证完全相同或部分相同，如果将这些常用的凭证存储起来，在填制会计凭证时可随时调用，必将大大提高业务处理的效率。确切地说，“常用凭证”提供的是常用会计凭证的模板，在调用常用凭证后，仍可做修改，使其符合当时会计业务需要。

（一）定义常用凭证

单击“凭证”下的“常用凭证”，即进入“常用凭证”功能。单击工具栏中的“增加”按钮，可录入常用凭证的主要信息：编号、说明、凭证类别。编号是调用常用凭证的依据。单击“删除”按钮即可删除当前行的常用凭证。单击“详细”按钮或按“F8”键可对常用凭证的凭证分录内容进行定义。

注意：

（1）编号和凭证类别必须输入，且编号不能重复。

（2）不能只定义凭证主要信息，却不定义凭证分录内容。

（二）定义常用凭证的凭证分录

在“常用凭证”功能中单击“详细”按钮，或按“F8”键，则进入凭证分录定义窗口，显示光标所在行常用凭证的凭证分录内容。单击“增加”和“删除”按钮，可增加和删除常用凭证的分录。单击“编号”下拉按钮选择可切换到其他常用凭证。录入分录时，必须输入摘要和会计科目，会计科目可以录入非末级科目。若会计科目有辅助核算，则弹出辅助信息录入窗口，供用户录入辅助信息。如果借贷方金额或辅助信息在定义常用凭证时还不能确定，则可不输，可以留到填制凭证时再输入。若要修改辅助信息，则可双击凭证下方的辅助信息，在辅助信息录入窗口中修改录入。

（三）调用常用凭证

调用常用凭证主要有两种方法。

方法一：在填制凭证时单击“制单”菜单下的“调用常用凭证”，按系统提示输入要调用的常用凭证的编号，即可调出该常用凭证。若调出的常用凭证与当时的业务有出入或缺少部分信息，可直接将其修改成所需的凭证。

方法二：在填制凭证时单击“制单”菜单下的“调用常用凭证”，在输入常用凭证的编号处单击“参照”按钮，屏幕显示常用凭证定义窗，将光标移到要调用的常用凭证，单击“选入”按钮，即可选入要调用的常用凭证。

第三节 出纳管理

出纳管理是系统为出纳人员提供的一套管理工具，它主要完成现金和银行存款日记账的输出、支票登记簿的管理，进行银行对账以及对长期未达账提供审计报告。

一、现金日记账

现金日记账功能用于查询现金日记账，现金科目必须在“会计科目”功能下的“指定科目”中预先指定。查询现金日记账的具体操作如下。

（1）单击“出纳”菜单下的“现金日记账”，屏幕显示日记账查询条件窗，在条件窗中科目范围处选择科目，然后选择查询方式，系统提供按月和按日查询两种方式，用户可选择要查询的会计月份或日期；如果用户查看包含未记账凭证的日记账，选择“包含未记账凭证”选项即可。

（2）输入查询条件后，单击“确定”按钮，屏幕显示现金日记账查询结果。

二、银行日记账

银行日记账功能用于查询银行日记账，银行科目必须在“会计科目”功能下的“指定科目”中预先指定。如要打印正式存档用的银行日记账需调用“打印银行日记账”功能打印。查询银行日记账的具体操作如下。

（1）单击“出纳”菜单下的“银行日记账”，屏幕显示日记账查询条件窗，在条件窗中科目范围处选择科目，然后选择查询方式，系统提供按月和按日查询两种方式，用户可选择要查询的会计月份或日期；如果用户查看包含未记账凭证的日记账，勾选“包含未记账凭证”选项即可。

（2）输入查询条件后，单击“确定”按钮，屏幕显示银行日记账查询结果。

三、资金日报

资金日报功能用于查询输出现金、银行存款科目某日的发生额及余额情况。单击“出纳”下的“资金日报”，进入后，屏幕显示资金日报表查询条件窗。在日期处输入需要查询日报表的日期，并选择科目显示级次，级次用于确定是显示一级科目，还是显示各级科目，如只查一级科目，级次输为1-1，否则可不输；如想包含未记账凭证，可勾选“包含未记账凭证”选项；如果想有余额无发生也显示，则勾选该选项。条件选择完成后，单击“确认”按钮，屏幕显示本日共借、本日共贷及当日余额。

四、银行对账

本系统提供的银行对账是将系统登记的银行存款日记账与银行对账单进行核对，银行对账单由用户根据开户行送来的对账单录入。

（一）录入银行对账期初

第一次使用银行对账功能前，系统要求录入日记账、对账单的期初余额及未达账项，在开始使用银行对账之后不再使用。其具体操作如下。

（1）单击“出纳”“银行对账”下的“银行对账期初录入”。

（2）输入银行科目后单击“确定”按钮，屏幕显示银行期初录入窗。

（3）在启用日期处录入该银行账户的启用日期。

（4）录入单位日记账及银行对账单的调整前余额。

（5）录入银行对账单及单位日记账期初未达项，系统将根据调整前余额及期初未达项自动计算出银行对账单与单位日记账的调整后余额。

单位日记账与银行对账单的“调整前余额”应为上次勾对时的单位银行存款科目和对账单科目的对账前余额，也即本期的期初余额；“期初未达项”分别为上次手工勾对时的未达账项；“调整后余额”分别为上次手工勾对截止日期的该银行科目日记账余额及银行存款余额。若录入正确，则单位日记账与银行对账单的调整后余额是平衡的。

（二）银行对账单

银行对账单功能用于平时录入银行对账单。选择本功能后系统要求用户指定账户（银行科目），然后用户即可录入本账户下的银行对账单。

单击“增加”按钮可增加一笔银行对账单，单击“删除”按钮可删除一笔银行对账单。单击“过滤”按钮可按条件过滤对账单供用户查询。

在此输入的结算方式同制单时所使用的结算方式可相同也可不同，但在此输入的票号应同制单时输入的票号位长相同。

此功能中显示的银行对账单为启用日期之后的银行对账单。

（三）银行对账

银行对账采用自动对账与手工对账相结合的方式。自动对账是计算机根据对账依据自动进行核对、勾销，对账依据由用户根据需要选择，方向、金额相同是必选条件，其他可选条件为票号相同、结算方式相同、日期在多少天之内。对于已核对上的银行业务，系统将自动在银行存款日记账和银行对账单双方标上两清标志，并视为已达账项，对于在两清栏未标上两清标志的记录，系统则视其为未达账项。由于自动对账是以银行存款日记账和银行对账单双方对账依据完全相同为条件，所以为了保证自动对账的正确和彻底，使用者必须保证对账数据的规范合理。例如，银行存款日记账和银行对账单的票号要统一位长，如果对账双方不能统一规范，各自为政，系统则无法识别。手工对账是对自动对账的补充，用户使用完自动对账后，可能还有一些特殊的已达账项没有对出来，而被视为未达账项，为了保证对账更彻底正确，用户可用手工对账来进行调整。

1. 自动对账

自动对账操作的具体方式如下。

（1）单击“出纳”菜单下“银行对账”下的“银行对账”，用户选择要进行对账银行科目（账户）。若选择“显示已达账”则显示已两清勾对的单位日记账和银行对账单。

（2）单击“确定”按钮，屏幕显示对账界面，左边为单位日记账，右边为银行对账单。

（3）单击“对账”按钮，屏幕显示自动对账条件窗。

（4）在截止日期处直接或参照输入对账截止日期，不输对账截止日期则将会对所有日期的账进行核对，一般单位可不输对账日期，如果用户输入对账截止日期，系统则将至截止日期前的日记账和对账单进行勾对。

（5）系统默认的对账条件为日期相差 12 天之内，结算方式、票号相同，用户可以根据业务需要确定自动对账条件。

（6）输入对账条件后，单击“确定”按钮，系统开始按照用户设定的对账条件对账，自动对账两清的记录标记“O”，且已两清的记录背景色为绿色。用户可以分别选择对账条件按不同次序对账，如对账先按票号＋方向＋金额相同进行，然后按方向＋金额相同，且先勾对日期相差 12 天的已达账进行对账。

2. 手工对账

进入对账界面后，手工对账具体操作方式如下。

（1）在单位日记账中选择要进行勾对的记录，在两清栏上双击标“Y”。

（2）在银行对账单栏上双击对应业务的两清区，标上两清标记。如果在对账单中有两笔以上记录同日记账对应，则所有对应的对账单都应标上两清标记。

3. 取消对账标志

系统提供两种取消对账标志的方式：手动取消某一笔的对账标志、自动取消指定时间内的所有对账标志。

（1）手动取消勾对：双击要取消对账标志业务的“两清”区即可。

（2）自动取消勾对：单击“取消”按钮，屏幕显示反勾对月份范围录入窗，选择要进行反对账的期间，单击“确定”按钮，系统将自动对此期间已两清的银行账取消两清标志。

（四）余额调节表查询

用户在对银行账进行两清勾对后，便可调用余额调节表查询功能查询打印《银行存款余额调节表》，以检查对账是否正确。进入此项操作，屏幕显示所有银行科目的账面余额及调整余额。

如要查看某科目的调节表，则将光标移到该科目上，然后单击“查看”按钮或双击该行，则可查看该银行账户的银行存款余额调节表。

如果余额调节表显示账面余额不平，须查看以下几处。

（1）“银行对账期初录入”中的“调整后余额”是否平衡？如不平衡请查看“调整前余额”“日记账期初未达项”及“银行对账单期初未达项”是否录入正确。如不正确请进行调整。

（2）银行对账单录入是否正确？如不正确请进行调整。

（3）“银行对账”中勾对是否正确、对账是否平衡？如不正确请进行调整。

（五）查询对账勾对情况

查询对账勾对情况功能用于查询单位日记账及银行对账单的对账结果。其具体操作方式如下。

（1）进入“银行对账”下的“查询对账勾对情况”功能。

（2）屏幕提示输入查询条件，输入要查找的银行科目，然后选择查询方式。系统提供三种查询方式供用户选择，即显示全部、显示未达账、显示已达账，系统默认显示全部。

（3）输入查询条件后，单击“确定”按钮，屏幕显示查询结果。用户可以通过单击“银行对账单”“单位日记账”页签切换显示对账情况。

（六）核销已达账

核销已达账功能用于将核对正确并确认无误的已达账删除，对于一般用户来说，在银行对账正确后，如果想将已达账删除并只保留未达账，可使用本功能。其具体操作方式如下。

（1）进入系统主菜单“银行对账”下的“核销银行账”功能，选择要核销的银行科目，单击“确定”按钮即可。

（2）如果银行对账不平衡，请不要使用本功能，否则将造成以后对账错误。按“ALT＋U”键可以进行反核销。

五、长期未达账审计

长期未达账审计功能用于查询至截止日期为止未达天数超过一定天数的银行未达账项，以便企业分析长期未达原因，避免资金损失。其具体操作方式如下。

（1）单击“银行对账”下的“长期未达账审计”，进入本功能后，屏幕显示查询条件窗。

（2）在此录入查询的截止日期，以及至截止日期未达天数超过天数。审计条件录入完成后，单击“确定”按钮，屏幕显示查询结果。用户可以通过单击“银行对账单”和“单位日记账”页签，切换显示不同查询内容。

六、支票登记

在手工记账时，银行出纳员通常建立有支票领用登记簿，用来登记支票领用情况，为此系统特为银行出纳员提供了支票登记簿功能，以供其详细登记支票领用人、领用日期、支票用途、是否报销等情况。单击系统主菜单中“出纳”下的“支票登记簿”，即可进行相关操作。同时应注意如下问题。

（1）只有在“会计科目”中设置银行账的科目才能使用支票登记簿功能。

（2）当需要使用支票登记簿时，请在“结算方式”功能中对需使用支票登记簿的结算方式打上标志。

（3）当有人领用支票时，银行出纳员须进入“支票登记”功能登记支票领用日期、领用部门、领用人、支票号、备注等。

（4）当支票支出后，经办人持原始单据（发票）到财务部门报销，会计人员据此填制记账凭证，当在系统中录入该凭证时，系统要求录入该支票的结算方式和支票号，在系统填制完成该凭证后，系统自动在支票登记簿中将该号支票写上报销日期，该号支票即为已报销。

（5）支票登记簿中的报销日期栏，一般是由系统自动填写的，但对于有些已报销而由于人为原因造成系统未能自动填写报销日期的支票，用户可进行手工填写，即将光标移到报销日期栏，然后填写报销日期。

第四节 期末业务

月末处理是指将本月所发生的经济业务全部登记入账后所要做的工作，主要包括计提、分摊、结转、对账和结账。月末是会计最为繁忙的时候，但月末的业务规律性很强，所以由计算机来处理这些规律性很强的业务，能够减少会计人员的工作量。

一、转账定义

第一次使用本系统的用户进入系统后，应先执行“转账定义”，在定义完转账凭证后，在以后的各月只需调用“转账凭证生成”即可。但当某转账凭证的转账公式有变化时，需先在“转账定义”中修改转账凭证内容，然后再进行相关操作。

转账定义就是设置凭证生成的模板，只是这种模板是以公式的形式出现的。所以设置自动转账分录就是将凭证的摘要、会计科目、借贷方向以及金额计算方法存入计算机的过程。其中金额公式的设置是关键。

“转账定义”功能提供自定义转账设置、对应结转设置、销售成本结转设置、售价销售成本结转设置、汇兑损益结转设置、期间损益结转设置和自定义比例转账设置。

（一）自定义转账设置

自定义转账设置的具体操作如下。

（1）单击“期末”下的“转账定义”，再选择其下级菜单中的“自定义转账”，出现“自定义转账”设置窗口。

（2）单击“增加”按钮，可定义一张转账凭证，屏幕弹出凭证主要信息录入窗口，如图 11-5 所示。

图 11-5 “转账目录”界面

栏目说明：

转账序号 转账序号是该张转账凭证的代号，转账编号不是凭证号，转账凭证的凭证号在每月转账时自动产生。一张转账凭证对应一个转账编号，转账编号可任意定义，但只能输入数字 1～9，字母 a～z，A～Z，不能重号。

转账说明 可单击 🔍 或按“F2”键参照常用摘要录入，亦可手工输入。

凭证类别 定义该张转账凭证的凭证类别。

（3）输入以上各项后，单击“确定”按钮，开始定义转账凭证分录信息。

栏目说明：

摘要 录入每笔转账凭证分录的摘要。

科目 录入每笔转账凭证分录的科目。

辅助核算项 当输入的科目有某辅助核算项目时，如要按某辅助核算项目进行结转，则需在此指定辅助核算项目，若此处不输，即表示按某辅助核算项目的所有科目（或有发生的科目）进行处理，对于没有辅助核算项目的科目，此处不必输入。

方向 输入转账数据发生的借贷方向。

公式 单击 🔍 可参照录入计算公式（注：对于初级用户，建议通过参照录入公式；对于高级用户，若已熟练掌握转账公式，也可直接输入转账函数公式）。

通过公式向导录入公式主要有以下三步。

第一步：在录入公式处按“F2”键或单击 🔍，屏幕显示公式向导一，如图 11-6 所示。

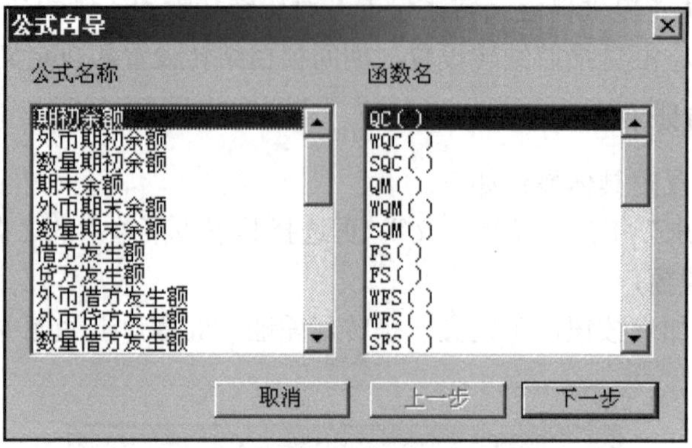

图 11-6　公式向导一

第二步：选择所需的公式后，单击“下一步”按钮，屏幕显示公式向导二。

如果选择的是账务取数函数［QM（ ）、QC（ ）、JE（ ）、FS（ ）、LFS（ ）及 JG（ ）函数］，则屏幕显示取数来源录入框，如图 11-7 所示。

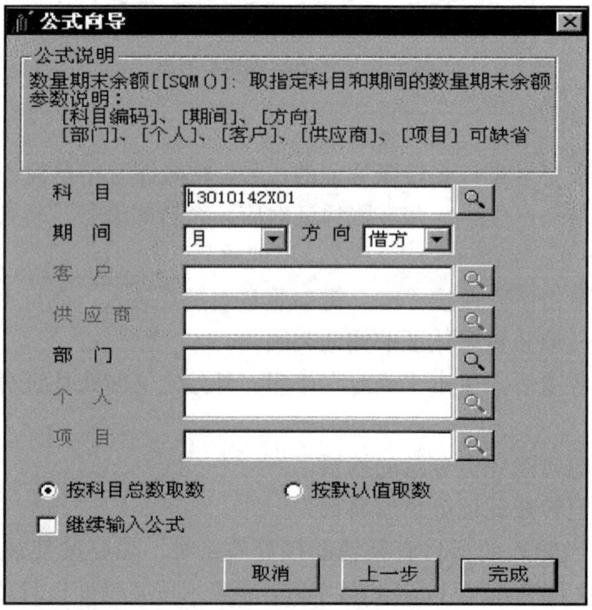

图 11-7　公式向导二

输入取数的科目、期间，并根据科目属性决定输入部门、项目、个人、客户、供应商等信息。

第三步：如果想继续输入公式，则勾选“继续输入公式”选项，选择加、减、乘、除运算符号，并单击“下一步”按钮；如果不用继续录入公式，则应单击“完成”按钮，系统将定义的结果以公式的形式表示出来。

（二）对应结转设置

对应结转不仅可进行两个科目一对一结转，还提供科目的一对多结转功能，对应结转的科目可为上级科目，但其下级科目的科目结构必须一致（相同明细科目），如有辅助核算，则两个科目的辅助账类也必须一一对应，本功能只结转期末余额。其具体操作方式如下。

（1）单击“期末”“转账定义”“对应结转”，出现如图 11-8 所示的界面。

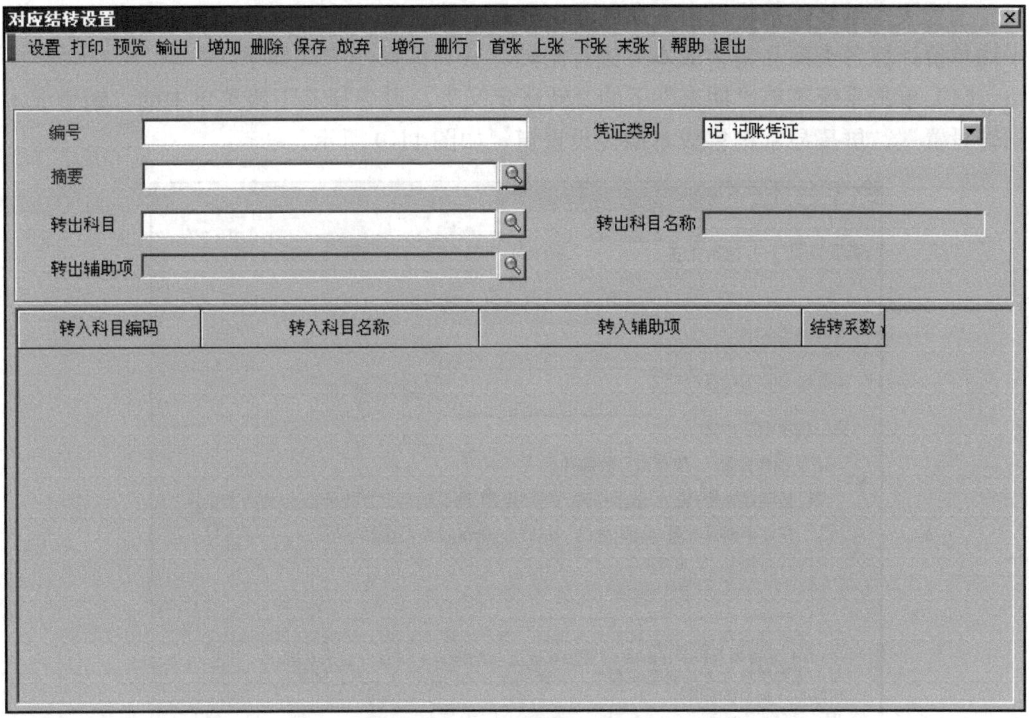

图 11-8 “对应结转设置”界面

（2）转出科目，将此科目的余额转出到转入科目中，可单击 🔍 或按“F2”键参照科目录入，有辅助项还需输入辅助项内容。

栏目说明：

转入科目 可有多个转入科目，辅助项可与转出科目不同。

结转系数 转入科目取数＝转出科目取值×结转系数，若未输入系统默认为 1。

凭证类别 结转时使用的凭证类别。

注意：

（1）一张凭证可定义多行，转出科目及辅助项必须一致，转入科目及辅助项可不相同。

（2）转出科目与转入科目必须有相同的科目结构，但转出辅助项与转入辅助项可不相同。

（3）辅助项可根据科目性质进行参照，若转出科目有复合账类，系统弹出辅助项录入窗，如该科目为部门项目辅助账类，要求录入结转的项目和部门，录入完毕后，系统用逗号分隔显示在表格中。

（4）同一编号的凭证类别必须相同。

（5）自动生成转账凭证时，如果同一凭证转入科目有多个，并且，若同一凭证的结转系数之和为1，则最后一笔结转金额为转出科目余额减当前凭证已转出的余额。

（三）销售成本结转设置

销售成本结转，是将月末商品（或产成品）销售数量乘以库存商品（或产成品）的平均单价计算各类商品销售成本并进行结转。其具体操作方式如下。

（1）单击系统菜单“期末”下的“转账定义”，再选择其下级菜单中的“销售成本结转设置”，屏幕显示销售成本结转设置窗，如图11-9所示。

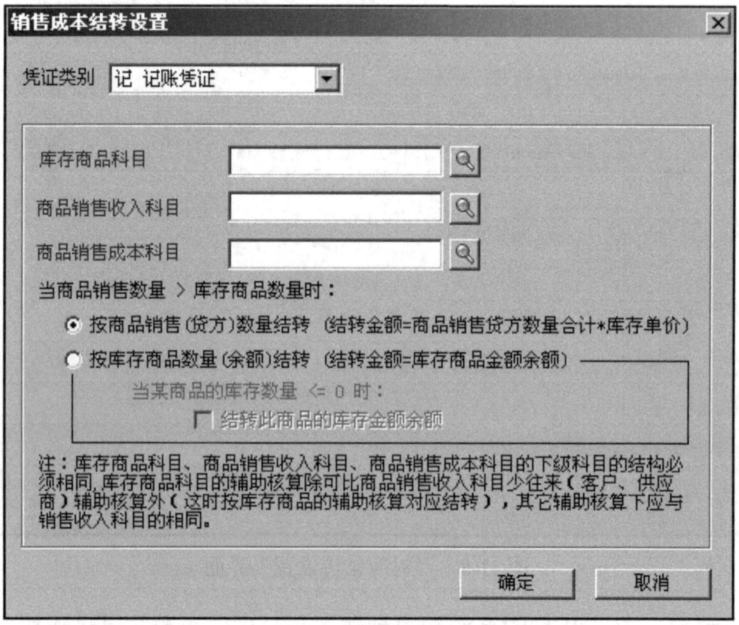

图11-9 销售成本结转设置窗

（2）可输入总账科目或明细科目，但要求这三个科目具有相同结构的明细科目，即要求库存商品科目和商品销售收入科目下的所有明细科目必须都有数量核算，且这三个科目的下级必须一一对应，输入完成后，系统自动计算出所有商品的销售成本。其中：

数量＝商品销售收入科目下某商品的贷方数量

单价＝库存商品科目下某商品的月末金额 / 月末数量

金额＝数量×单价

（3）输完科目后，进入转账凭证生成，系统将自动计算出结转月份的销售成本，并生成销售成本结转凭证。

注意：

库存商品科目、商品销售收入科目、商品销售成本科目及下级科目的结构必须相同，并且都不能带辅助账类，如果想对带辅助账类的科目结转成本，可用“自定义转账”定义。在“自定义转账”中的转账公式处做如下定义也可得到相应的销售成本（与执行“销售成本结转”功能相同）：

SFS（商品销售收入科目，月，贷）×[QM（库存商品科目，月）/SQM（库存商品科目，月）]

即 商品销售收入科目下某商品的贷方数量×（库存商品科目下某商品的月末金额 / 月末数量）

（四）期间损益结转设置

期间损益结转设置用于在一个会计期间终了将损益类科目的余额结转到本年利润科目中，从而及时反映企业利润的盈亏情况。主要是对于管理费用、销售费用、财务费用、销售收入、营业外收支等科目的结转。其具体操作方式如下。

（1）单击菜单“期末”下的“转账定义”，再选择其下级菜单中的“期间损益”，如图 11-10 所示。

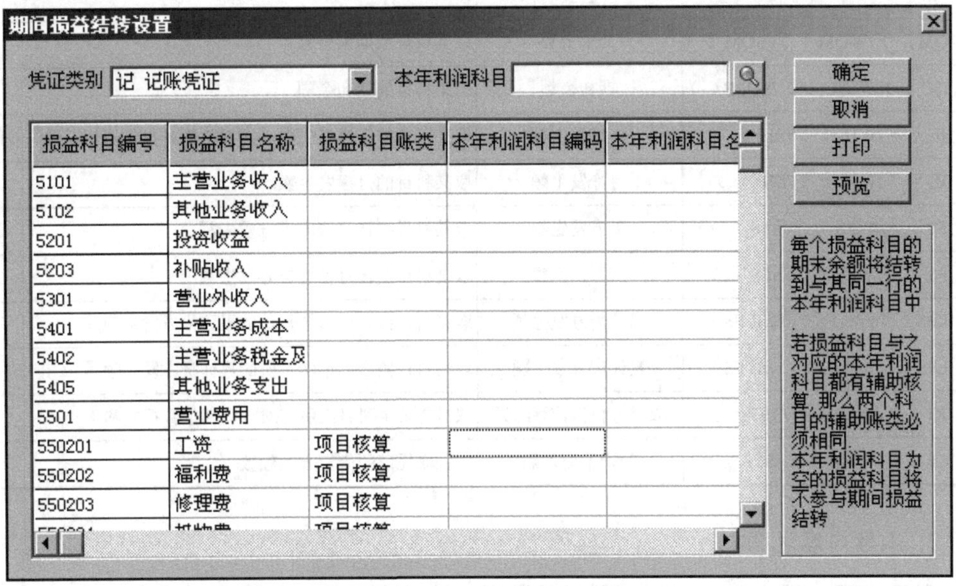

图 11-10 “期间损益结转设置”界面

（2）表格上方的本年利润科目是本年利润的入账科目，在此输入“本年利润”科目即可，如果本年利润科目又分为多个下级科目，则可在下面表格中录入，并与相应的损益科目对应。

注意：

（1）损益科目结转表中将列出所有的损益科目。如果希望某损益科目参与期间损益的结转，则应在该科目所在行的本年利润科目栏填写相应的本年利润科目，若不填本年利润科目，则将不转此损益科目的余额。

（2）损益科目结转表每一行中的损益科目的期末余额将转到该行的本年利润科目

中去。

（3）若损益科目结转表每一行中的损益科目与本年利润科目都有辅助核算，则辅助账类必须相同。

（4）损益科目结转表中的本年利润科目必须为末级科目，且为本年利润入账科目的下级科目。

（五）函数使用说明

1. 账务取数函数基本格式

函数名（科目编码，会计期间，方向，辅助项 1，辅助项 2）。

2. 财务取数函数定义

财务取数函数定义如表 11-1 所示。

表 11-1 财务取数函数定义

函数名	公式名称	说明
QM（ ）/WQM（ ）/SQM（ ）	期末余额	取某科目的期末余额
QC（ ）/WQC（ ）/SQM（ ）	期初余额	取某科目的期初余额
JE（ ）/WJE（ ）/SJE（ ）	年净发生额	取某科目的年净发生额（净发生额是指借贷相抵后的差额）
JE（ ）/WJE（ ）/SJE（ ）	月净发生额	取某科目的月净发生额
FS（ ）/WFS（ ）/SFS（ ）	借方发生额	取某科目结转月份的借方发生额
FS（ ）/WFS（ ）/SFS（ ）	贷方发生额	取某科目结转月份的贷方发生额
LFS（ ）/WLFS（ ）/SLFS（ ）	累计借方发生额	取某科目截止到结转月份的累计借方发生额
LFS（ ）/WLFS（ ）/SLFS（ ）	累计贷方发生额	取某科目截止到结转月份的累计贷方发生额
JG（ ）/WJG（ ）/SJG（ ）	取对方科目计算结果	取对方某个科目或所有对方科目的数据之和
CE（ ）/WCE（ ）/SCE（ ）	借贷平衡差额	取凭证的借贷方差额数

3. 函数内容说明

科目编码 用于确定取哪个科目的数据，科目编码必须是总账系统中已定义的会计科目编码。如果转账凭证明细科目栏的科目与公式中的科目编码相同，则公式中的科目编码可省去不写。

例：QM（ ）表示取当前分录左边科目栏定义的科目的月末余额；WQM（ ）表示取当前分录左边科目栏定义的科目的外币月末余额；SQM（ ）表示取当前分录左边科目栏定义的科目的数量月末余额。

会计期间 可输为“年”或“月”或输入 1，2，…，12。如果输入“年”则按当前会计年度取数，如果输入“月”则按结转月份取数，如果输入“1”“2”等数字时，表示取此会计月的数据。会计期可以为空，为空时默认为“月”。当输入 1～12 的数字时，代表 1～12 的会计期，而不是自然月。若要对某一具体月份进行结转，可直接在公式录入处输入公式，不能通过公式向导，如结转 3 月期初余额，直接录入公式 QC（1001，3）即可。

例：

QM（540101，月）表示取 540101 科目结转月份的月末本币余额。

FS（540101，年，借）表示取 540101 科目的借方当前年度全年本币发生额合计。

QM（540101，3）表示取 540101 科目的第 3 个会计月的月末本币余额。

QM（540101，）表示取 540101 科目结转月份的月末本币余额。

结转月份可在转账凭证生成时选择。

方向 发生额函数或累计发生额函数的方向用“J”或“j”或“借”或“Dr”（英文借方缩写）表示借方；用“D”或“d”或“贷”或“Cr”（英文贷方缩写）表示贷方。

例：

FS（410101，月，J） 表示取 410101 科目的结转月份借方发生额。

FS（410101，月，D）表示取 410101 科目的结转月份贷方发生额。

SFS（113501，月，Dr）表示取 113501 科目的结转月份借方发生数量。

LFS（510101，7，贷）表示取 510101 科目的截止到 7 月的贷方累计发生数。

辅助项 当科目为辅助核算科目（科目账类设为辅助核算）时，可以指定辅助项取数。如果科目有两种辅助核算，则可输入两个末级辅助项。辅助项可输入编码也可输入名称，或者输入“×”，也可以不输入。

如果输入辅助项，则按所输入的辅助项取数，如果输入“×”，则取科目总数，如果不输入，则按当前分录左边各辅助项栏中定义的辅助项取数。

如果科目有两种辅助核算，则这两个辅助项在公式中的排列位置必须正确，否则系统将无法正确结转。五种辅助项在公式中的先后顺序为：客户供应商，部门，个人，项目。

例：

（1）410501 为部门核算科目，一车间为某明细级部门。则

QM（410501，月，一车间）表示取一车间 410501 科目的期末余额。

QM（410501，月，×）表示取 410501 科目的各部门期末余额的总余额。

QM（410501，月 ）表示取当前分录所定义的转账发生部门的期末余额。

（2）113301 为个人往来科目，则

QM（113301，月，一车间，张三）表示取一车间的张三 113301 科目的期末余额。

QM（113301，月，×，×）表示取 113301 科目的个人期末余额的总余额。

QM（113301，月，一车间，×）表示取 113301 科目的属于一车间的个人期末余额的总余额。

QM（113301，月）表示取当前分录所定义的转账发生个人的期末余额。

（3）550201 为部门项目科目，则

QM（550201，月，部门一，项目一）表示取部门一项目一下 550201 科目的期末余额。

QM（550201，月，×，×）表示取 550201 科目的各部门各项目期末余额的总余额。

QM（550201，月，部门一，×）表示取 550201 科目部门一下各项目期末余额的总

余额。

QM（550201，月，×，项目一）表示取550201科目项目一下各部门期末余额的总余额。

QM（550201，月）表示取当前分录所定义的转账发生部门、项目的期末余额。

4. 函数使用需注意的问题

（1）若启用了应收、应付系统，且公式中的科目为纯客户、供应商核算的科目，那么，将不能按照客户、供应商取数，只能按该科目取数。例如，113101为客户往来科目，则只能输入QM(113101，月，×)，而不能输入QM(113101，月，客户一)或QM(113101，月，)，否则将取不到数据。

（2）以上本币取数函数与数量、外币取数函数可用“加、减、乘、除”及括号组合使用，加、减、乘、除分别用符号＋、－、×、/ 表示。例如，510101为商品销售收入科目，1243为库存商品科目，则输入以下公式SFS（510101，月）×[QM（1243，月）/ SQM（1243，月）]即可求出当月的商品销售成本。

（3）结果函数所在的转账分录若有辅助核算，则必须定义具体的辅助项。

（4）一张凭证中最多定义一个差额函数。

（5）一张凭证可以定义多个结果函数，但必须在同一方向。如果输入 JG（科目）则表示取转账中对方该科目发生数合计，如果输入JG（zzz）或JG（ZZZ）或JG（ ）则表示取对方所有发生数合计。

（6）一张凭证可同时定义结果函数与差额函数，但必须在同一方向。

（7）如果一张凭证有差额函数，则在转账生成时总是最后执行差额函数。

二、转账生成

在定义完转账凭证后，每月月末只需执行本功能即可快速生成转账凭证，在此生成的转账凭证将自动追加到未记账凭证中去。转账生成操作的具体方式如下。

（1）单击“期末”下的“转账生成”。

（2）选择要进行的转账工作（如自定义转账、对应结转等）、要进行结转的月份和要结转的凭证。

（3）选择完毕后，单击“确定”按钮，屏幕显示将要生成的转账凭证。

（4）若凭证类别、制单日期、附单据数及凭证内容与实际情况略有出入，可直接在当前凭证上进行修改。

（5）当确定系统显示的凭证是希望生成的转账凭证时，单击“保存”按钮将当前凭证追加到未记账凭证中。

注意：

由于转账是按照已记账凭证的数据进行计算的，所以在进行月末转账工作之前，请先将所有未记账凭证记账，否则，生成的转账凭证数据可能有误。

三、对账

对账是对账簿数据进行核对，以检查记账是否正确，以及账簿是否平衡。它主要是通过核对总账与明细账、总账与辅助账数据来完成账账核对。一般说来，实行计算机记账后，只要记账凭证录入正确，计算机自动记账后各种账簿都应是正确、平衡的，但由于非法操作或计算机病毒或其他原因有时可能会造成某些数据被破坏，因而引起账账不符。为了保证账证相符、账账相符，用户应经常使用本功能进行对账，至少一个月一次。一般可在月末结账前进行。进入系统时，隐藏了“恢复记账前状态”功能，如要使用必须进入此功能按“Ctrl＋H”键激活该功能。对账的具体操作方式如下。

（1）单击系统菜单“期末”下的“对账”，屏幕显示如图 11-11 所示。

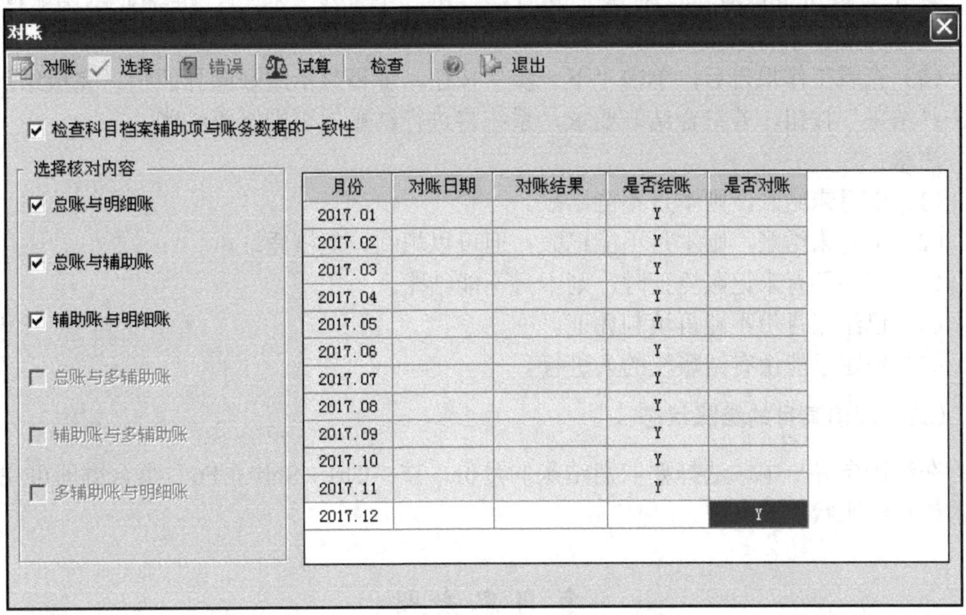

图 11-11 “对账”界面

（2）双击要进行对账月份的是否对账栏，或将光标移到要进行对账的月份，单击“选择”按钮，选择对账月份。

（3）选择总账与哪些辅助账进行核对。如若只想核对总账与部门账，则单击“核对总账与部门账”按钮即可。

（4）单击“对账”按钮，系统开始自动对账。这一操作可能需要一定时间，请耐心等待。在对账过程中，单击“对账”按钮可停止对账。

（5）若对账结果为账账相符，则对账月份的对账结果处显示“正确”，若对账结果为账账不符，则对账月份的对账结果处显示“错误”，单击“错误”按钮可查看引起账账不符的原因。

（6）单击“试算”按钮，可以对各科目类别余额进行试算平衡。单击“打印”按钮，可打印试算平衡表。

四、结账

（一）结账操作

在手工会计处理中，都有结账的过程，在计算机会计处理中也应有这一过程，以符合会计制度的要求，因此本系统特别提供了结账功能。结账只能每月进行一次，其操作方式如下。

（1）单击菜单“期末”下的“结账”进入此功能，屏幕显示结账向导一——选择结账月份。单击要结账月份。

（2）选择结账月份后单击“下一步”按钮，屏幕显示结账向导二——核对账簿。

（3）单击“对账”按钮，系统对要结账的月份进行账账核对。在对账过程中，可单击“停止”按钮中止对账；对账完成后，单击“下一步”按钮，屏幕显示结账向导三——月度工作报告。若需打印，则单击“打印月度工作报告”。

（4）查看工作报告后，单击“下一步”按钮，屏幕显示结账向导四——完成结账。单击“结账”按钮，若符合结账要求，系统将进行结账，否则不予结账。

注意：

（1）上月未结账，则本月不能结账。

（2）上月未结账，则本月不能记账，但可以填制、复核凭证。

（3）本月还有未记账凭证时，则本月不能结账。

（4）已结账月份不能再填制凭证。

（5）结账只能由有结账权的人进行。

（二）取消某月的结账状态

在结账向导一中，选择要取消结账的月份，按“Ctrl＋Shift＋F6”组合键即可完成取消该月结账状态的操作。

复习思考题

1. 删除一张未记账凭证有哪几个步骤？
2. 如何恢复激活记账前状态？
3. 账务取数函数的基本格式是什么？
4. 录入银行对账期初数的意义是什么？
5. 什么原因可能产生银行存款余额调节表不平？
6. 对于总账系统来说，为什么至少需要两个操作员？
7. 什么是凭证序时控制？
8. 凭证编号方式有哪两种？
9. 简述总账子系统的处理流程。
10. 总账子系统与其他系统有什么样的关系？
11. 取消记账有哪几个步骤？

第十二章

UFO 报 表

会计报表管理系统是会计信息系统中的一个子系统，它为企业内部各管理部门及外部相关部门提供综合反映企业一定时期财务状况、经营成果和现金流量的会计信息。

用友 UFO 报表系统是报表事务处理的工具，利用 UFO 报表系统既可编制对外报表，又可编制各种内部报表。它的主要任务是设计报表的格式和编制公式，从总账系统或其他业务系统中取得有关会计信息自动编制各种会计报表，对报表进行审核、汇总、生成各种分析图，并按预定格式输出各种会计报表。

UFO 报表系统是真正的三维立体表，提供了丰富的实用功能，完全实现了三维立体表的四维处理能力。

UFO 报表的主要功能有文件管理、格式管理、数据处理、图表功能、打印功能和二次开发，提供各行业报表模板。本章主要介绍了 UFO 报表的基本概念、格式设计、数据处理和报表模板使用的工作原理与操作方法。

【重要概念】 格式状态　数据状态　单元　关键字

第一节　UFO 报表概述

本节介绍一下有关 UFO 报表的概念。

一、格式状态和数据状态

UFO 报表将含有数据的报表分为两大部分来处理，即报表格式设计工作与报表数据处理工作。报表格式设计工作和报表数据处理工作是在不同的状态下进行的。实现状态切换的是一个特别重要的按钮——“格式/数据”按钮，单击这个按钮可以在格式状态和数据状态之间进行切换。

（一）格式状态

在格式状态下设计报表的格式，如表尺寸、行高列宽、单元属性、组合单元等。报表的单元公式（计算公式）、审核公式、舍位平衡公式也在格式状态下定义。

在格式状态下所做的操作对 UFO 报表所有的表页都发生作用。在格式状态下不能进行数据的录入、计算等操作。在格式状态下，所看到的是报表的格式，报表的数据全部都隐藏了，并且不能得到。

（二）数据状态

在数据状态下管理报表的数据，如输入数据、增加或删除表页、审核、舍位平衡、做图形、汇总等。在数据状态下不能从根本上修改报表的格式。在数据状态下，看到的是报表的全部内容，包括格式和数据。

二、单元

单元是组成报表的最小单位，单元名称由所在行、列标识。行号用数字 1～9999 表示，列标用字母 A-IU 表示。例如，D22 表示第 4 列第 22 行的单元。单元有以下三种类型。

（一）数值单元

数值单元是报表的数据，在数据状态下（格式/数据按钮显示为“数据”时）输入。数值单元的内容可以是 1.7×（10E－308）～1.7×（10E＋308）之间的任何数（15 位有效数字），数字可以直接输入或由单元中存放的单元公式运算生成。建立一个新表时，所有单元的类型缺省为数值。

（二）字符单元

字符单元是报表的数据，在数据状态下（格式/数据按钮显示为“数据”时）输入。字符单元的内容可以是汉字、字母、数字及各种键盘可输入的符号组成的一串字符，一个单元中最多可输入 63 个字符或 31 个汉字。字符单元的内容也可由单元公式生成。

（三）表样单元

表样单元是报表的格式，是定义一个没有数据的空表所需的所有文字、符号或数字。一旦单元被定义为表样，那么在其中输入的内容对所有表页都有效。表样在格式状态下（格式/数据按钮显示为“格式”时）输入和修改，在数据状态下（格式/数据按钮显示为“数据”时）不允许修改。一个单元中最多可输入 63 个字符或 31 个汉字。

三、组合单元

由相邻的两个或更多的单元组成，这些单元必须是同一种单元类型（表样、数值、字符），UFO 在处理报表时将组合单元视为一个单元。

可以组合同一行相邻的几个单元，也可以组合同一列相邻的几个单元，还可以把一个多行多列的平面区域设为一个组合单元。

组合单元的名称可以用组成组合单元的区域中任何一个单元的名称来表示。例如把B2到B3定义为一个组合单元，这个组合单元可以用“B2”“B3”或“B2：B3”来表示。

四、区域

区域由一张表页上的一组单元组成，自起点单元至终点单元是一个完整的长方形矩阵。在UFO报表中，区域是二维的，最大的区域是一个二维表的所有单元（整个表页），最小的区域是一个单元。

五、表页

一个UFO报表最多可容纳99 999张表页，每一张表页是由许多单元组成的。一个报表中的所有表页具有相同的格式，但其中的数据不同。表页在报表中的序号在表页的下方以标签的形式出现，称为“页标”。页标用“第1页”到“第99 999页”表示。

六、报表的大小

行数：1～9999（缺省值为50行）
列数：1～255（缺省值为7列）
行高：0～480（缺省值为15）
列宽：0～640（缺省值为75）
表页数：1～99 999（缺省值为1）

七、固定区和可变区

固定区是组成一个区域的行数和列数的数量是固定的数目。一旦设定好，在固定区域内其单元总数是不变的。

但在许多情况下，报表内的记录数是不固定的，不能确定表的大小。例如一个图书馆的藏书目录，如果每次买进新书都要修改整个表的大小会很麻烦。这时就可以在报表中设置一个可变区来解决这个问题。

可变区是指屏幕显示一个区域的行数或列数是不固定的数字，可变区的最大行数或最大列数是在格式设计中设定的。

在一个报表中只能设置一个可变区，或是行可变区或是列可变区，行可变区是指可变区中的行数是可变的，列可变区是指可变区中的列数是可变的。

设置可变区后，在格式状态下屏幕只显示可变区的第一行或第一列，其他可变行列隐藏在表体内。在以后的数据操作中，可变行列数随着需要而增减。

八、关键字

一个UFO 报表的各个表页代表着不同的经济含义，如主管单位把其100个下属单位的利润表组成一个报表文件，每个单位的利润表占一张表页。为了在这100张表页中迅速找到特定的单位，就有必要给每张表页设置一个标记，如把单位名称设为标记。这个标记就是关键字。

关键字是游离于单元之外的特殊数据单元，可以唯一标识一个表页，用于区别并选择表页，为多维操作起“关键字”的作用。

UFO 报表共提供了以下六种关键字，关键字的显示位置在格式状态下设置，关键字的值则在数据状态下录入，每个报表可以定义多个关键字。

栏目说明：

单位名称 字符型（最大 30 个字符），该报表表页编制单位的名称。

单位编号 字符型（最大 10 个字符），该报表表页编制单位的编号。

年 数字型（1904～2100），该报表表页反映的年度。

季 数字型（1～4），该报表表页反映的季度。

月 数字型（1～12），该报表表页反映的月份。

日 数字型（1～31），该报表表页反映的日期。

九、筛选

筛选是在执行 UFO 报表的命令或函数时，根据用户指定的筛选条件，对报表中每一个表页或每一个可变行（列）进行判断，只处理符合筛选条件的表页或可变行（列）；不处理不符合筛选条件的表页或可变行（列）。

筛选条件分为表页筛选条件和可变区筛选条件。表页筛选条件指定要处理的表页，可变区筛选条件指定要处理的可变行或可变列。

筛选条件跟在命令、函数的后面，用“FOR <筛选条件>”来表示。

例：某企业 1995 年全年的费用表存在一个报表文件中，每个月的费用表占一张表页，共 12 张表页。

LET A10=“下半年” FOR 月>5

表示给 6、7、8、9、10、11、12 月表页的 A10 单元赋值为“下半年”，其他的表页的 A10 单元不变。

十、关联

UFO 报表中的数据有着特殊的经济含义，因此报表数据不是孤立存在的，一张报表中不同表页的数据或多个报表中的数据可能存在这样或那样的经济关系或钩稽关系，要根据这种对应关系找到相关联的数据进行引用，就需要定义关联条件。UFO 在多个报表之间操作时，主要通过关联条件来实现数据组织。

关联条件跟在命令、函数的后面，用“RELATION <关联条件>”来表示。如果有筛选条件，则关联条件应跟在筛选条件的后面。

要分析 8 月的资金占用和收入费用情况，应该对 8 月的“资金平衡表”表页和 8 月的“利润表”表页中的有关数字进行分析，不能将 8 月的“资金平衡表”表页同 10 月的“利润表”表页中的有关数字进行比较。

定义关联条件“月=8”可建立“资金平衡表”和“利润表”两报表间的对应关系。在 8 月的“资金平衡表”表页要引用 8 月的“利润表”表页中的数字时，UFO 报表根据关联条件“月=8”，找到 8 月的“利润表”表页，这样引用来的数字才是有意义的。

RELATION 月 WITH “ZJB”->月

表示在“ZJB”表中，找到和本表当前表页的关键字“月”的值相等的表页。

第二节 UFO 报表格式设计

一张报表的定义包括两部分：格式和数据，格式要求各表页是相同的，而数据则是不同的，定义一张报表首先要定义格式。

一、启动 UFO 报表

单击“财务会计”中的“UFO 报表”进入报表系统，单击“文件”中的“新建”命令或单击新建图标后，建立一个空的报表，系统自动命名为“report1”并进入格式状态。这时可以在这张报表上设计报表格式。

二、设计表样

设计表样主要包括设计报表的表格，输入报表的项目，以及定义项目的显示风格，定义单元属性。还可按照需要确定整张报表的大小和外观。

表样设置主要包括设置表尺寸、定义行高和列宽、画表格线和单元属性等项目。

（一）设置表尺寸

设置表尺寸指的是设置报表的行数和列数。

例：设置一个如报表实验要求的资产负债表，42 行 8 列的报表。

操作步骤：

（1）选择“格式”菜单中的“表尺寸”命令，打开对话框，如图 12-1 所示。

图 12-1 “表尺寸”对话框

（2）在“行数”输 42，在“列数”输 8，单击“确认”按钮。

（二）设置行高和列宽

设置完表尺寸后，需要对行高度和列的宽度进行调整，以适应需要。

例：将报表的第 1 行行高设为 10 mm。

各列列宽为：

A：60　B：10　C：35　D：35

E：60　F：10　G：35　H：35

操作步骤：

（1）将光标移动到第 1 行，单击“格式”菜单中的“行高”命令，打开“行高”对话框。

（2）在“行高”处输入 10 后单击“确认”按钮。

（3）将光标移动到第 A 列，单击“格式”菜单中的“列宽”命令，打开“列宽”对话框。

（4）在“列宽”内输入 60 后单击“确认”按钮。

其他各列可按上述步骤进行调整。

（三）画表格线

一张报表是需要画线的，新建的报表虽有行列的标识，但事实上是空白的。所以还需画线。

例： 为 A4：H42 画网线。

操作步骤：

（1）选取 A4：H42 区域。

（2）单击“格式”菜单中的“区域画线”，将弹出如图 12-2 所示的对话框。

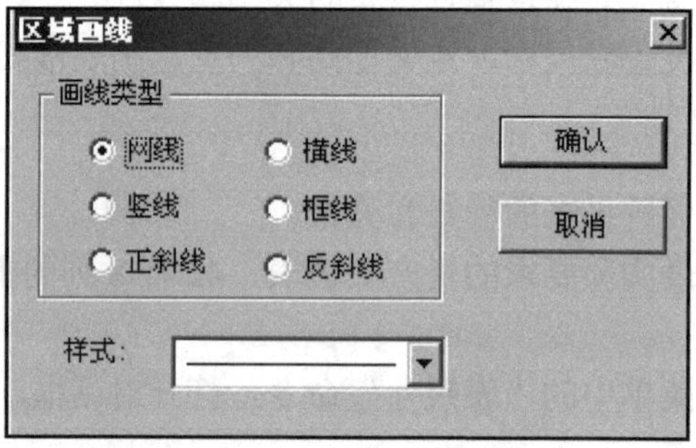

图 12-2 “区域画线”对话框

（3）选择所需的画线类型，在对话框中单击“确认”按钮。

“区域画线”功能提供了许多种“画线类型”和“样式”，可以单击选取，如果画完的线需删除，在样式处选择空白的线型即可。

（四）设置组合单元

有些内容如标题，编制单位和报表的一些较为特殊的信息可能一个单元容纳不下，或输入一个单元不美观，需要将几个单元合并成一个单元。

组合单元实质上是一个大单元，任何对单元的操作均对它有效；若要取消所定义的组合单元，可以在“组合单元”对话框中单击“取消组合”按钮实现。

例： 在报表中将 B1：F1 设置组合单元。

操作步骤：

（1）选取 B1：F1 区域。

（2）单击“格式”菜单中的“组合单元”，将弹出如图 12-3 所示的对话框，在对话框中单击“整体组合”按钮，即可完成操作。

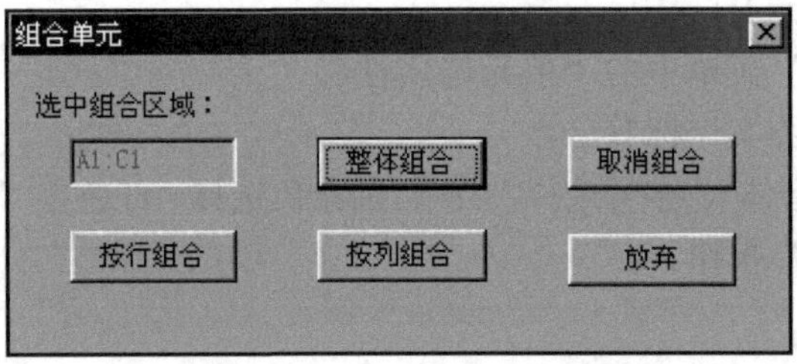

图 12-3 “组合单元”对话框

（五）设置单元属性

单元属性包括单元类型、数字格式、边框样式等内容的设置。

1. 设置单元类型

设置单元类型就是将单元定义为数值、字符和表样单元的过程，对于一张空白表格，在定义之前默认的都是数值型。

例：将 C6：D42，G6：H42 设为数值型，数字格式为逗号，不保留小数位。

操作步骤：

（1）选取 C6：D42 区域。

（2）单击“格式”菜单中的“单元格属性”，出现如图 12-4 所示的对话框。

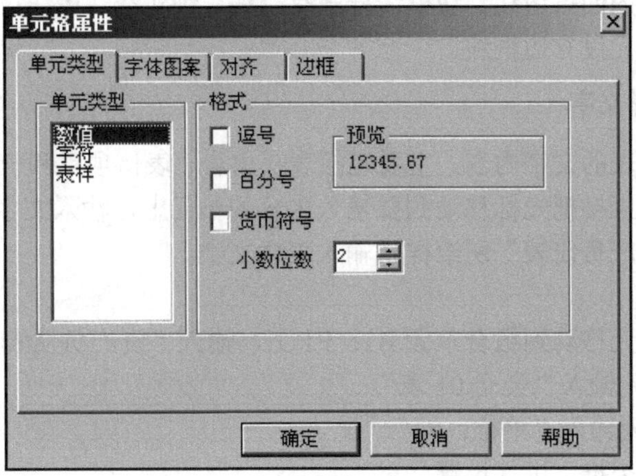

图 12-4 “单元格属性”对话框

（3）在“单元类型”选“数值”，“格式”中勾选“逗号”，“小数位数”选“0”，单击“确定”按钮。

G6：H42 的设置重复以上各步。

2. 设置字体图案

为了使报表美观，且具可读性，对字体和图案进行设置。

例：按字体为“楷体”，字号为 18，背景色为蓝，前景色为红的标准设置 B1：F1。

操作步骤：

（1）选取组合单元 B1：F1。

（2）单击“格式”菜单中的“单元格属性”。

（3）选择“字体图案”标签。

（4）字体选择“楷体”，字号选择“18”，前景色选择“红色”，背景色选择为“蓝色”。

（5）单击“确定”按钮。

3. 设置对齐格式

对齐设置是指设置单元内容在单元中的位置。

例：将 B1：F1 的单元风格设置为水平方向“居中”和垂直方向“居中”；

将 A4：H4 的单元风格设置为水平方向“居中”和垂直方向“居中”；

将 H2：H3 的单元风格设置为水平方向“居右”。

操作步骤：

（1）选取组合单元 B1：F1。

（2）单击“格式”菜单中的“单元格属性”。

（3）选择“对齐”标签。

（4）水平方向选择“居中”，垂直方向选择“居中”。

按同样的步骤可设置 A4：H4、H2：H3 单元。

4. 设置边框

边框线指单元的四条边线。边框线样式有空线、细实线、虚线、粗实线等八种，缺省线型为空，即单元没有边框线。

（六）输入表样文字

表样文字指报表的文字内容，主要包括表头内容、表体项目和表尾项目等。输入表样文字较为简单，直接把光标移动到要输入内容的单元上，输入文字即可。

例：依照“资产负债表”所给样式输入表样文字。

操作步骤：

（1）把当前单元移动到组合单元 B1：F1 上，输入“资产负债表”。

（2）在 H2 单元输入“会企 01 表”。

（3）在 H3 单元输入“单位：元”。

其他单元以此类推，进行设置。

三、设置关键字

UFO 报表共提供了单位名称、单位编号、年、季、月、日六种关键字，关键字的显示位置在格式状态下设置，关键字的值在数据状态下录入，每个报表可以定义多个关键字。

（一）定义关键字

例：为资产负债表设置“单位名称”“年”“月”关键字。

操作步骤：

（1）将光标移到 A3 单元。

（2）单击“数据”菜单下“关键字”中的“设置”，出现如图 12-5 所示的对话框。

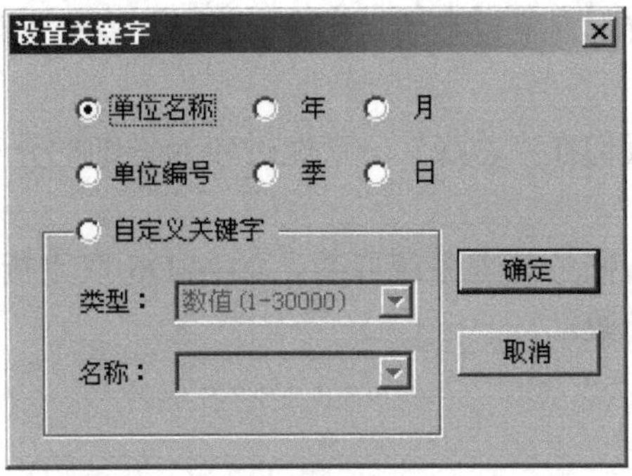

图 12-5 “设置关键字”对话框

（3）选择“单位名称”后，单击“确定”按钮，在选定单元中显示关键字名称为红色。

（4）选择 E3 单元为当前单元。

（5）单击“数据”菜单下“关键字”中的“设置”。

（6）选择“年”后，单击“确定”按钮。

（7）依然选择 E3 为当前单元，选择“关键字”中的“设置”，选择“月”后确定。

（二）偏移关键字

如果在一个单元中设置多个关键字，可以通过偏移来调整关键字的位置。

例：将上例中的关键字“年”向前调整 30 mm。

操作步骤：

（1）单击“数据”菜单中“关键字”中的“偏移”命令。

（2）在“年”中输入“−30”后单击“确定”按钮，则年向前移动了 30 mm。

（三）取消关键字

一个已经设置的关键字不再使用时，可以取消。

单击“数据”菜单下“关键字”中的“取消”，弹出“取消关键字”对话框。选取要取消的关键字，单击“确定”按钮，则该关键字被取消。

四、编辑公式

会计报表的变动单元内容会随编制单位和时间的不同而不同，但其获取数据的来源和计算方法是相对稳定的。报表管理系统依据这一特点设计了“编辑公式”功能。

报表公式分为“单元公式”“审核公式”“舍位公式”三种。

（一）单元公式

“单元公式”主要是为报表单元赋值的公式，可以从账务处理系统取数，也可从报表本身取数并进行表间数据的运算。

1. 账务取数公式

账簿数据是报表数据的主要来源，账务取数函数架起了报表系统和总账等其他系统之间的桥梁。账务取数可实现报表系统从账簿、凭证中采集各种会计数据生成报表，实现账表一体化。

关于账务取数函数我们在“总账”一章做过较为详细的介绍，下面举例说明其在报表系统中的使用。

例：为资产负债表从账务处理系统取数，如为 D6 取“货币资金”期末数；为 H6 单元取“短期借款”期末数。

（1）直接输入公式。

操作步骤：

① 选定要输入公式的单元，如选中 H6 单元。

② 按“＝”键或单击“fx”按钮，弹出“定义公式”对话框。

③ 在“定义公式”对话框内直接输入“qm”（“2101”，月，贷）。

④ 单击“确认”按钮。

（2）利用公式向导输入。

操作步骤：

① 选定要输入公式的单元，如选中 D6 单元。

② 按“＝”键或单击“fx”按钮，弹出“定义公式”对话框。

③ 单击函数向导，弹出“函数向导”对话框。

④ 左侧窗口选择“用友账务函数”，右侧窗口选择“期末”，双击。

⑤ 弹出“函数参照”窗口，在科目处选择“1001”，其余可以默认，单击“确定”按钮。

⑥ 在“定义公式”对话框内输入 “现金”的期末取数公式，输入“＋”再单击“函数向导”输入“银行存款”的取数公式，再输入“＋”，用函数向导输入“其他货币资金”的取数公式。

⑦ 单击“确认”按钮，完成货币资金取数公式的输入。

2. 表页内统计公式

（1）利用统计函数。表页内部统计公式用于求和、求平均值、计数等，常用的公式如表 12-1 所示。

表 12-1 常用表内统计公式

PTOTAL（ ）	求区域内单元的总和
PAVG（ ）	求区域内单元和平均值
PCOUNT（ ）	计算区域包括多少单元
PMAX（ ）	得出所表示区域的最大值
PMIN（ ）	得出所表示区域的最小值

例：在 D19 单元求“流动资产”合计数，即 D5 到 D18 的合计数。

操作步骤：

① 移动光标到 D19 单元。

② 按“＝”键或单击“fx”按钮，弹出“定义公式”对话框。

③ 在对话框内输入“PTOTAL（D5：D18）”。

（2）直接输入计算公式。如果表页内有数字对应关系，可以直接输入公式。

例：D27 等于 D25 减去 D26。

操作步骤：

① 移动光标到 D27 单元。

② 按“＝”键或单击“fx”按钮，弹出“定义公式”对话框。

③ 在对话框内输入“D27＝ D25- D26”。

（二）审核公式

在经常使用的各类财经报表中的每个数据都有明确的经济含义，并且各个数据之间一般都有一定的勾稽关系。如在一个报表中，小计等于各分项之和；而合计又等于各个小计之和，等等。在实际工作中，为了确保报表数据的准确性，我们经常用这种报表之间或报表之内的勾稽关系对报表进行勾稽关系检查。一般来讲，我们称这种检查为数据的审核。

UFO 系统对此特意提供了数据的审核公式，它将报表数据之间的勾稽关系用公式表示出来，称之为审核公式。

1. 审核公式的定义

审核公式的格式：

<算术表达式 ><逻辑运算符><算术表达式> MESSAGE“<提示信息>”

逻辑运算符有：=、>、<、<=、>=、<>。

这里的“＝”不是赋值，而是等号两边的值要相等。

例：资产负债表中“资产合计”要等于“负债及所有者权益合计”，即 D42 单元的数值要与 H42 单元的数值相等。

审核公式：D42＝H42 MESS“资产与负债不平”

2. 审核公式的录入

例：将上述审核公式录入。

操作步骤：

（1）执行“数据”菜单下“编辑公式”中的“审核公式”命令，打开“审核公式”对话框。

（2）在“审核关系”对话框内输入“D42＝H42 MESS‘资产与负债不平’”，单击“确定”按钮。

五、保存报表

报表格式设置完成后，应将其保存起来。

例：将报表保存为“资产负债表”。

操作步骤：

（1）单击“保存”按钮或“文件”菜单中的“保存”命令，打开“另存为”对话框。

（2）选择保存路径。

（3）输入“资产负债表”文件名，单击“另存为”按钮保存。

第三节 报表数据处理

报表数据处理主要包括生成报表数据、审核报表数据等工作，数据处理必须在数据状态下进行。处理时，计算机会根据已定义的单元公式、审核公式自动进行取数、审核等操作。

报表数据处理一般是针对某一特定表页进行的，因此，在数据处理时还涉及表页的操作，如增加、删除、插入、追加表页等。

报表的数据包括报表单元的数值、字符和游离于单元之外的关键字。数值单元只能接收数字，而字符单元既能接收数字又能接收字符。

一、进行数据状态

单击“数据/格式”切换按钮进入“数据”状态。

如果打开的是一个保存过的报表，那么自动进入“数据”状态。

二、录入关键字的值

关键字可以唯一标识一个表页，关键字的值和表页中的数据是相关联的，所以要在数据状态下在每张表页上录入关键字的值。

设置关键字是为了在大量表页中找到特定的表页，因此每张表页上的关键字的值最好不要完全相同。如果有两张关键字的值完全相同的表页，则利用筛选条件和关联条件寻找表页时，只能找到第一张表页。

例：录入关键字的内容，单位名称是“大大股份有股公司”，年份为“2017”，月份为“12”。

操作步骤：

（1）单击“格式/数据”按钮，进入数据状态。

（2）单击“数据”菜单中的“关键字”，在下拉菜单中单击“录入”，将弹出如图12-6所示的对话框。

（3）在“年”“月”“季”“日”编辑框中显示系统时间，年份可以直接录入“2017”，月份可以直接录入“12”。未定义的关键字编辑框为灰色，不能输入内容。确认后，关键字的值显示在相应的关键字所在单元中，本例在“单位名称”处录入“大大股份有限公司”。

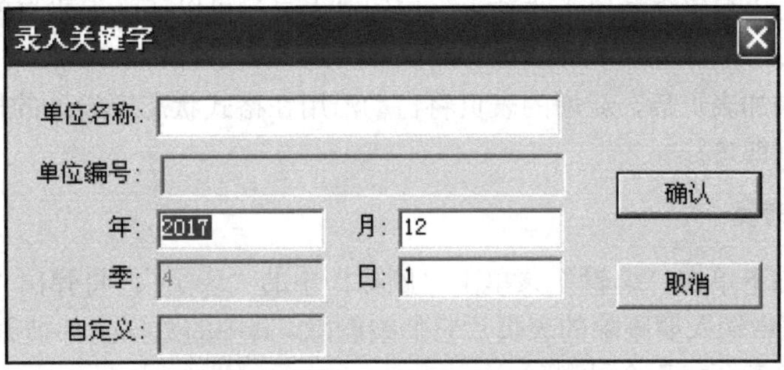

图 12-6 “录入关键字”对话框

（4）如果要修改关键字的值，重复以上三步即可。

录入和修改关键字的值后，都会引发报表内单元公式的重计算。如果不想重计算，在弹出的“确认计算”对话框中选“否”即可。

三、录入报表数据

在报表格式设计中我们已经定义了各单元的单元类型，表样类型单元是报表格式的一部分，在格式设计状态下已经录入完毕，在数据处理状态下不能改变它们。当前单元移动到表样单元上时，编辑栏将变灰色，不能输入。

在格式设计时定义了单元公式的单元，在数据处理状态下将显示单元公式的结果，编辑栏变灰并显示单元公式，不能在其中输入新的数据。

在数据状态下录入数值单元和字符单元的内容，它们都是报表的数据。

移动当前单元到要录入或修改的单元，输入内容，回车或按光标移动键后输入数据写入单元中。按“Esc”键则放弃当前输入的内容。

也可使用屏幕上端的编辑框录入或修改单元数据。

四、执行审核

在数据处理状态中，当报表数据录入完毕或进行修改后，应对报表进行审核，以检查报表各项数据钩稽关系的准确性。进入数据处理状态，单击“数据”菜单下的“审核”命令。

系统按照审核公式逐条审核表内的关系，当报表数据不符合钩稽关系时，屏幕上出现提示信息，记录该提示信息后按任意键继续审核本表页内的其余公式。按照记录的提示信息修改报表数据，重新进行审核，直到在屏幕底部的状态栏中出现“审核完全正确”提示信息，表示该报表各项钩稽关系正确。

五、增加、删除表页

（一）追加和插入表页

在数据状态下，单击“编辑”菜单下“追加”中的“表页”可以在报表的最后增加新的表页；单击“编辑”菜单下“插入”中的“表页”可以在当前表页的前面插入新的表页。

在报表中增加表页后，新增的表页将自动沿用在格式状态下设计的报表格式，直接在其中输入数据即可。

（二）删除表页

在数据状态下单击“编辑”菜单下“删除”中的“表页”，将弹出“删除表页”对话框，在对话框中输入要删除的表页后它们被删除。其中的数据全部被删除，不能恢复。报表的格式和单元公式不会被删除。

在对话框中如果不输入任何内容直接确认，则删除当前表页。

可以同时删除多张表页，多个表页号之间用逗号隔开。例如输入“1，3，10”则删除第 1 页、第 3 页和第 10 页。

如果要删除符合删除条件的表页，在“删除条件”编辑框中输入删除条件，或者利用“条件”按钮定义删除条件。

想要删除表页号大于 3 的表页，则定义删除条件：“MREC（ ）>3”。

想要删除第 10 页到第 50 页，则定义删除条件：“MREC（ ）>=10 AND MREC（ ）<=50”。

第四节 报 表 模 板

设计一个报表，既可以从头开始按部就班地操作，也可以利用 UFO 系统提供的模板直接生成报表格式，省时省力。

UFO 系统提供的报表模板包括 19 个行业的 70 多张标准财务报表（包括现金流量表），也可以包含用户自定义的模板。用户可以根据所在行业挑选相应的报表套用其格式及计算公式。

一、调用报表模板

套用报表模板和套用格式需要在格式状态下进行。

套用报表模板时，单击“格式”菜单下的“报表模板”命令，将弹出如图 12-7 所示的对话框，在对话框中选择行业和报表。

图 12-7 “报表模板”对话框

例：调用“资产负债表”模板。

操作步骤：

（1）在报表系统中，单击“新建”按钮，新建一张空白报表。

（2）在格式状态下，单击“格式”菜单下的“报表模板”命令，打开“报表模板”对话框。

（3）在“您所在的行业”中选择“工业

企业"，在"财务报表"中选择"资产负债表"选项。

（4）单击"确认"按钮。

（5）系统弹出"模板格式将覆盖本表格式！是否继续？"信息提示对话框，单击"确定"按钮，出现了"资产负债表"模板格式。

二、自定义模板

可以根据本单位的实际需要定制内部报表模板，并将自定义的模板加入系统提供的模板库内，也可以增加或删除各行业的模板。

（一）定制行业

定制行业的具体操作如下。

（1）在 UFO 系统中做出本单位的模板后，单击"格式"中的"自定义模板"，弹出"自定义模板"按钮对话框。

（2）单击"增加"按钮弹出"行业名称"编辑框。在编辑框中录入模板所属的行业名称（也可以是单位名称）。录入正确后该行业被加入"自定义模板"对话框的"行业名称"列表框中。

（3）单击"删除"按钮可以将不需要的行业从行业名称中去除，如想恢复删除的行业则执行"增加"操作。

（4）如果要重新定义行业名称，选定需要改变的行业，然后单击"修改"，在弹出的对话框中重新输入。

（二）定制模板

定制模板的具体操作如下。

（1）选定某行业，单击"自定义模板"的"下一步"，弹出"选定报表"对话框。

（2）单击"增加"按钮，弹出"添加模板"对话框，如图 12-8 所示。

图 12-8 "增加模板"对话框

（3）选定模板文件，单击"添加"按钮，将模板加入选定的行业模板列表中。该模板的全路径加到模板路径下。

（三）删除模板

单击“删除”按钮可以删除选定的模板，如果想恢复已删除的模板，单击“增加”按钮，即可重新定义模板路径及名称。

复习思考题

1. UFO报表的两种状态是什么？有什么性质？
2. 报表单元分几种？有什么区别？
3. 什么是关键字？系统预设哪几种关键字？
4. 调用报表模板的步骤有哪些？
5. 审核公式的格式是什么？
6. 如何设置组合单元？

第十三章

薪资管理

用友软件的薪资管理系统适用于企业、行政、事业及科研单位，可为多工资类别核算的企业以及每月多次发放工资、月末统一核算等不同工资核算类型的企业提供解决方案，它不仅提供了简单方便的工资核算和发放功能，而且还提供了强大的工资分析和管理功能，它可以自由设置工资项目和计算公式，提供多种方式，方便工资数据的录入、计算、汇总。

由于薪资核算是财务核算的一部分，薪资管理系统与总账系统之间主要是凭证传递的关系，薪资管理系统将工资费用根据用途计提分配，通过转账方式传递给总账。另外，薪资管理系统还可向成本管理系统传送相关费用的合计数。本章系统地介绍了薪资管理系统的使用。

【重要概念】 工资变动 工资分摊 工资项目

第一节 薪资管理基础设置

薪资管理系统使用时必须首先已经启用，如果没有启用，则需在“企业应用平台”的“设置”中进行启用。单击“人力资源”下的“薪资管理”命令便可启动。薪资管理系统一经启用，便可进行有关的薪资处理。启动后首先应进行工资账套的设置。

一、建立工资账套

在初次进入薪资管理系统后应根据企业的实际情况建立相应的工资账套。工资账套的建立分为四个步骤，即参数设置、扣税设置、扣零设置及人员编码设置。

（一）参数设置

如果首次启动薪资管理系统，系统将自动进入建账向导，界面如图 13-1 所示。

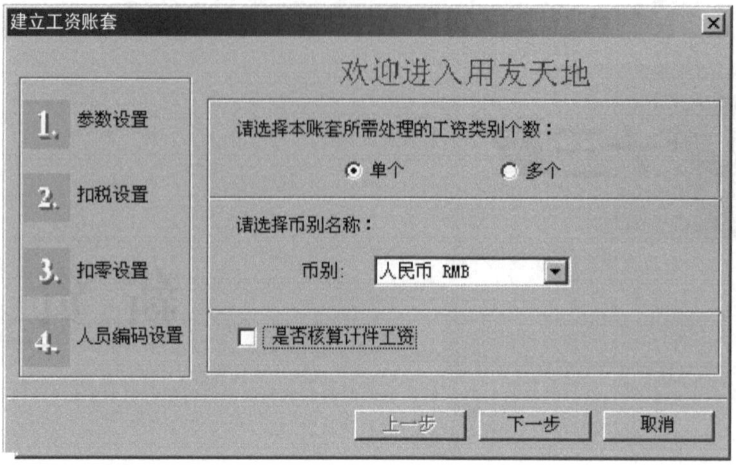

图 13-1 “建立工资账套”界面

工资类别有“单个”和“多个”两类。当核算单位对所有人员工资实行统一管理时，选择“单个”工资类别；当核算单位每月多次发放工资，或者不同职工工资发放项目不同、计算公式不同，但需要进行统一管理时，则选择“多个”工资类别。

选择该账套工资的核算币种，即选择本工资核算系统中使用的货币，如果选择账套本位币以外的其他币种，则还需在工资账套参数维护中设置汇率，经过一次工资数据处理后即不能再修改。

单击“下一步”按钮，进入“扣税设置”。

（二）扣税设置

选择在工资计算中是否进行扣税处理，单击“下一步”按钮进入“扣零设置”。

（三）扣零设置

扣零设置指每次发放工资时零头扣下，积累取整，于下次工资发放时补上，系统在计算工资时将依据扣零类型进行扣零计算，单击“下一步”按钮进入“人员编码设置”。

（四）人员编码设置

在“人员编码设置”中，长度即单位人员编码长度，以数字作为人员编码，薪资系统要求人员编码与公共编码设置一致。

当建立账套后，就要对整个系统运行所需的一些基础信息进行设置，包括部门设置、人员类别设置、人员附加信息设置、工资项目设置、银行名称设置等。

二、设置人员附加信息

除了人员编号、人员姓名、所在部门、人员类别等基本信息外，为了管理的需要还需要一些辅助管理信息，人员附加信息的设置就是设置附加信息名称。本功能可用于增加人员信息，丰富人员档案的内容，便于对人员进行更加有效的管理。例如，增加设置人员的性别、民族、婚否等。

还可对薪资中的人员附加信息与人事基础信息设置对应关系，这些附加信息可分别通过手动或自动方式与人事的对应人员信息保持一致。

操作步骤：

（1）单击“设置”下的“人员附加信息设置”，进入“人员附加信息设置”界面。

（2）单击“增加”按钮，可输入附加信息名称或从参照栏中选择系统提供的信息名称。再次单击“增加”按钮，保存新增名称并可继续增加下一条记录。

（3）选中“是否参照”，单击“参照档案”按钮，即可以设置人员附加信息的参照值。

（4）确认增加的附加信息是否为必输项，如果为必输项，则在录入人员档案时必须输入此附加信息，内容不能为空。

（5）单击“删除”按钮，可删除光标所在行的附加信息。

三、设置工资项目

薪资数据最终由各个工资项目体现。工资项目设置即定义工资核算所涉及的项目名称、类型、宽度等。薪资管理系统中提供了一些固定的工资项目，它们是工资账中不可缺少的。主要包括“应发合计”“扣款合计”“实发合计”；若在工资建账时设置了“扣零处理”，则系统在工资项目中自动生成“代扣税”项目；若选择“是否核算计件工资”，则系统在工资项目中自动生成“计件工资”项目，这些项目不能删除和重命名。其他项目可根据实际情况定义或参照增加，如基本工资、岗位工资、奖金等。在此设置的工资项目对于多工资类别的工资账套而言，是针对所有工资类别所需要使用的全部工资项目，对于单工资类别而言就是此工资账套所使用的全部工资项目。

尤其需要注意的是在多类别工资管理时，只有关闭工资类别后，才能新增工资项目。

操作步骤：

（1）单击“设置”下的“工资项目设置”，打开“工资项目设置”窗口。

（2）单击“增加”按钮，在工资项目列表末增加一空行，可设置工资项目。

（3）在“名称参照”中选择工资项目名称，并设置新建工资项目的类型、长度、小数位数和工资增减项。当然也可手工输入系统内没有提供的工资项目。

增项直接计入应发合计，减项直接计入扣款合计。

（4）单击界面上的向上、向下移动箭头可调整工资项目的排列顺序。

（5）单击“确认”保存设置按钮，若放弃设置单击“取消”按钮返回。

（6）选择要删除的工资项目，单击“删除”按钮，确认后即可删除。

四、部门设置

部门档案的设置是在“设置页签－基础档案－机构人员－部门档案”中进行的。

本功能节点是对当前打开工资类别的对应部门进行设置，以便按部门核算各类人员工资，提供部门核算资料。选择“设置”菜单中的“部门设置”，进入“部门设置”界面，按打开工资类别的业务需要选择对应部门。

五、人员档案

人员档案用于登记工资发放人员的姓名、职工编号、所在部门、人员类别等信息，处理员工的增减变动等。单击“设置”菜单下的“人员档案”，进入“人员档案”功能界面，可进行如下相应操作。

（一）增加人员档案

增加人员档案的具体操作如下。

（1）要增加当前打开工资类别或发放次数的人员记录，单击“增加”按钮，从公共基础档案中已存在的人员中选择增加。

（2）单击“人员姓名”栏的“参照”按钮，可调出“人员选入”窗口，可以对公共基础档案中已存在的人员进行选择。

（3）双击要新增的人员记录，可带入人员编号、人员姓名及人员类别信息并返回人员档案界面，再进行其他信息的编辑。

（4）核对或选择部门信息，必须为末级部门。若公共档案中人员对应的行政部门为末级部门且在当前工资类别/发放次数对应部门范围中，则系统自动带入，否则要手工选择。

（5）根据需要完成人员相关内容编辑后，单击“确认”按钮保存人员信息。

注意：

人员编号、人员姓名、人员类别来源于公共平台的人员档案信息，薪资管理系统不能修改，要在公共平台中修改，系统会自动将修改信息同步到薪资管理系统。修改路径：“设置”页签—基础档案—机构人员—人员档案。

（二）修改人员档案

修改人员档案的具体操作如下。

（1）选择要修改的人员记录，单击“修改”按钮，可对人员档案进行修改。

（2）可单击“第一人”“上一人”“下一人”“末一人”按钮，修改其他人员的信息。

如果需要在此直接输入职工的工资，可单击“数据档案”按钮，进入“工资数据录入－页编辑”界面，双击要录入或修改的工资项目数据，单击“保存”按钮保存修改录入。

（三）删除人员档案

选择要删除的人员，单击“删除”按钮即可删除，注意这样将删除薪资管理中人员的所有档案信息，不可再恢复。

（四）批量增加人员

可以按照人员类别批量增加人员，具体操作步骤如下。

（1）单击“批增”按钮，进入“人员批量增加”界面。

（2）左边窗口显示所有人员类别，单击对应人员类别的“选择”栏，显示“是”表示选中，右边窗口会显示该人员类别下不存在于当前工资类别/发放次数中的人员。

（3）右边窗口人员的“选择”栏全部默认为选中状态，在不需要增加人员的对应“选择”栏双击取消选中状态。

（4）核对薪资部门或双击“薪资部门”选择对应人员的部门。若公共档案中人员对应的行政部门为末级部门且在当前工资类别/发放次数对应部门范围内，则系统自动带入，否则要手工选择。

（5）单击“确认”按钮即将本次选中人员批量增加为当前工资类别/发放次数中的人员。建立与人事基础信息对应关系后可通过本功能执行手动同步，可同步当前工资类别/发放次数，也可同步所有类别中对应的人员信息。

六、设置计算公式

定义工资项目的计算公式是指对工资核算生成的结果设置计算公式。设置计算公式可以直观表达工资项目的实际运算过程，灵活地进行工资计算处理。应发合计、扣款合计和实发合计公式不用设置，系统自动提供。

例：增加“岗位工资”的计算公式。

这个公式表示的是：如果“人员类别”是“管理人员”，那么岗位津贴是600元，如果“人员类别”是“车间管理人员”，那么“岗位工资”是700元，其余人员的岗位津贴是750元。

操作步骤：

（1）单击“薪资管理”中“设置”菜单下的“工资项目设置”，再单击“公式设置”页签进入“工资项目的计算公式”设置窗口。

（2）单击“增加”按钮，在“工资项目”中选择“岗位工资”。

（3）在公式定义区，直接输入：Iff[人员类别＝“管理人员”，600，iff（人员类别＝“车间管理人员”，700，750）]，然后单击“确认”按钮。

注意：

在这里也可使用函数公式向导、公式输入参照、工资项目参照、部门参照和人员类别参照编辑输入该工资项目的计算公式。

可根据已设置的项目设置公式，相同的工资项目可以重复定义公式，多次计算，以最后的运行结果为准。

第二节　薪资管理日常业务处理

一、工资变动

第一次使用薪资管理系统必须将所有人员的基本工资数据输入计算机，以后每月发生的工资数据变动也在此进行调整，如资金的录入、扣款信息的录入等。工资变动之前，需要事先设置好工资项目及计算公式。

单击“业务处理”菜单下的“工资变动”就进入“工资变动”界面。在此输入所有的工资数据。

工资数据输入完成后，单击“计算”按钮，则计算全部变动后的各项工资项目内容。

工资数据可以在录入人员档案时直接录入，需要计算的内容在此功能中进行计算，也可以在工资变动功能中录入，当工资数据发生变动时应在此录入。

如果工资数据变化较大可以使用替换功能进行替换。

二、工资分摊

工资分摊是指对当月发生的工资费用进行工资总额的计算、分配及各种经费的计算，并制作自动转账凭证，传递到总账系统。

（一）分摊类型设置

首次使用工资分摊功能，应先进行工资分摊设置。

所有与工资相关的费用及基金均需建立相应的分摊类型名称及分摊比例，如应付工资、应付福利费、职工教育经费、工会经费等。

操作步骤：

（1）在“工资分摊”界面单击“工资分摊设置”按钮，进入“分摊类型设置”界面。

（2）单击“增加”按钮，可增加新的工资分配计提类型。单击“修改”按钮，可修改一个已设置的工资分配计提类型。单击“删除”按钮，可删除一个已设置的工资分配计提类型，已分配计提的类型不能删除，最后一个类型不能删除。

（3）输入新计提类型名称和计提分摊比例，单击“下一步”按钮，进入“分摊构成设置”。

（4）输入分摊构成设置，所有构成项目均可参照输入。

栏目说明：

部门名称 选择部门。不同部门、相同人员类别可设置不同分摊科目。

人员类别 选择费用分配人员类别。

工资项目 对应选中部门、人员类别，选择计提分配的工资项目。每个人员类别可选择多个计提分配的工资项目。工资项目包括本工资类别所有的增项、减项和其他项目。

借方科目 对应选中部门、人员类别的每个工资项目的借方科目。

贷方科目 对应选中部门、人员类别的每个工资项目的贷方科目。

（5）单击“完成”按钮返回“分摊类型设置”。

（6）单击“返回”按钮，返回“工资分摊”对话框。

（二）分摊工资并生成转账凭证

做完工资分摊设置后，可以进行费用的分摊和转账凭证的生成。

操作步骤：

（1）单击“业务处理”菜单中的“工资分摊”命令，打开“工资分摊”对话框，如图 13-2 所示。

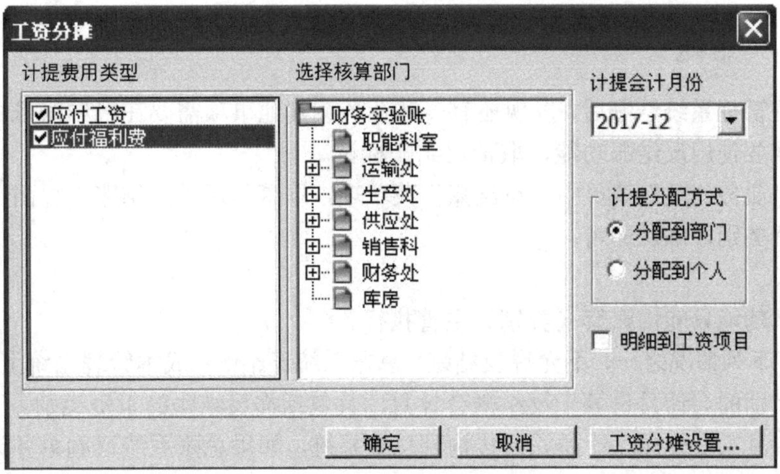

图 13-2 “工资分摊”对话框

（2）在“计提费用类型”中选择要分摊的费用，如“应付工资”“应付福利费”等。

（3）选择参与核算的部门，如选择所有的部门。

（4）选择计提费用的月份和计提分配方式。

（5）选择费用是否明细到工资项目。

（6）单击“确定”按钮，打开“应付工资一览表”窗口。

（7）在“应付工资一览表”中分别选择相应的借贷会计科目，根据需要勾选“合并科目相同、辅助项相同的分录”复选框。

（8）单击“制单”按钮，生成工资分摊的凭证。

（9）对凭证的类别，辅助核算项目进行修改录入，然后保存。

三、月末结转

月末结转是将当月数据经过处理后结转至下月。每月工资数据处理完毕后均可进行月末结转。由于在工资项目中，有的项目是变动的，即每月的数据均不相同，在每月工资处理时，均需将其数据清为0，而后输入当月的数据，此类项目即为清零项目。

操作步骤：

（1）可在系统“业务处理”菜单单击“月末处理”按钮，进入该功能。

（2）单击“确认”按钮，系统提示“月末处理之后，本月工资将不允许变动！继续月末处理吗？”信息。

（3）单击“是”按钮，系统提示“是否选择清零项？”信息。

（4）单击“否”按钮，系统提示“月末处理完毕！”信息。

（5）单击“确定”按钮。

注意：

月末结转只有在会计年度的1月至11月进行。

四、反结账

在薪资管理系统结账后，发现还有一些业务或其他事项需要在已结账月进行账务处理，此时需要使用反结账功能，取消已结账标记。

选择“业务处理”菜单中“反结账”菜单项，屏幕显示“反结账”界面；选择要反结账的工资类别，确认即可。

注意：

（1）本功能只能由账套（类别）主管执行。

（2）有下列情况之一，不允许反结账：总账系统已结账；成本管理系统上月已结账；汇总工资类别的会计月份等于反结账会计月，且包括需反结账的工资类别。

（3）本月工资分摊、计提凭证传输到总账系统，如果总账系统已制单并记账，需做红字冲销凭证后，才能反结账；如果总账系统未做任何操作，只需删除此凭证即可。

（4）如果凭证已经由出纳或主管签字，需取消出纳签字或主管签字，并删除该张凭证后，才能反结账。

第三节　统计分析

工资业务处理完成后，相关工资报表数据同时生成。系统提供了多种形式的报表反映工资核算的结果，报表格式是工资项目按照一定的格式设定的。如果对报表提供的固定格式不满意，可使用系统提供的修改表和新建表功能。

一、我的账表

我的账表主要功能是对工资系统中所有的报表进行管理，有工资表和工资分析表两种报表类型。如果系统提供的报表不能满足企业的需要，用户还可以启用自定义报表功能，新增账表夹和设置自定义报表。

二、工资表

工资表用于本月工资的发放和统计，本功能主要完成查询和打印各种工资表的工作。工资表包括以下一些由系统提供的原始表：工资卡、工资发放条、部门工资汇总表、部门条件汇总表、工资发放签名表、人员类别汇总表、条件统计（明细）表、工资变动汇总（明细）表。

在薪资管理系统中，选择“统计分析”菜单中的“工资表”命令，打开“工资表”对话框，选择要查看的工资表，单击“查看”按钮，输入查询条件，即可得到相应的查询结果。

三、凭证查询

薪资管理系统传输到总账系统的凭证，通过“凭证查询”功能来删除和冲销。在总账系统中可以进行查询、审核、记账等操作，不能修改或删除。

操作步骤：

（1）单击“统计分析”中的“凭证查询”子菜单，显示“凭证查询”界面。

（2）选择输入所要查询的起始月份和终止月份，显示查询期间凭证列表。

（3）选中一张凭证，单击“删除”按钮可删除标志为“未审核”的凭证。

（4）单击“冲销”按钮，则可对当前标志为“记账”的凭证进行红字冲销操作，自动生成与原凭证相同的红字凭证。

（5）单击“单据”按钮，显示生成凭证的原始凭证。

（6）单击“凭证”按钮，显示单张凭证界面。

复习思考题

1. 简述薪资管理系统的处理流程。
2. 为什么要设置工资项目？
3. 如何删除一张工资系统生成的凭证？
4. 进行月末结转的意义是什么？
5. 工资分摊的功能是什么？
6. 设置工资类别有何意义？

固定资产管理

用友软件的固定资产管理系统适用于企事业单位进行固定资产核算和管理，主要面向中小企业，帮助企业的财务部门进行固定资产总值、累计折旧数据的动态管理，为总账系统提供相关凭证，协助企业进行部分成本核算，同时还为设备管理部门提供固定资产的各项指标管理工作。

固定资产管理系统中资产的增加、减少以及原值和累计折旧的调整、折旧计提都要将有关数据通过记账凭证的形式传输到总账系统，同时通过对账保持固定资产账目与总账的平衡，并可查询凭证，可为成本管理系统提供折旧费用数据。

固定资产管理系统主要提供资产管理、折旧计算、统计分析等功能，具体包括固定资产管理系统的基础设置、日常业务处理和期末处理及账表查询。本章主要介绍了固定资产管理系统的使用。

【重要概念】 原始卡片　资产增加　资产减少

第一节　固定资产管理基础设置

固定资产管理基础设置包括系统初始化、部门设置、类别设置、使用状况定义、增减方式定义、折旧方法定义、卡片项目定义、卡片样式定义等，是系统顺利运转的基础。

固定资产管理系统使用时必须首先已经启用，如果没有启用，则需在“企业应用平台”的“设置”中进行启用。单击“财务会计”下的“固定资产”便可启动。固定资产管理系统一经启用，便可进行有关的业务处理。启动后首先应进行固定资产子账套的设置。

一、建立固定资产子账套

固定资产子账套要建立在会计核算账套的基础上。因此，在建立固定资产子账套前，必须在系统管理中建立会计核算账套并启动注册，然后再在固定资产管理系统中建立子账套。具体操作步骤如下。

（1）单击“财务会计”下的“固定资产”，注册进入固定资产子系统。

（2）首次使用固定资产管理系统时，系统自动提示是否进行账套初始化，单击“是”按钮，打开“初始化账套向导—约定及说明”对话框，系统自动引导用户完成固定资产建账过程。

（3）在“约定及说明”界面中显示固定资产账套的基本信息，并提示系统进行资产管理的基本原则。

（4）仔细阅读后，单击“下一步”按钮，打开“初始化账套向导—启用月份”对话框。启用日期只能查看不能修改。

（5）单击“下一步”按钮，打开“初始化账套向导—折旧信息”对话框。首先根据系统预设选择折旧方法，也可重新定义折旧方法。然后根据自身情况选定折旧汇总分配周期。

（6）设置完毕，单击“下一步”按钮，打开“初始化账套向导—编码方式”对话框。系统提供的类别编码最多可设置 4 级 10 位，但推荐采用国家规定的 4 级 6 位（2112）方式。

（7）设置完成后，单击“下一步”按钮，打开“初始化账套向导—财务接口”对话框。参照账务系统，选择固定资产对账科目和累计折旧对账科目。

（8）设置完成后，单击“下一步”按钮，打开“初始化账套向导—完成”对话框。如图 14-1 所示。

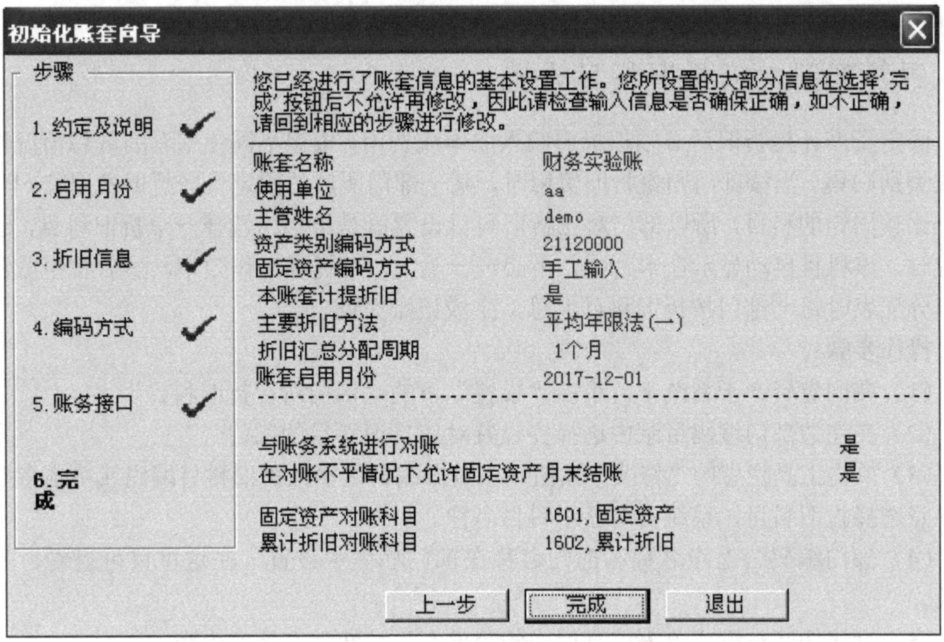

图 14-1 “固定资产初始化账套向导—完成”对话框

（9）仔细审查系统给出的汇总报告，确认无误后，单击“完成”按钮，结束固定资产初始化建账过程，弹出系统提示。

（10）单击“是”按钮，系统提示“已成功初始化本固定资产账套”，确认后，进入固定资产管理系统主界面。

二、选项设置

选项中包括在账套初始化中设置的参数和其他一些在账套运行中使用的参数或判断。

在固定资产子系统下，单击“设置”下的“选项”，打开“选项”对话框，选项中包括以下四个页签，即“与财务系统接口”“基本信息”“折旧信息”和“其他”，单击“编辑”按钮可修改项。

注意：

（1）“基本信息”页签中所有内容在系统初始化设置后不能修改。

（2）资产类别编码方式设定以后，一旦某一级设置了类别，则该级的长度不能修改；若某一级未设置过类别，则该级的长度可修改。

（3）每一个账套中资产的自动编码方式只能是一种，一经设定，该自动编码方式不得修改。

三、部门档案设置

在部门设置中，可对企业的各职能部门进行分类和描述，以便确定资产的归属。“企业应用平台”中基础设置的部门设置是共享的，具体设置已在第十章基础设置中介绍，此处不再详述。

四、部门对应折旧科目设置

固定资产计提折旧后必须把折旧归入成本或费用，根据不同使用者的具体情况按部门或类别归集。当按部门归集折旧费用时，某一部门所属的固定资产折旧费用将归集到一个比较固定的科目，所以部门对应折旧科目设置就是给部门选择一个折旧科目，录入卡片时，该科目自动显示在卡片中，不必一一输入，可提高工作效率。然后在生成部门折旧分配表时每一部门按折旧科目汇总，生成记账凭证。

操作步骤：

（1）在固定资产子系统下，单击“设置”下的“部门对应折旧科目”。

（2）在左边部门编码目录中选择要设置对应折旧科目的部门。

（3）单击工具栏中的“修改”按钮，在数据编辑区输入折旧科目编码或单击参照图标参照选择折旧科目，系统自动显示科目名称。

（4）部门编码、上级名称和部门名称在部门档案中设置，在这里只可查看，不能修改。

（5）直接按回车键或单击工具栏中的“保存”按钮保存修改内容。

五、资产类别设置

固定资产的种类繁多，规格不一，要强化固定资产管理，及时准确做好固定资产核算，必须建立科学的固定资产分类体系，为核算和统计管理提供依据。企业可根据自身的特点和管理要求，确定一个较为合理的资产分类方法。

在固定资产子系统下，单击“设置”下的“资产类别”，即可进行以下操作。

（一）新增一个资产类别

在固定资产分类编码表中选择要增加类别的上一级资产类别，单击“增加”按钮，显示该类别“单张视图”；在编辑区输入类别编码、类别名称、使用年限、净残值率、计量单位、计提属性等资产类别信息。

（二）修改一个资产类别

从资产类别目录中选中要修改的类别，单击“修改”按钮，修改资产类别的内容。

（三）删除一个资产类别

当认为一个资产类别没有用途时可以从系统中删除。从类别目录中选中要删除的类别，单击“删除”按钮即可。

注意：

非明细级不能修改、删除。系统已使用（录入卡片时选用过）的类别不允许删除。

六、增减方式设置

增减方式包括增加方式和减少方式两类。增加的方式主要有直接购入、投资者投入、捐赠、盘盈、在建工程转入、融资租入。减少的方式主要有出售、盘亏、投资转出、捐赠转出、报废、毁损、融资租出等。

在固定资产子系统下，单击“设置”下的“增减方式”，即可进行以下操作。

（一）新增一种增减方式

如果用户觉得系统提供的增减方式不能满足本企业的需要，可自定义增减方式。在增减方式目录表中选择要新增或减少方式的目录，单击“增加”按钮，显示该类别“单张视图”；在编辑区输入增减方式名称和对应入账科目；若在选项中选中“执行事业单位会计制度”，还可对增加方式是否使用列支科目进行选择，如选中“列支科目”，还要再确定具体的借贷方科目。

（二）修改一种增减方式

从增减方式目录中选中要修改的方式，单击“修改”按钮，修改该方式的名称、对应入账科目或列支科目，单击“保存”按钮保存修改内容。

（三）删除一种增减方式

从增减方式目录中选中要删除的方式，单击“删除”按钮即可。

注意：

已使用（卡片已选用过）的方式不能删除。非明细级方式不能删除。系统缺省的增减方式中“盘盈、盘亏、毁损”不能删除。

七、使用状况设置

从固定资产核算和管理的角度，需要明确资产的使用状况，一方面可以正确地计算和计提折旧；另一方面便于统计固定资产的使用情况，提高资产的利用效率。

系统预置的使用状况有：使用中（在用、季节性停用、经营性出租、大修理停用）、未使用、不需用。

在固定资产子系统下，单击“设置”下的“使用状况”，即可进行以下操作。

（一）新增一种使用状况

在使用状况目录表中选择使用状况，单击“增加”按钮，显示该类别“单张视图”；在编辑区输入上级名称、使用状况名称；根据使用状况和本单位实际情况判断该资产“是否计提折旧”；单击“保存”按钮即可。

（二）修改一种使用状况

从使用状况目录中选中要修改的使用状况，单击“修改”按钮。

（三）删除一种使用状况

从使用状况目录中选中要删除的使用状况，单击“删除”按钮即可。已使用的使用状况不允许删除。

注意：

（1）系统预置的使用状况不能修改、删除。

（2）只能有使用中、未使用、不需用三种一级使用状况，不能增加、修改、删除。

八、折旧方法设置

折旧方法设置是系统自动计算折旧的基础。系统给出了常用的五种方法：不提折旧、平均年限法（一和二）、工作量法、年数总和法、双倍余额递减法。这五种方法是系统设置的折旧方法，只能选用，不能删除和修改。如果这五种方法不能满足企业的使用需要，系统提供了折旧方法的自定义功能，用户可以定义自己合适的折旧方法的名称和计算公式。

在固定资产子系统下，单击“设置”下的“折旧方法”，即可进行以下操作。

（一）新增折旧方法

如果系统提供的折旧方法不能满足使用需要，系统提供自定义折旧方法的功能。

单击“增加”按钮或选择右键菜单中的“增加”，显示折旧定义窗口，输入自定义折旧方法名称；定义“月折旧率”和“月折旧额”：可双击选择折旧项目，单击屏幕上方的“(＋ － × /)”和数字键编辑月折旧率与月折旧额公式。单击“确定”按钮，完成新折旧方法定义。

（二）修改折旧方法

当发现自定义的公式有误时，可以通过修改折旧方法功能修改。在折旧方法目录中选中要修改的折旧方法，单击“修改”按钮，选择要修改的地方改正即可。

（三）删除折旧方法

如果认为一个自定义折旧方法已没有用途，而在役的资产又没有用该方法计提折旧，该方法可以删除。在折旧方法目录中选中要删除的折旧方法，单击“删除”按钮即可。

注意：

正在使用的折旧方法（包括类别设置中已选用或录入的卡片已选用）不允许删除。

九、卡片项目设置

卡片项目是固定资产卡片上显示的用来记录资产资料的栏目，如原值、资产名称、使用年限、折旧方法等卡片最基本的项目。用友 ERP-U8 固定资产管理系统给用户提供了一些常用卡片必需的项目，称为系统项目，如果这些项目不能满足用户对资产特殊管理的需要，可以通过卡片项目定义来定义需要的项目，定义的项目称为自定义项目，这两部分构成卡片项目目录。

在固定资产子系统下，单击“卡片”下的“卡片项目”，即可进行以下操作。

（一）增加卡片项目

单击“增加”按钮，增加自定义卡片项目。输入卡片项目名称、数据类型、字符数、小数位长、是否参照常用字典、项目数据关系等。选择定义“是否参照常用字典”，判断所定义的项目在卡片和变动单输入时是否参照常用字典，如所定义的项目的内容重复率较高，请选用参照字典，方便卡片输入。单击“保存”按钮或鼠标右键选择“保存”即可。

（二）修改卡片项目

从卡片项目目录中选中要修改的卡片项目，单击“修改”按钮即可。

注意：

已定义的系统项目或自定义卡片项目均不能修改数据类型。

（三）删除卡片项目

从卡片项目目录中选中要删除的卡片项目，单击“删除”按钮即可。

注意：

（1）系统项目不允许删除。

（2）已被使用的自定义项目不能删除。

十、卡片样式设置

在固定资产子系统下，单击“卡片”下的“卡片样式”，即可进行以下操作。

（1）在卡片通用样式界面，选中一个卡片样式，单击“增加”按钮，如果要以当前卡片样式为基础建立新样式，确认后显示通用卡片样式，在通用卡片样式上修改，另外保存为新的卡片样式。

（2）如果不以当前样式为基础，可在卡片样式参照中选择其他最相近的卡片样式修改后另存。

（3）如果工具栏上没有显示格式栏，则将光标移至工具栏，在显示的右键菜单中选择“格式”菜单，显示格式工具栏。

（4）单击“保存”按钮或菜单右键中的“保存”按钮，即完成该样式的定义。

十一、原始卡片录入

原始卡片是指卡片记录的资产开始使用日期的月份先于其录入系统的月份，即已使用过并已计提折旧的固定资产卡片。

在使用固定资产系统进行核算前，必须将原始卡片资料录入系统，保持历史资料的连续性。原始卡片的录入不限制必须在第一个期间结账前，任何时候都可以录入原始卡片。

操作步骤：

（1）在固定资产子系统下，从“卡片”菜单中选择“录入原始卡片”功能菜单，显示资产类别参照界面。

（2）双击选中的资产类别或单击“确定”按钮，显示“固定资产卡片”录入界面，如图 14-2 所示。

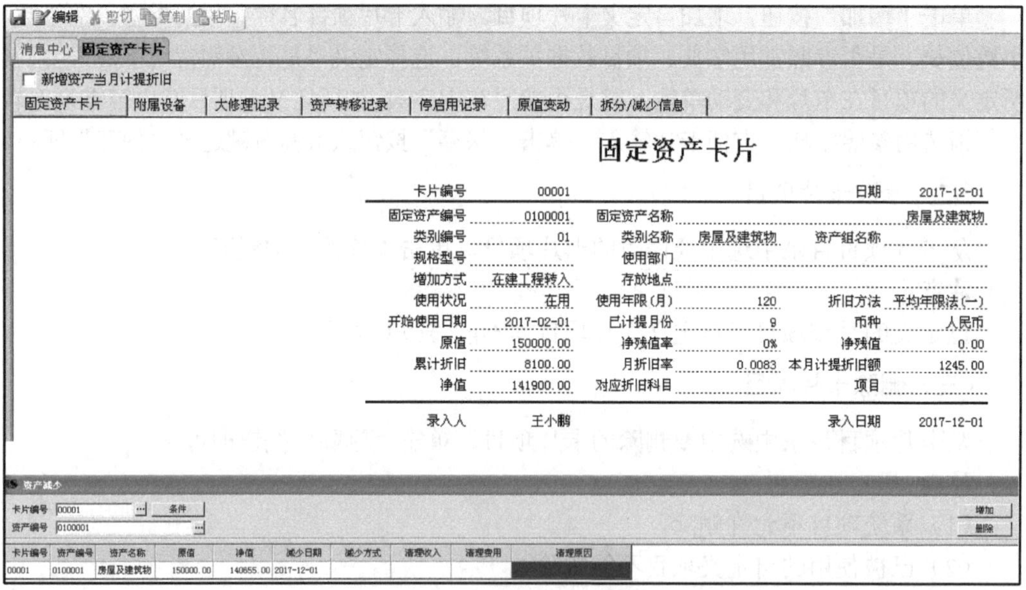

图 14-2 固定资产卡片录入

（3）资产的主卡录入后，单击“其他”页签，输入附属设备和录入以前卡片发生的各种变动。附属页签上的信息只供参考，不参与计算。

（4）单击“保存”按钮后，录入的卡片已经保存入系统。

（5）先选择资产类别是为了确定卡片的样式。如果在查看一张卡片或刚完成录入一张卡片的情况下，进行录入原始卡片操作，直接出现卡片界面，缺省的类别为该卡片的类别。

第二节　固定资产管理日常业务处理

一、固定资产卡片管理

卡片管理是对固定资产系统中所有卡片进行综合管理的功能操作，通过卡片管理可完成卡片修改、卡片删除、卡片打印、卡片查询等。

在固定资产子系统下，单击“卡片”下的“卡片管理”，即可进行以下操作。

（一）卡片修改

当使用过程中发现卡片录入有错误，或需要修改卡片内容时，可通过卡片修改功能实现。注意，修改前的内容不可恢复，所以修改时请注意。

（1）从卡片管理列表中双击调出该卡片，单击“修改”按钮。

（2）如果修改的内容是原值或累计折旧数值，且该资产已制作记账凭证，只有删除该凭证才能修改卡片。

（二）卡片删除

本系统提供的卡片删除功能，是指把卡片资料彻底从系统内清除，不是资产清理或减少。

卡片删除功能只有在下列两种情况下有效。

（1）卡片录入当月若发现卡片录入有错误，想删除该卡片，可通过“卡片删除”功能实现，删除后如果该卡片不是最后一张，卡片编号保留空号。

（2）通过“资产减少”功能减少的资产的资料，会计档案管理要求必须保留一定的时间，所以本系统在账套“选项”中让用户设定删除的年限，对减少的资产的卡片只有在超过该年限后，才能通过“卡片删除”功能将原始资料从系统彻底清除，在设定的年限内，不允许删除。

从卡片管理列表中选择要删除的固定资产卡片，单击“删除”按钮，即可删除该卡片。

注意：

（1）不是本月录入的卡片，不能删除。

（2）已制作过凭证的卡片删除时，必须先删除相应凭证，然后才能删除卡片。

（3）卡片做过一次月末结账后不能删除。

（三）卡片打印

固定资产卡片可打印输出，卡片打印提供两种打印结果：一是卡片，二是卡片列表。卡片打印分为两种形式：单张打印和批量打印。

1. 打印单张卡片

打印单张卡片是指将正在查看那张卡片的主卡及各附属表打印输出。在单张卡片查看界面，单击“打印”按钮直接打印该卡片。单击“打印预览”按钮查看该卡片的打印效果，如果对此效果满意，可单击“打印”按钮输出该卡片。如果对预览的结果不满意，单击“打印设置”按钮重新设置打印效果。

2. 打印卡片列表

卡片列表指卡片管理中显示的以列表形式显示的卡片集合。在卡片管理界面中，首先根据查询条件选择操作显示出符合条件的卡片列表，单击“打印预览”按钮，屏幕显示该列表打印效果；单击工具中的“打印”按钮，直接打印该列表。

3. 批量打印卡片

确定批量打印卡片集合，在卡片管理界面中，选择不同的查询条件，列示要打印的卡片列表。例如要打印设备类卡片，则从查询条件下拉列表中选择“按类别查询”，然后选择“设备类”，则右侧的列表中列示的就是要批量打印的卡片集合。单击“打印”按钮，选择“批量打印卡片”确定即可。

（四）卡片查询

在卡片管理窗口，系统提供了方便的查询功能。

在“卡片管理”界面上方，提供卡片分类查询条件选择，单击左侧“按部门查询”下拉列表，其中有三项内容：“按部门查询”“按类别查询”“自定义查询”。可根据需要选择不同的查询条件。

二、固定资产增减管理

固定资产增减管理分为资产增加、资产减少和撤销已减少资产三项操作。

（一）资产增加

“资产增加”即新增加固定资产卡片，在系统日常使用过程中，可能会购进或通过其他方式增加企业资产，该部分资产通过“资产增加”操作录入系统。当固定资产开始使用日期的会计期间＝录入会计期间时，才能通过“资产增加”录入。

例：某单位新购入一部手机，2017 年 3 月 3 日开始使用，录入系统时是 2017 年 3 月 15 日，则该卡片需通过资产增加录入。

操作步骤：

（1）单击工具栏“资产增加”按钮或从“卡片”菜单中选择“资产增加”功能菜单。

（2）选择要录入的卡片所属的资产类别。先选择资产类别是为了确定卡片的样式。如果在查看一张卡片或刚完成录入一张卡片的情况下，不提供选择资产类别，缺省为该卡片的类别。

（3）确定后显示单张卡片编辑界面，资产增加录入不能修改。

（4）录入或参照选择各项目的内容。

（5）资产的主卡录入后，单击“其他”页签，输入附属设备及其他信息。附属页签上的信息只供参考，不参与计算。

（6）单击“保存”按钮后，录入的卡片已经保存入系统。

（7）因为是资产增加，该资产需要入账，所以可执行制单功能，单击“制单”按钮制作该资产的记账凭证。

（二）资产减少

资产在使用过程中，总会由于各种原因，如毁损、出售、盘亏等，退出企业，该部分操作称为“资产减少”。系统提供资产减少的批量操作，为同时清理一批资产提供方便。

操作步骤：

（1）单击“卡片”菜单，选择“资产减少”，打开“资产减少”对话框，如图 14-3 所示。

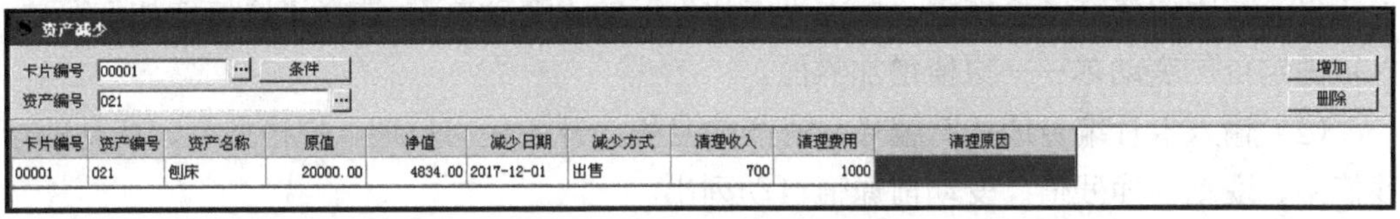

图 14-3　“资产减少”对话框

（2）选择要减少的资产。

（3）在表内输入资产减少的信息，如“减少日期、减少方式、清理收入、清理费用、清理原因”。如果当时清理输入和费用还不知道，可以以后在该卡片的附表“清理信息”中输入。

（4）单击“确定”按钮，即完成该（批）资产的减少操作。

注意：

若当前账套设置了计提折旧，则需在计提折旧后才可执行资产减少。

（三）撤销已减少资产

资产减少的恢复是一个纠错的功能，当月减少的资产可以通过本功能恢复使用。通过“资产减少”功能减少的资产只有在减少的当月可以恢复。

从卡片管理界面中，选择“已减少的资产”，选中要恢复的资产，单击“卡片”菜单下的“撤销减少”按钮即可。

注意：

如果资产减少操作已制作凭证，必须删除凭证后才能恢复。

三、固定资产变动管理

资产在使用过程中可能会调整卡片上的某些项目，这种变动要求留下原始凭证，制作的原始凭证称为“变动单”。资产的变动包括原值变动、部门转移、使用状况变动、折旧方法调整、累计折旧调整、使用年限调整、净残值（率）调整、工作总量调整、资产类别调整、变动单管理等。

（一）原值变动

资产在使用过程中，其原值变动有五种情况。

（1）根据国家规定对固定资产重新估价。

（2）增加补充设备或改良设备。

（3）将固定资产的一部分拆除。

（4）根据实际价值调整原来的暂估价值。

（5）发现固定资产原值有误的。

原值变动包括原值增加和原值减少两部分。下面以增加资产原值为例，说明原值变动的操作过程。

操作步骤：

（1）在固定资产子系统中，单击“卡片”下的“变动单”，选择“原值增加”菜单，显示固定资产变动单——原值增加界面。

（2）输入卡片编号或资产编号，资产的名称、开始使用日期、规格型号、变动的净残值率、变动前净残值、变动前原值自动列出。

（3）输入增加金额，参照选择币种，汇率自动显示，并且自动计算出变动的净残值、变动后原值、变动后净残值。

（4）输入变动原因。

（5）单击“保存”按钮，即完成该变动单操作。卡片上相应的项目（原值、净残值、净残值率）根据变动单而改变。

（6）在“处理”菜单中单击“凭证”按钮制作记账凭证。

（二）部门转移

操作步骤：

（1）在固定资产子系统中，单击“卡片”下的“变动单”，选择“部门转移”菜单，屏幕显示部门转移变动单界面。

（2）输入卡片编号或资产编号，自动列出资产的名称、开始使用日期、规格型号、变动前部门、存放地点。

（3）参照选择或输入变动后的使用部门和新的存放地点。

（4）输入变动原因。

（5）单击“保存”按钮，即完成该变动单操作。卡片上相应的项目（使用部门、存放地点）根据变动单而改变。

（三）使用状况变动

操作步骤：

在固定资产子系统中，单击“卡片”下的“变动单”，选择“使用状况变动”菜单，屏幕显示使用状况变动单界面。具体操作参照“部门转移”。

（四）折旧方法调整

操作步骤：

在固定资产子系统中，单击“卡片”下的“变动单”，选择“折旧方法调整”，屏幕显示折旧方法调整变动单界面。具体操作参照“部门转移”。

（五）累计折旧调整

操作步骤：

在固定资产子系统中，单击“卡片”下的“变动单”，选择“累计折旧调整”，屏幕显示累计折旧调整变动单界面。具体操作参照“部门转移”。

（六）使用年限调整

操作步骤：

在固定资产子系统中，单击“卡片”下的“变动单”，选择“使用年限调整”，屏幕显示使用年限调整变动单界面。具体操作参照“部门转移”。

（七）其他调整

其他项目调整可参照上述方法进行。

（八）批量变动

为提高工作效率，系统提供了批量处理固定资产变动的功能，可通过“卡片”下的“批量变动”完成。

操作步骤：

（1）在固定资产子系统中，单击“卡片”下的“批量变动”菜单，进入“批量变动单”界面，在“变动类型”下拉列表中选择需变动的类型。

（2）选择批量变动的资产，有两种方法可供选择，即手工选择和条件选择。

手工选择。如果需批量变动的资产没有共同点，则可在“批量变动单”界面直接输入卡片编号或资产编号，也可使用参照按钮，将资产一个一个地增加到批量变动表内进行变动。

条件选择。条件选择是指通过一些查询条件，将符合该条件集合的资产挑选出来进行变动。如果要变动的资产有共同之处，可以通过条件选择的方式选择资产，而不用逐一增加。单击“条件筛选”按钮，则屏幕显示条件筛选界面。在该界面中输入筛选条件集合后，单击“确定”按钮，则批量变动表中自动列示按条件筛选出的资产。参见如何自定义查询条件集合。

（3）生成变动单，输入变动内容及变动原因后，选择“保存”菜单，可将需变动的资产生成变动单。

填充数据。可以对以下数据项统一填充变动数据：变动原因、净残值（率）调整单中的净残值率、使用年限调整单中的使用年限、类别调整单中的类别。先将焦点定位于可填充列，在“填充数据”后输入要统一变动的内容，单击“填充数据”按钮即可。

（九）变动单管理

变动单管理是对系统制作的变动单进行综合管理功能。

在固定资产子系统中，单击“卡片”下的“变动单”，选择“变动单管理”菜单，即可实现对变动单的以下操作。

1. 查看快捷信息

当光标移动到变动单列表中的任一行，会显示快捷信息窗口，快捷列示该行变动单的信息。通过右键菜单或“查看”菜单中的“显示快捷信息”开关，可关闭或打开该窗体。

2. 查看变动单

可按单张变动单、变动单类型、单个资产、发生变动的资产所属部门和资产类别查看资产所发生的变动。

3. 自定义查询表

可根据需要自定义查询条件，筛选出符合该条件的变动单集合，并可保存该查询表，方便以后查阅。

4. 变动单删除

在列表中选中一行，单击“删除”按钮即可删除该变动单。

第三节　期 末 处 理

一、减值准备处理

企业应当在期末至少在每年年度终了，对固定资产逐项进行检查，如果由于市价持续下跌或技术陈旧等原因导致其可回收金额低于账面价值，应当将可回收金额低于账面价值的差额作为固定资产减值准备。固定资产减值准备按单项资产计提。

操作步骤：

在固定资产子系统中，单击“卡片”下的“变动单”，选择“计提减值准备”，屏幕显示计提固定资产减值准备变动单界面。具体操作与其他变动单处理相同，不再赘述。

二、折旧处理

（一）计提本月折旧

自动计提折旧是固定资产系统的主要功能之一。系统每期计提折旧一次，根据用户录入系统的资料自动计算每项资产的折旧，并自动生成折旧分配表，然后制作记账凭证，将本期的折旧费用自动登账。执行此功能后，系统将自动计提各个资产当期的折旧额，并将当期的折旧额自动累加到累计折旧项目。

（二）折旧清单

折旧清单是显示所有应计提折旧的资产所计提折旧数额的列表，单期的折旧清单中列示了资产名称、计提原值、月折旧率、单位折旧、月工作量、月折旧额等信息。全年的折旧清单同时列出了各资产在 12 个计提期间中月折旧额、本年累计折旧等信息。如图 14-4 所示。

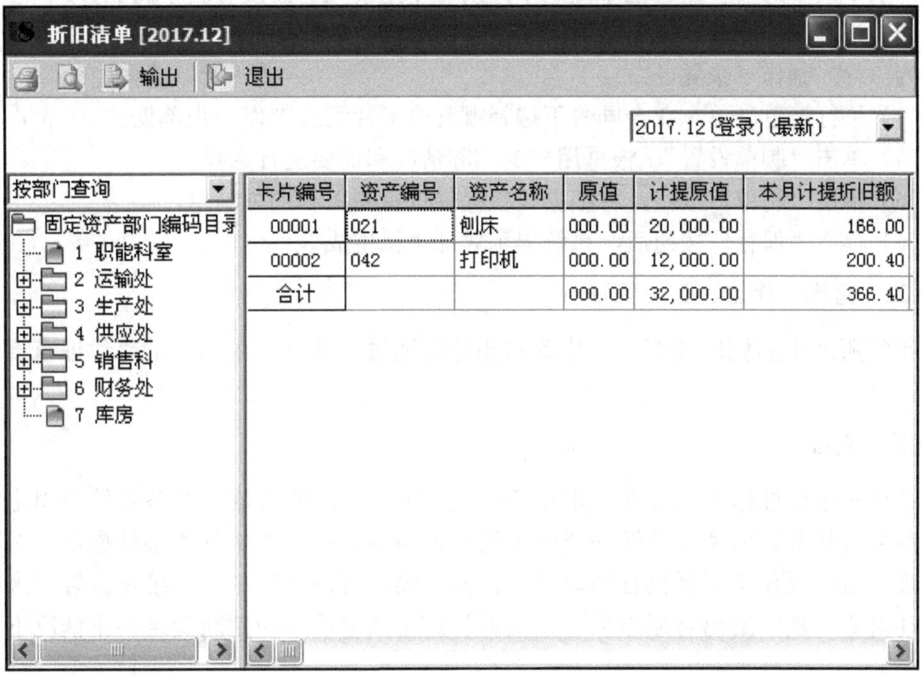

图 14-4　全年折旧清单

（三）折旧分配表

折旧分配表是编制记账凭证，把计提折旧额分配到成本和费用的依据。什么时候生成折旧分配凭证根据用户在初始化或选项中选择的折旧分配汇总周期确定，如果选定的是 1 个月，则每期计提折旧后自动生成折旧分配表；如果选定的是 3 个月，则只有到 3 的倍数的期间，即第 3、6、9、12 期间计提折旧后才自动生成折旧分配凭证。折旧分配表有两种类型：部门折旧分配表和类别折旧分配表，只能选择一个制作记账凭证。

三、制单、对账与结账处理

（一）制作记账凭证

固定资产系统与总账系统之间存在数据的自动传输关系，这种传输是通过记账凭证来完成的。

制作凭证可采取“立即制单”或“批量制单”两种方法实现。当“选项”中设置了“业务发生后立即制单”，则以上需要制单的相关业务发生后系统自动调出不完整凭证供修改；否则可利用批量制单来完成制单工作。

批量制单同时将一批需制单业务连续制作凭证传输到账务系统，避免了多次制单的烦琐。

操作步骤：

（1）在固定资产子系统中，从“处理”菜单中选择“批量制单”，显示界面批量制单表，表中列示的内容是直至本次制单，所有本系统应制而没有制单的业务。

（2）进行制单选择，双击“选择”，选中的制单将连续制作凭证，一个制单（图中显示为一行）制作一张凭证。

（3）进行汇总制单。在合同号下选择哪几张卡片汇总制作一张单据。

（4）单击“制单设置”，根据用户的实际情况和需要进行选择。

（5）单击“制单”按钮，将根据设置提供批量制单和汇总制单。

（6）单击“保存”按钮后，系统提示凭证“已生成”。

（二）查询、修改、删除凭证

系统所产生的凭证的查询、修改和删除可通过“处理”菜单下的“凭证查询”来完成。

（三）对账

系统在运行过程中，应保证本系统管理的固定资产的价值和账务系统中固定资产科目的数值相等。而两个系统的资产价值是否相等，则通过执行本系统提供的对账功能实现，对账操作不限制执行的时间，任何时候均可进行对账。系统在执行月末结账时自动对账一次，给出对账结果，并根据初始化或选项中的判断确定不平情况下是否允许结账。

在固定资产子系统下，单击“处理”下的“对账”，系统即可自动完成对账工作并给出对账结果。

（四）月末结账

当固定资产管理系统完成本月全部制单业务后，可以进行月末结账。月末结账每月进行一次，结账后当期数据不能修改。

操作步骤：

（1）在固定资产子系统下，单击“处理”下的“月末结账”。

（2）阅读系统提示，单击“开始结账”按钮。

（3）系统提示“与账务对账结果”。

（4）单击“确定”按钮，系统提示“结账成功完成！”。

（五）恢复月末结账

恢复月末结账前状态，又称“反结账”，是系统提供的一个纠错功能。如果由于某种原因，在结账后发现结账前的操作有误，而结账后不能修改结账前的数据，因此可使用此功能恢复到结账前状态去修改错误。

操作步骤：

（1）以要恢复的月份登录，如要恢复到6月底，则以6月登录。

（2）从“处理”菜单中单击“恢复月末结账前状态”按钮，屏幕显示提示信息，提醒要恢复到登录月末结转前状态，单击“是”按钮，系统即执行本操作，并提示最新可修改日期。

四、账表管理

在固定资产管理系统下，单击“账表”菜单项下“我的账表”子菜单项，可对系统所能提供的全部报表进行管理。系统提供的报表分为五类：分析表、减值准备表、统计表、账簿、折旧表，选择相应账表可查看各报表信息。

复习思考题

1. 简述固定资产管理系统的功能。
2. 固定资产计提折旧应注意哪些问题？
3. 批量制单的操作步骤有哪些？
4. 固定资产管理系统主要有哪些账表？
5. 固定资产管理系统提供的折旧方法有哪些？
6. 如何录入原始卡片？

第十五章

往来账管理

应收（付）款是企业资产（负债）的一个重要组成部分，过去简单的核算统计已不能满足现代企业发展的需要。用友软件系统在应收（付）款管理方面提供了强大的功能，通过发票、其他应收（付）单、收（付）款单等单据的录入，对企业的往来账款进行综合管理，及时、准确地提供客户（供应商）的往来账款余额资料，提供各种分析报表，如账龄分析表、周转分析、欠款分析、坏账分析、回（付）款情况分析等，通过各种分析报表，帮助企业合理地进行资金的调配，提高资金的利用效率。

应收、应付账款管理系统分别实现企业与客户、企业与供应商业务往来账款的核算与管理。应收（付）款管理系统主要以各种单据为依据，记录业务所形成的往来款项、处理款项的收回（支付）、坏账（冲销）、转账等情况，提供票据处理功能，实现对票据的管理。

应收（付）款管理系统向总账系统传递凭证，并能够查询其所生成的凭证。应收（付）款系统之间还可进行转账处理。因两个管理系统操作流程基本相同，故本章仅以应收款管理系统为例介绍系统的功能及操作方法。

【重要概念】 账龄区间　坏账准备　核销

第一节　往来账管理基础设置

应收（付）款管理系统使用时必须首先已经启用，如果没有启用，则需在“企业应用平台”的“设置”中进行启用。单击“财务会计”下的“应收（付）款管理”便可启动。应收（付）管理系统一经启用，便可进行有关的往来账处理。启动后首先应进行系统的初始设置。现以应收款管理系统为例，进行基础设置。

一、应收款管理系统初始设置

初始设置的作用是建立应收管理的基础数据，确定使用哪些单据处理应收业务，确定需要进行账龄管理的账龄区间、确定各个业务类型的凭证科目。主要包括选项设置、凭证科目设置、单据类型设置、账龄区间设置、报警级别设置、坏账准备设置。

（一）选项设置

在运行本系统前，应设置所需要的账套参数，以便系统根据所设定的选项进行相应的处理。

操作步骤：

（1）单击“设置”菜单下的“选项”，打开“账套参数设置”对话框，如图 15-1 所示。

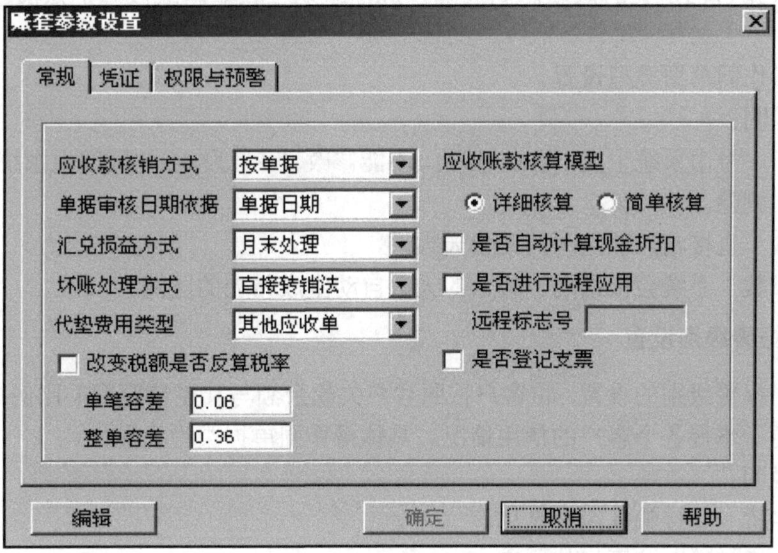

图 15-1 “账套参数设置”对话框

（2）单击“编辑”按钮，进行选项的设置，分别单击每个选项后边的下拉按钮以选择所需要的账套参数的设置。

（3）选择完各个账套参数后，单击“确认”按钮，系统即保存所选的操作，单击“取消”按钮，系统即取消当前的操作。

（二）凭证科目设置

在应收款管理系统下，选择“设置”菜单下的“初始设置”项，在左边的树形结构列表中分别单击“设置科目”按钮，即可进行基本科目、控制科目、产品科目、结算方式科目的设置。

（三）单据类型设置

选择“设置”菜单下的“初始设置”项，在左边的树形结构列表中单击“单据类型设置”按钮，即可增加、修改和删除单据类型。

注意：

应收单中的“其他应收单”为系统默认类型，不能删除、修改。只能增加应收单的类型，发票的类型是固定的，不能修改删除。不能删除已经使用过的单据类型。

（四）账龄区间设置

账龄区间分为账期内账龄区间和逾期账龄区间。

账期内账龄区间设置指用户定义账期内应收账款或收款时间间隔的功能，它的作用是便于用户根据自己定义的账款时间间隔，进行账期内应收账款或收款的账龄查询和账龄分析。

逾期账龄区间设置指用户定义逾期应收账款或收款时间间隔的功能，它的作用是便于用户根据自己定义的账款时间间隔，进行逾期应收账款或收款的账龄查询和账龄分析。

具体操作同单据类型设置。

栏目说明：

序号 序号由系统生成，从01开始，不能修改。序号为01的区间由系统自动生成，不能修改、删除。

总天数 直接输入该区间的截止天数。

起始天数 系统会根据用户输入的天数自动生成相应的区间。

（五）报警级别设置

通过对报警级别的设置，将客户按照客户欠款余额与其授信额度的比例分为不同的类型，以便于掌握各个客户的信用情况。具体操作同单据类型设置。

栏目说明：

级别名称 直接输入级别名称。

比率 直接输入该区间的比率。

起止比率 系统会根据用户输入的比率自动生成相应的区间。

（六）坏账准备设置

系统根据发生的应收业务情况，提供自动计提坏账准备金的功能。根据系统选项中选取的坏账处理方式不同，相应的坏账准备设置也不同。此处以应收余额百分比法为例。

操作步骤：

（1）单击“设置”菜单项“初始设置”下的“坏账准备设置”。

（2）按要求输入相关内容。

（3）单击“确认”按钮，保存设置。

二、录入期初余额

通过期初余额功能，可将正式启用账套前的所有应收业务数据录入系统中，作为期初建账的数据，系统即可对其进行管理，这样既保证了数据的连续性，又保证了数据的完整性。

初次使用本系统时，要将上期未处理完全的单据都录入本系统，以便于以后的处理。当进入第二年度处理时，系统自动将上年度未处理完全的单据转成为下一年度的期初余额。在下一年度的第一个会计期间里，可以进行期初余额的调整。

选择“设置”菜单下的“期初余额”项，单击“确认”按钮，进入期初余额查询界面，可进行以下操作。

（一）增加期初余额

在期初余额主界面下，单击“增加”按钮，选择单据名称、单据类型和方向。单击“确认”按钮，屏幕即会出现该类型单据的界面，用户可以输入有关栏目。输入各种类型单据的期初余额后，单击“保存”按钮，即可保持用户所进行的操作。也可以单击“复制”按钮，将当前单据复制到新增单据上，可修改。

（二）修改期初余额

在期初余额主界面下，首先选中要修改的单据，双击则可以进入该单据的界面。单击“修改”按钮，修改当前单据；单击“保存”按钮，保存当前修改；单击“放弃”按钮取消此次修改。

（三）删除期初余额

如当前在期初余额主界面下，首先选中要删除的记录，然后单击“删除”按钮，即可删除。如果当前已经处于某张单据的界面，则可以直接单击“删除”按钮，删除当前单据。

注意：

（1）若期初数据已做后续处理，则不允许修改、删除期初数据。

（2）若当月已结账，则不允许再进行增加、修改、删除期初数据。

（四）引入合同金额

在期初余额主界面中单击“引入”按钮，选择“是（Y）”后，系统会将合同管理系统早于应收管理系统启用月之前的未结算应收类合同金额转至应收管理系统作为期初余额。引入的合同结算单包括合同管理系统中的期初结算单与日常结算单。引入合同结算单时，可以对会计分录科目和有关项目加以选择。

（五）过滤期初余额

在期初余额主界面中单击“过滤”按钮，输入查询的条件后，单击“确认”按钮，系统会将满足条件的数据全部列示出来。

（六）定位期初余额

在期初余额主界面中单击“定位”按钮，输入定位的条件后，单击“确认”按钮，系统会将光标定位在满足条件的第一条记录上。

（七）联查单据

联查单据有两种方法。

（1）将光标定位在需要查询的单据记录上，单击“单据”按钮，即可显示该单据卡片。

（2）双击需要查询的单据记录，即可显示该单据卡片。

（八）与总账对账

在期初余额主界面中单击“对账”按钮。根据受控科目进行一一对账，屏幕上列示出各科目与总账的对账结果。

第二节　往来账管理日常业务处理

日常业务处理是应收款管理系统的重要组成部分，是经常性的应收业务处理工作。日常业务主要完成企业日常的应收/收款业务录入、应收/收款业务核销、应收并账、汇兑损益以及坏账的处理，及时记录应收、收款业务的发生，为查询和分析往来业务提供完整、正确的资料，加强对往来款项的监督管理，提高工作效率。

一、应收单据处理

应收单据处理指进行单据录入和单据管理的工作。通过单据录入、单据管理可记录各种应收业务单据的内容，查阅各种应收业务单据，完成应收业务管理的日常工作。

注意：

在应付款系统里为“应付单据处理”，操作相同。

（一）应收单据录入

操作步骤：

（1）单击“应收单据处理”下的“应收单据录入”，打开“单据类别”对话框。

（2）选择单据名称“应收单”，单据类型“其他应收单”及单据方向“正向”，单击“确定”按钮，屏幕显示“应收单”录入界面。如图 15-2 所示。

（3）按要求进行单据录入，单击“保存”按钮，即可保存当前新增单据。

（4）在单据录入界面，通过“首张”“上张”“下张”“末张”按钮查找所需要修改的单据，找到后单击“修改”按钮，即可进行修改。

注意：

①单据的名称和类型不能进行修改。

②已经审核过的单据不允许修改。

③若修改的客户有封存标志，则系统将提示不能保存当前的修改内容。

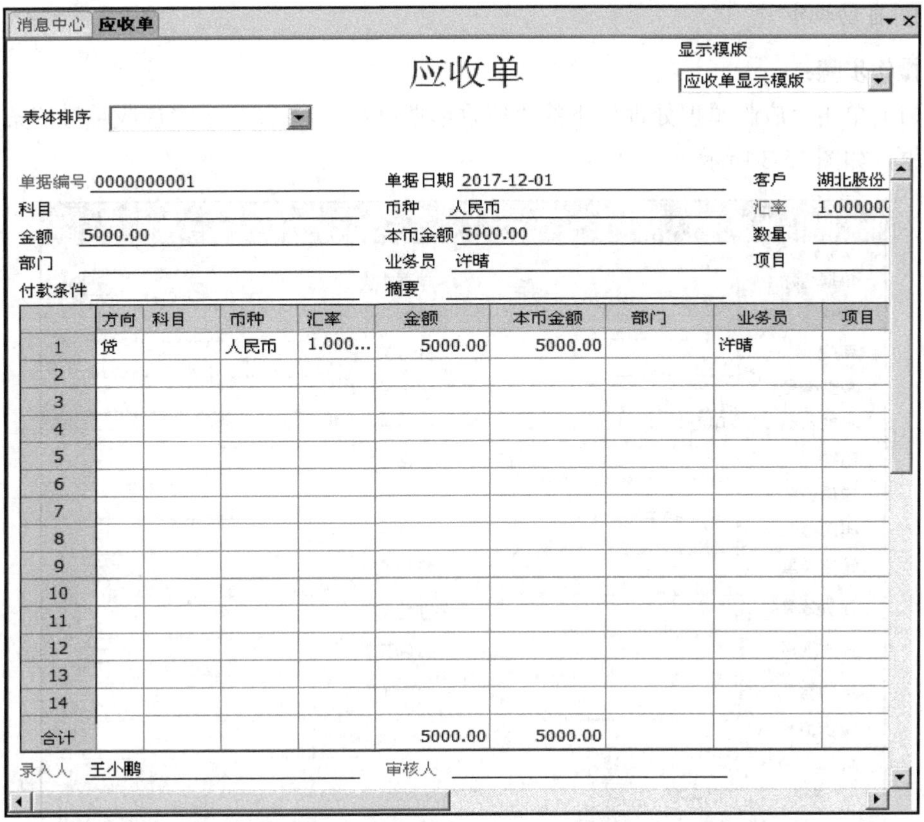

图 15-2 “应收单”录入界面

④当系统选项中设置了启用部门、客户权限，则在查询、编辑日常单据时均需要根据登录用户的对应数据权限进行相应的限制。

（5）删除应收单据。在单据录入界面，通过“首张”“上张”“下张”“末张”按钮查找所需要删除的单据，找到后单击“删除”按钮。

注意：

①从销售系统中传入的单据不允许删除。

②已经审核过的单据不允许删除。

③当系统选项中设置了启用数据权限，则在查询、编辑日常单据时均需要根据登录用户的对应数据权限进行相应的限制。

（二）应收单据审核

在“应收单据审核”界面，系统提供手工审核、自动批审的功能。在“应收单据审核”界面中显示的单据可包括所有已审核、未审核的应收单据，包括从销售管理系统传入的单据。做过后续处理如核销、制单、转账等的单据在“应收单据审核”中不能显示。对这些单据的查询，可在“单据查询”中进行。

也可在应收单据审核列表界面进行应收单的增加、修改、删除等操作。

1. 自动批审

操作步骤：

（1）单击“应收单据处理”下的“应收单据审核”，系统显示“应收单过滤条件”对话框，如图 15-3 所示。

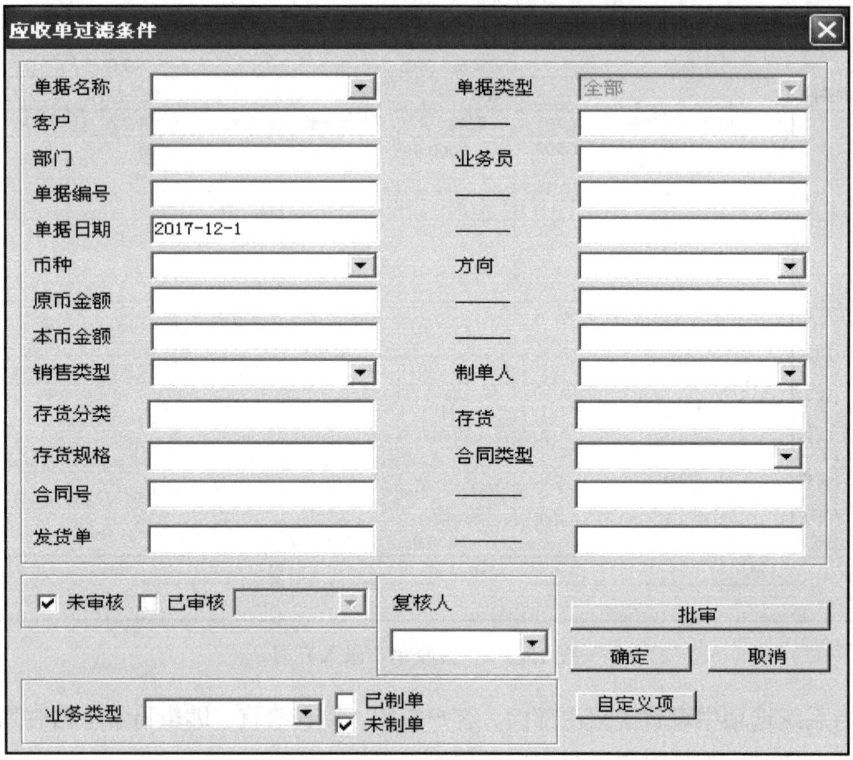

图 15-3 “应收单过滤条件”对话框

（2）输入查询条件后，单击“批审”按钮，系统根据当前的过滤条件将符合条件的未审核单据全部进行后台的一次性审核处理。批审完成后，系统提交单据批审报告，自动批审报告显示成功的张数以及明细审核单据。

（3）单击>>按钮，即可显示成功审核的明细单据。

2. 手工批审

操作步骤：

（1）在输入过滤条件后，进入单据列表界面，进行选择。在“选择标志”一栏里，双击或者勾选，然后单击工具栏中的“审核”按钮，则表示要将该张单据审核。也可以“全选”图标将所有的单据全部选中；单击“全消”图标取消所做的选择。

（2）选择单据后，单击“审核”图标将当前选中的单据全部审核。

（3）批审完成后，系统提交单据批审报告，显示成功的张数以及未成功单据的张数。

（4）单击>>按钮，即可显示明细单据。

3. 弃审

操作步骤：

（1）在输入弃审单据的过滤条件后，单击“确认”按钮。进入已审核单据列表界面，通过单击“全选”“全消”按钮将列表中的记录全部打上或取消选择标志。

（2）在需要进行弃审的结算单打上选择标志，单击“弃审”按钮，对当前应收单进行批量弃审。

（3）批量弃审完成后，系统提交单据批量弃审报告，报告显示弃审成功的张数以及明细单据。

（4）用户在批审报告中，单击>>按钮，即可显示未成功弃审的明细单据。

二、收款单据处理

收款单据处理主要是对结算单据（收款单、付款单即红字收款单）进行管理，包括收款单、付款单的录入、审核。

注意：

在应付款管理系统里为“付款单据处理”，操作相同。

（一）收款单据录入

操作步骤：

（1）在应收账款管理界面，单击“收款单据处理”下的“收款单据录入”，单击“增加”按钮，进入“收款单”录入窗口。如图15-4所示。

图15-4　“收款单”录入窗口

（2）输入各个项目，单击“保存”按钮。

（3）对收款单据的修改、删除等处理，具体操作同应收单据录入。

（二）收款单据审核

具体操作同应收单据审核。

三、核销处理

核销处理指用户日常进行的收款核销应收款的工作。单据核销的作用是解决收回客商款项核销该客商应收款的处理，建立收款与应收款的核销记录，监督应收款及时核销，加强往来款项的管理。系统提供手工核销和自动核销两种方式。

（一）手工核销

操作步骤：

（1）在应收款管理界面下，单击“核销处理”下的“手工核销”，进入核销过滤条件界面。

（2）选择需要进行核销处理的客户，输入收付款单、被核销单据过滤条件，单击“确认”按钮，进入单据核销界面，上边列表显示该客户可以核销的收付款单记录，下边列表显示该客户符合核销条件的对应单据。

（3）单击“保存”按钮，即可完成本次核销操作。

（4）单击“分摊”按钮，系统将当前收付款单列表中的本次结算金额合计自动分摊到被核销单据列表的本次结算栏中。通过单击“栏目—单据”按钮，即可进行单据列表顺序的设置。

（5）单击“保存”按钮，系统自动保存该收付款单核销信息。

（6）在核销界面中单击“退出”按钮则可退出单据核销功能。

（二）自动核销

操作步骤：

（1）单击“核销处理”下的“自动核销”，进入核销过滤条件界面。

（2）输入过滤条件，单击“确认”按钮，自动核销时提供进度条，可知道核销进程。

（3）核销完成后，提交自动核销报告，显示已核销的情况和未核销的原因。

四、转账处理

（一）应收冲应收

应收冲应收指将一家客户的应收款转到另一家客户中。通过应收冲应收功能将应收账款在客商之间进行转入、转出，实现应收业务的调整，解决应收款业务在不同客商间入错户或合并户问题。

注意：

在应付款系统里为“应付冲应付”，操作相同。

操作步骤：

（1）在应收款管理界面，单击“转账处理”菜单下的“应收冲应收”，打开“应收冲应收”对话框。如图 15-5 所示。

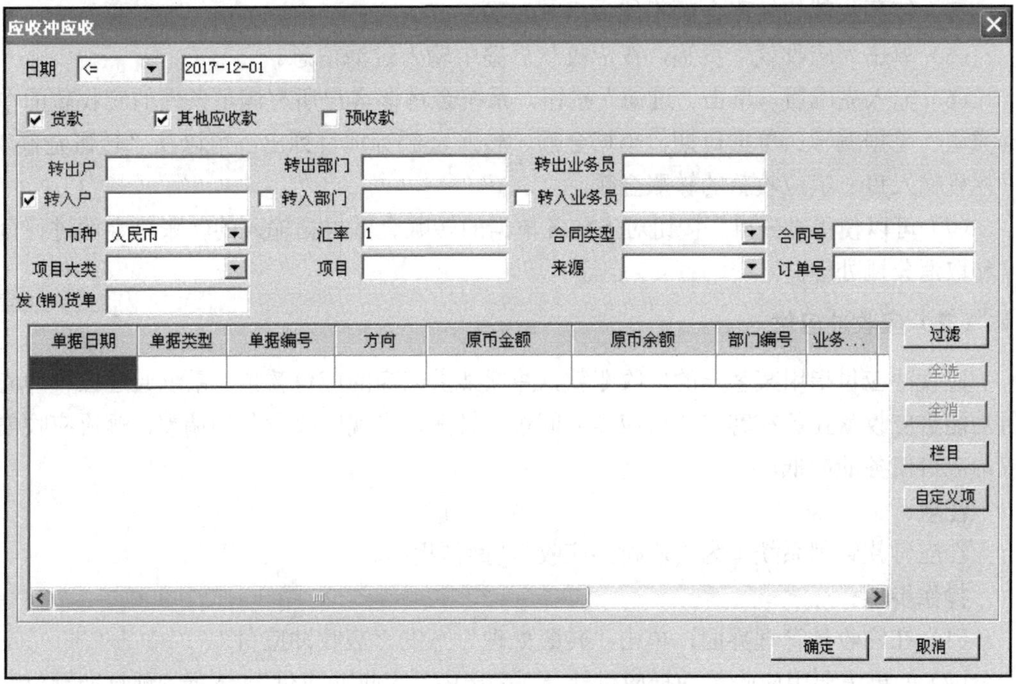

图 15-5 “应收冲应收”对话框

（2）在货款、其他应收款、预收款和合同结算单复选框中勾选需要处理的单据。

（3）输入转出户、转入户、币种等过滤条件，单击“过滤”按钮，系统会将所有满足条件的单据全部列出。

（4）手工输入并账金额，单击“确认”按钮，系统会自动进行转出、转入处理。

（二）预收冲应收

预收冲应收指通过预收冲应收处理客户的预收款和该客户应收欠款的转账核销业务。

注意：

在应付款管理系统里为“预付冲应付”，操作相同。

操作步骤：

（1）选择“转账处理”菜单项下的“预收冲应收”。

（2）可以直接单击“自动转账”按钮，则系统会自动进行成批的预收冲抵应收款工作。

（3）也可以进行单个客户的预收冲抵应收款工作，须在“预收款”页签中输入过滤信息。

（4）输入完成后，单击“过滤”按钮，系统会将该客户所有满足条件的预收款的日期、转账方式、金额等项目列出。可以在“转账金额”一栏里输入每一笔预收款的转账金额。

注意：

每一笔预收款的转账金额不能大于其余额。

（5）单击“应收款”页签，在应收款页签中输入过滤信息。

（6）输入完成后，单击“过滤”按钮，系统会将该客户所有满足条件的应收款的单据类型、单据编号、单据日期、单据金额、转账金额等项目列出。可以在“转账金额”一栏里输入每一笔应收款的转账金额。

（7）可以使用“分摊”按钮对当前各单据的转账金额根据输入的转账总金额进行分摊和取消分摊处理。

（三）应收冲应付

应收冲应付指用某客户的应收账款，冲抵某供应商的应付款项。系统通过应收冲应付功能将应收款业务在客户和供应商之间进行转账，实现应收业务的调整，解决应收债权与应付债务的冲抵。

注意：

在应付款管理系统里为“应付冲应收”，操作相同。

操作步骤：

（1）在应收款管理界面，单击“转账处理”下的“应收冲应付”。

（2）如果需要用应收款冲抵应付款，则需选中“应收冲应付”。选择“预收冲预付”，则可选择预收款冲抵预付款操作。如果需要红字应收单冲销红字应付单，则可以勾选“负单据”复选框。

（3）单击“应收款”页签，输入过滤条件。输入完成后，单击“过滤”按钮，系统会将该客户所有满足条件的应收款的单据类型、单据编号、日期、金额等项目全部列出。可以在“转账金额”一栏里输入每一笔应收款的转账金额。如果在转账总金额中输入了数据，则也可以通过单击“分摊”按钮，自动将转账总金额按照列表上单据的先后顺序进行分摊处理。

（4）单击“应付款”页签，输入或选择有关项目。输入完成后，单击“过滤”按钮，系统会将该供应商所有满足条件的应付款的单据类型、单据编号、日期、金额等项目全部列出，可以在“转账金额”一栏里输入每一笔应付款的转账金额，如果用户在转账总金额中输入了数据，也可以通过单击“分摊”按钮，自动将转账总金额按照列表上单据的先后顺序进行分摊处理。

（5）输入完有关应收款和应付款的信息后，单击“确认”按钮，系统会自动地将两者对冲。单击“取消”按钮，系统将会取消上述操作。

（6）单击“自动转账”按钮，系统会根据用户所选择的客户和供应商自动进行应收冲应付的工作。如果需要用预收款冲抵预付款，须选择“预收冲预付”，其余操作方法同“应收冲应付”。

（四）红票对冲

红票对冲可实现某客户的红字应收单与其蓝字应收单、收款单与付款单中间进行冲抵的操作。系统提供两种处理方式：自动对冲和手工对冲。

1. 自动对冲

操作步骤：

（1）选择“转账”菜单项下“红票对冲”下的“自动对冲”。

（2）输入进行红票对冲的过滤条件，如日期、客户、币种等。

（3）输入后，单击“确认”按钮，进行自动对冲。自动对冲时提供进度条，显示自动对冲进程，执行完毕后，显示自动红冲报告，显示红冲金额或错误原因。

（4）可以单击“确认”按钮，保存此次对冲。单击“取消”按钮，取消此次对冲。

2. 手工对冲

（1）选择“转账”菜单项下“红票对冲”下的“手工对冲”。

（2）输入需要进行红票对冲的客户、币种、方向。

（3）输入红票过滤条件、蓝票过滤条件后，单击“确认”按钮，屏幕会显示该客户所有满足条件的红字及蓝字单据。

（4）系统自动将红票原币余额带入红票的对冲金额中，用户可修改，但对冲金额不能大于原币余额。

（5）可在冲销单据中输入对冲金额，单击“保存”按钮，保存对冲操作；也可通过“分摊”按钮，将红票金额依据蓝字单据顺序分摊到对冲金额中，蓝字单据顺序可通过单击“栏目—蓝票”进行列表顺序的设置，单击“保存”按钮，保存对冲操作。

五、坏账处理

坏账处理指系统提供的计提应收坏账准备处理、坏账发生后的处理、坏账收回后的处理等功能。

坏账处理的作用是系统自动计提应收款的坏账准备，当坏账发生时即可进行坏账核销，当被核销坏账又收回时，即可进行相应处理。

在进行坏账处理之前，应首先在系统选项中选择坏账处理方式，然后在初始设置中设置坏账准备参数。

注意：

应付款系统无此项处理。

（一）计提坏账准备

系统提供了几种备选的坏账处理方式，即应收余额百分比法、销售余额百分比法、账龄分析法和直接转销法。现以应收账款百分比法为例。

操作步骤：

（1）在应收账款管理界面，单击“坏账处理”选择“计提坏账准备”。

（2）系统自动算出当年度应收账款余额，并根据计提比率计算出本次计提金额。

（3）如确认此次计提成功，则单击工具栏中的“确认”按钮，确认此次操作。确认后，本年度将不能再次计提坏账准备，并且不能修改坏账参数。

（4）如没有单击“确认”按钮就退出，则此次操作无效。

注意：

计提比率在此不能修改，用户只能在初始设置中改变计提比率。

（二）坏账发生

坏账发生指系统提供用户确定某些应收款为坏账的工作。通过本功能用户即可选定发生坏账的应收业务单据，确定一定期间内应收款发生的坏账，便于及时用坏账准备进行冲销，避免应收款长期呆滞的现象。

操作步骤：

（1）选择“坏账处理”菜单项下的“坏账发生”项，屏幕显示“坏账发生”主界面。

（2）输入全部必需的信息后，单击“确认”按钮，屏幕会出现选择发生坏账的单据界面。

（3）系统将满足条件的所有单据全部列出。用户可以在明细单据记录本次发生坏账金额中直接输入本次坏账发生金额。本次坏账发生金额只能小于等于单据余额。

（4）也可以单击“全选”按钮，系统将明细单据中的余额自动带入本次发生坏账金额，也可单击“全消”按钮，将本次发生坏账金额清空。

（5）输入完成后，单击“确认”按钮对所选的发票进行坏账处理，执行记账功能。在合计行中自动显示所有记录的各项数值型栏目合计。系统自动将已经输入本次发生坏账金额的单据一一记入应收明细账。

（三）坏账收回

坏账收回指系统提供的对应收款已确定为坏账后又被收回的业务处理功能。通过本功能可以对一定期间发生的应收坏账收回业务进行处理，反映应收账款的真实情况，便于对应收款的管理。

操作步骤：

（1）当收回一笔坏账时，应首先在“收款单据录入”功能中录入一张收款单，该收款单的金额即为收回的坏账的金额。该收款单不需要审核。

（2）选择“坏账处理”菜单项中的“坏账收回”。

（3）输入全部必需的信息后，单击“确认”按钮，保存此次操作。

（四）坏账查询

坏账查询指系统提供的对系统内进行坏账处理过程和处理结果的查询功能。通过坏账查询功能查询一定期间内发生的应收坏账业务处理情况及处理结果，加强对坏账的监督管理。

操作步骤：

（1）选择“坏账处理”菜单项下的“坏账查询”项。

（2）屏幕会显示坏账的发生和坏账的收回综合情况。

（3）单击“详细”按钮，详细查看每一笔坏账发生的情况和收回的情况。

六、制单处理

制单即生成凭证，并将凭证传递至总账记账。系统在各个业务处理的过程中都提供了实时制单的功能；除此之外，系统还提供了一个统一制单的平台，用户可以在此快速、成批生成凭证，并可依据规则进行合并制单等处理。

操作步骤：

（1）在应收账款管理界面，单击“制单处理”项，进入制单查询界面。

（2）单击左边选择“制单类型”。可根据实际需要选取需要制单的类型。制单类型包括发票制单和应收单制单、合同结算单制单、收付款单制单、核销制单、票据处理制单、并账制单、现结制单、坏账处理制单、转账制单、汇兑损益制单。

（3）输入完查询条件，单击“确认”按钮，系统会将符合条件的所有未制单已经记账的单据全部列出。

（4）输入制单日期，并在“凭证类别”栏目处用下拉列表为每一个制单类型设置一个默认的凭证类别。可以在凭证中修改该类别。

（5）选中一条记录，单击“单据”按钮，即可显示该条记录所对应的单据卡片形式。若该条记录所对应的单据有多条，则先显示这些单据记录的列表形式，双击打开成卡片形式。

（6）选择“显示隐藏记录”选项，即只显示处于隐藏状态的记录；选择“显示未隐藏记录”选项，则只显示处于未隐藏状态的记录。

（7）若希望在生成凭证的过程中系统自动形成凭证的摘要内容，可以单击“摘要”按钮，详细请看凭证摘要设置。

（8）若希望对当前有选择标记的制单记录打上隐藏标记，可以单击“标记”按钮。若希望根据当前查询条件，自动将那些制单时合并分录后会导致凭证为空的记录打上隐藏标记，则单击“自动”按钮。若希望取消制单记录的隐藏，可以单击“取消”按钮。

（9）选择完所有的条件后，单击“制单”按钮，进入凭证界面，单击“保存”按钮，可以将当前凭证传递到总账系统。

第三节 账表查询及期末处理

一、单据查询

系统提供对应收单、结算单、凭证等的查询。进行各类单据、详细核销信息、报警信息、凭证等内容的查询。

在查询列表中，系统提供自定义显示栏目、排序等功能，可以通过单据列表操作来制作符合用户要求的单据的列表。用户在单据查询时，若启用客户、部门数据权限控制，则用户在查询单据时只能查询有权限的单据。

操作步骤：

（1）进入单据列表界面，单击“查询”按钮，可以重新输入查询条件。

（2）进入单据列表界面，单击“单据”按钮，查看当前光标所在记录行的单据。

（3）进入单据列表界面，单击“凭证”按钮，查看当前光标所在记录行的凭证。

（4）进入单据列表界面，单击“详细”按钮，查看当前光标所在记录行的详细核销情况。

（5）进入单据列表界面，单击“栏目”按钮，可以设置当前查询列表的显示栏目、栏目顺序、栏目名称、排序方式，且可以保存当前设置的内容。

（6）进入单据列表界面，单击“打印”“预览”按钮，单据列表界面中提供打印、预览功能。

二、账表管理

账表管理分为我的账表、业务账表查询、统计分析、科目账表查询。

通过“我的账表”进行新建账夹，设置账夹口令，进行自定义报表。

通过“业务账表查询”，可以及时地了解一定期间内期初应收款结存汇总情况、应收款发生、收款发生的汇总情况，累计情况及期末应收款结存汇总情况；还可以了解各个客户期初应收款结存明细情况，应收款发生、收款发生的明细情况、累计情况及期末应收款结存明细情况，能及时发现问题，加强对往来款项的监督管理。

通过“统计分析”，可以按用户定义的账龄区间，进行一定期间内应收款账龄分析、应付款账龄分析、往来账龄分析，了解各个客户应收款周转天数、周转率，了解各个账龄区间内应收款、收款及往来情况，能及时发现问题，加强对往来款项动态的监督管理。

用户可通过“科目账表查询”进行不同角度的科目明细账、科目余额表的查询。

三、期末处理

（一）月末结账

如果确认本月的各项处理已经结束，用户可以选择执行月末结账功能。当执行了月末结账功能后，该月将不能再进行任何处理。

操作步骤：

（1）单击“期末处理”下的“月末结账”。

（2）选择结账月份，双击“结账标志”一栏，选择该月进行结账。

注意：

（1）如果这个月的前一个月没有结账，则本月不能结账。

（2）一次只能选择一个月进行结账。

（二）取消结账

取消结账功能帮助取消最近月份的结账状态。

操作步骤：

（1）单击“期末处理”下的“取消月结”。

（2）选择需要取消结账月份，双击“结账标志”一栏，单击“确认”按钮，系统执行取消结账功能。

复习思考题

1. 简述应收（付）账款管理系统的功能。
2. 如何进行红票对冲？
3. 修改应收单、应付单应注意哪些事项？
4. 应收（付）款管理系统提供了哪些账表查询功能？
5. 应收款管理系统提供的坏账处理方式有哪些？
6. 如何录入期初余额？

参 考 文 献

陈伟. 2016. 计算机辅助审计原理及应用. 3 版. 北京：清华大学出版社.

刘勤，刘梅玲. 2006. XBRL 知识体验：理论、方法与实践. 上海：立信会计出版社.

毛元青. 2010. 会计信息系统. 北京：中国财政经济出版社.

欧阳电平，胡丹，袁芬，等. 2017. 会计信息化基础. 北京：清华大学出版社.

王新玲，吕志明，苏秀花. 2016. 用友 ERP 财务管理系统实验教程. 2 版. 北京：清华大学出版社.

杨周南，王海林，吴沁红，等. 2017. 会计信息系统. 3 版. 北京：电子工业出版社.

张莉，李湘蓉，梁力军，等. 2016. 会计信息系统 ERP 基础与审计. 北京：清华大学出版社.

Danny Kopec. 2017. 人工智能与问题解决方法. 北京：中国水利水电出版社.

附　录

会计实验数据

一、实验目的与要求

（一）实验目的

会计信息系统是一门实践性很强的课程，必须通过实验才能让学生真正掌握课堂教学的基本原理与技术，培养懂得使用、维护、管理会计软件或ERP系统的会计人才。本实验的目的在于帮助学生了解会计信息系统的基本结构和原理，并在此基础上学会如何实现和管理企事业单位会计电算化，为学生将来使用和维护会计软件、用计算机处理财务管理中的各种实际问题打下初步基础。

（二）实验要求

本实验采用案例教学法，即给出一个企业的背景资料，然后通过会计软件或ERP系统的实施，实现企业会计核算与管理的电算化。为此要求如下。

（1）学生通过实验必须学会一个会计软件或ERP财务会计系统的主要功能，包括总账、薪资、固定资产、通用报表、应收、应付等子系统的功能与结构，以及相互之间的关系。

（2）学生必须学会建立自己的账套，按照背景资料独立完成一个模拟企业的会计核算与基本管理工作，过程应该包括初始设置、日常处理、期末处理、报表编制、账表输出、信息运用等环节。如果使用应收、应付、工资、固定资产等子系统，则这些系统必须为总账系统生成记账凭证。

二、系统管理

（一）建账

1. 账套号：001（可以自行选择）

2. 账套名：财务实验账
3. 启用会计期：2018.3.1
4. 单位名称：大大股份有限公司
5. 单位简称：大大公司
6. 单位域名：WWW.dadaLTD.com.cn
7. 单位地址：黑龙江省哈尔滨市香坊区
8. 法人代表：李行天
9. 邮政编码：151600
10. 企业类型采用工业企业
11. 客户、供应商有分类
12. 会计科目可采用 422 的形式，其余分类编码级次均采用默认即可
13. 数据精度均为 2

（二）设置操作员

（1）设置操作员：李明，李小明，李玉明。

（2）李明为账套主管；李小明是会计，有处理总账、报表、薪资、固定资产和应收应付系统业务的权限；李玉明有出纳权限和凭证审核权。

三、基础设置

（一）系统启用

3 月，启用总账。

（二）部门档案

编码	名称	编码	名称
1	职能科室	4	供应处
101	厂办	401	供应一科
2	运输处	402	供应二科
201	运输科	5	销售科
3	生产处	501	本地销售科
301	铸钢车间	502	外地销售科
302	锻压车间	6	财务处
303	金工车间	601	总账组
304	机装车间	602	资金组
305	结构车间	603	成本组
306	动力车间	7	库房

（三）人员类别

在“在职人员”大类下增加以下子类别。

编号	类别名称
101	管理人员
102	50W 生产人员
103	80W 生产人员
104	车间管理人员
105	销售人员
106	财务人员

（四）人员档案

业务员的“业务或所属部门”即所属部门。

编号	姓名	性别	所属部门	人员类别	账号	业务员	工龄	基本工资	事假天数	病假天数
101029	李行天	男	厂办	管理人员	200120022003001		25	900		
301101	刘芳	女	铸钢车间	50W 生产人员	200120022003002		18	700		
301102	刘明	男	铸钢车间	80W 生产人员	200120022003003		30	800	1	
301103	刘云	女	铸钢车间	车间管理人员	200120022003004	是	13	500		
303101	陈列	男	金工车间	50W 生产人员	200120022003005		16	400		1
303102	陈重	男	金工车间	80W 生产人员	200120022003006		15	400		
303103	陈志远	男	金工车间	车间管理人员	200120022003007	是	6	400	2	
501011	许晴	女	本地销售科	销售人员	200120022003008	是	3	400		
501012	孙明	男	本地销售科	销售人员	200120022003009	是	9	400		
501013	杨玲	女	本地销售科	销售人员	200120022003010	是	4	700		
502014	刘杨	女	外地销售科	销售人员	200120022003011	是	7	400		
502015	甘甜	女	外地销售科	销售人员	200120022003012	是	14	600		
502016	潘张	男	外地销售科	销售人员	200120022003013	是	5	600		
502017	张飞	男	外地销售科	销售人员	200120022003014	是	8	300		
502018	赵良	男	外地销售科	销售人员	200120022003015	是	21	400		
601019	李小明	男	总账组	财务人员	200120022003016		4	500		2
601020	李明	男	总账组	财务人员	200120022003017	是	5	800		
602021	李玉明	男	资金组	财务人员	200120022003018		6	500	2	
603022	王三天	男	成本组	财务人员	200120022003019		7	566		
603023	张青	女	成本组	财务人员	200120022003020	是	8	499		

续表

编号	姓名	性别	所属部门	人员类别	账号	业务员	工龄	基本工资	事假天数	病假天数
700024	王库	男	库房	管理人员	200120022003021	是	20	600		
700025	郭库	男	库房	管理人员	200120022003022		10	300		1
700026	胡库	女	库房	管理人员	200120022003023		23	600		
700027	谈库	女	库房	管理人员	200120022003024		34	800		
700028	王库	男	库房	管理人员	200120022003025		23	300		

（五）客户分类

客户分类表

编码	名称	编码	名称
01	工业企业	02	商业企业
01001	重工业企业	02001	零售商业企业
01002	轻工业企业	02002	整批商业企业
03	其他客户		

（六）供应商分类

供应商分类表

编码	名称	编码	名称
01	工业企业	02	商业企业
01001	东北区	02001	东北区
01002	华北区	02002	华北区
03	其他	02003	华南区

（七）客户档案

客户档案

客户编号	客户名称	客户简称	所属类别码
01001001	湖北重型股份有限公司	湖北股份	01001
01001002	江苏迅达重型机械厂	江苏迅达	01001
01001003	上海第一机械厂	上海一厂	01001
01001004	上海第二机械厂	上海二厂	01001
01001005	上海第三机械厂	上海三厂	01001
01002001	北京一厂	北京一厂	01002
02001001	龙腾公司	龙腾公司	02001
02002001	虎跃股份	虎跃股份	02002

（八）供应商档案

供应商档案

供应商编号	供应商名称	供应商简称	所属分类码
11111111	哈尔滨重工业一厂	哈一重	01001
22222222	哈尔滨重工业二厂	哈二重	01001
33333333	哈尔滨重工业三厂	哈三重	01001
44444444	齐齐哈尔重工业一厂	齐一重	01001
55555555	首都钢铁公司	首钢	01002
66666666	哈尔滨重金属经销公司	哈金属	02001

（九）设置会计科目

会计科目表

性质	代码	科目名称	方向	余额/元	辅助账
资产	1001	现金	借	300	日记账
资产	1002	银行存款	借	1 289 000	日记银行
资产	100201	工商银行	借	800 000	日记银行
资产	100202	交通银行	借	489 000	日记银行
资产	1009	其他货币资金	借	127 000	
资产	100901	外埠存款	借		
资产	100902	银行本票	借	10 000	
资产	100903	银行汇票	借	117 000	
资产	100904	信用卡	借		
资产	100905	信用证保证金	借		
资产	100906	存出投资款	借		
资产	1101	短期投资	借	15 000	
资产	110101	股票	借	5 000	
资产	110102	债券	借	10 000	
资产	110103	基金	借		
资产	110110	其他	借		
资产	1102	短期投资跌价准备	贷		
资产	1111	应收票据	借	246 000	
资产	111101	货款	借	200 000	
资产	111102	税金	借	46 000	
资产	111103	其他	借		
资产	1121	应收股利	借		

资产	1122	应收利息	借		
资产	1131	应收账款	借	300 000	客户往来
		其中：湖北股份	借	100 000	
		江苏迅达	借	100 000	江苏迅达
		上海一厂	借	40 000	上海一厂
		上海二厂	借	30 000	上海二厂
		上海三厂	借	30 000	上海三厂
资产	1133	其他应收款	借	5 000	
资产	113301	内部其他应收	借	5 000	个人往来
		其中：			
		赵良	借	1 000	赵良
		李明	借	2 000	李明
		张青	借	1 000	张青
		王库（024）	借	1 000	王库（024）
资产	113302	外部其他应收	借		个人往来
资产	1141	坏账准备	贷	900	
资产	1151	预付账款	借	100 000	
资产	1161	应收补贴款	借		
资产	1201	物资采购	借	80 000	
资产	1211	原材料	借	930 000	
资产	121101	原料及主要材料	借	770 000	
资产	12110101	钢材（64 吨）	借	640 000	
资产	12110102	木材（13 方）	借	130 000	
资产	121102	辅助材料	借	60 000	
资产	12110201	油漆（50 桶）	借	50 000	
资产	12110202	钢筋（1 吨）	借	10 000	
资产	121103	燃料	借	100 000	
资产	12110301	汽油（3 吨）	借	30 000	
资产	12110302	柴油（10 吨）	借	70 000	
资产	1221	包装物	借	10 000	
资产	1231	低值易耗品	借	80 000	
资产	1232	材料成本差异	借		
资产	1241	自制半成品	借	50 000	
资产	1243	库存商品	借	1 400 000	
资产	1251	委托加工物资	借	20 000	
资产	1281	存货跌价准备	贷		
资产	1291	分期收款发出商品	借		
资产	1301	待摊费用	借	100 000	

资产	1401	长期股权投资	借	100 000	
资产	140101	股票投资	借	100 000	
资产	140102	其他股权投资	借		
资产	1402	长期债权投资	借	150 000	
资产	140201	债券投资	借	150 000	
资产	140202	其他债权投资	借		
资产	1421	长期投资减值准备	贷		
资产	1501	固定资产	借	1 700 000	
资产	1502	累计折旧	贷	400 000	
资产	1505	固定资产减值准备	贷		
资产	1601	工程物资	借		
资产	160101	专用材料	借		
资产	160102	专用设备	借		
资产	160103	预付大型设备款	借		
资产	1603	在建工程	借	1 500 000	
资产	160301	材料	借	1 500 000	项目核算
		（其中：甲工程 1 000 000 乙工程 500 000）			
资产	160302	工资	借		项目核算
资产	160303	福利费	借		项目核算
资产	160304	税金	借		项目核算
资产	160305	利息	借		项目核算
资产	1605	在建工程减值准备	贷		
资产	1701	固定资产清理	借		
资产	1801	无形资产	借	600 000	
资产	1805	无形资产减值准备	贷		
资产	1815	未确认融资费用	借		
资产	1911	待处理财产损溢	借		
资产	191101	待处理流动资产损溢	借		
资产	191102	待处理固定资产损溢	借		
负债	2101	短期借款	贷	300 000	
负债	2111	应付票据	贷	200 000	
负债	2121	应付账款	贷	953 800	供应商
		其中：哈一重	贷	200 000	
		哈二重	贷	350 000	
		哈三重	贷	200 800	
		齐一重	贷	203 000	
负债	2131	预收账款	贷		
负债	2141	代销商品款	贷		

负债	2151	应付工资	贷	100 000
负债	2153	应付福利费	贷	10 000
负债	2161	应付股利	贷	
负债	2171	应交税金	贷	30 000
负债	217101	应交增值税	贷	
负债	21710101	进项税额	贷	
负债	21710102	已交税金	贷	
负债	21710103	转出未交增值税	贷	
负债	21710104	减免税款	贷	
负债	21710105	销项税额	贷	
负债	21710107	进项税额转出	贷	
负债	21710109	转出多交增值税	贷	
负债	217102	未交增值税	贷	
负债	217103	应交营业税	贷	5 000
负债	217104	应交消费税	贷	5 000
负债	217105	应交资源税	贷	10 000
负债	217106	应交所得税	贷	10 000
负债	2176	其他应交款	贷	6 600
负债	2181	其他应付款	贷	50 000
负债	2191	预提费用	贷	1 000
负债	2301	长期借款	贷	600 000
负债	2311	应付债券	贷	1 000 000
负债	231101	债券面值	贷	800 000
负债	231102	债券溢价	贷	
负债	231103	债券折价	借	
负债	231104	应计利息	贷	200 000
负债	2321	长期应付款	贷	
负债	2331	专项应付款	贷	
负债	2341	递延税款	贷	
权益	3101	实收资本（或股本）	贷	5 000 000
权益	3111	资本公积	贷	
权益	311101	资本（或股本）溢价	贷	
权益	311103	接受现金捐赠	贷	
权益	311104	股权投资准备	贷	
权益	311107	其他资本公积	贷	
权益	3121	盈余公积	贷	150 000
权益	312101	法定盈余公积	贷	100 000
权益	312103	法定公益金	贷	50 000

权益	312106	利润归还投资	贷	
权益	3131	本年利润	贷	
权益	3141	利润分配	贷	
权益	314102	提取法定盈余公积	贷	
权益	314103	提取法定公益金	贷	
权益	314108	应付优先股股利	贷	
权益	314110	应付普通股股利	贷	
权益	314115	未分配利润	贷	
成本	4101	生产成本	借	
成本	410101	基本生产成本	借	
成本	41010101	工资	借	部门项目
成本	41010102	福利费	借	部门项目
成本	41010103	材料费	借	部门项目
成本	41010104	制造费用	借	部门项目
成本	410102	辅助生产成本	借	
成本	4105	制造费用	借	部门核算
成本	410501	工资	借	部门核算
成本	410502	福利费	借	部门核算
成本	410503	修理费	借	部门核算
成本	410504	机物费	借	部门核算
成本	410505	折旧费	借	部门核算
成本	4107	劳务成本	借	
损益	5101	主营业务收入	贷	
损益	5102	其他业务收入	贷	
损益	5201	投资收益	贷	
损益	5301	营业外收入	贷	
损益	5401	主营业务成本	借	
损益	5402	主营业务税金及附加	借	
损益	5405	其他业务支出	借	
损益	5501	销售费用	借	
损益	550101	广告费	借	
损益	550102	展览费	借	
损益	5502	管理费用	借	
损益	550201	工资	借	项目核算
损益	550202	福利费	借	项目核算
损益	550203	修理费	借	项目核算
损益	550204	机务费	借	项目核算
损益	550205	折旧费	借	项目核算

损益	550206	水电费	借	项目核算
损益	550208	无形资产摊销	借	项目核算
损益	550209	坏账准备	借	项目核算
损益	550210	印花税	借	项目核算
损益	550211	劳动保险费	借	项目核算
损益	550212	调研费	借	项目核算
损益	550213	试制费	借	项目核算
损益	550214	其他	借	项目核算
损益	5503	财务费用	借	
损益	5601	营业外支出	借	
损益	5701	所得税	借	
损益	5801	以前年度损益调整	借	

（十）指定科目

将“现金”指定为“现金总账科目”；
将“银行存款”指定为“银行总账科目”。

（十一）设置凭证类别

设置为统一的记账凭证。

（十二）项目档案

项目共分两大类，即生产建造类和费用类，且各有一级下级分类，分类及所辖项目如下。

生产建造类项目表

分类编码	分类名称	项目编号	项目名称
1	生产成本	1111	50W 发电机
		2222	80W 发电机
2	在建工程	3333	甲工程
		4444	乙工程

费用类项目表

分类编码	分类名称	项目编号	项目名称
1	管理费用	0011	新产品开发 1
		0022	新产品开发 2
		0033	非产品开发管理费

注：在设置时均设为“普通项目”，在处理凭证时，凡是费用类均列为“非产品开发管理费”

（十三）设置结算方式

结算方式列表

编码	名称	编码	名称
1	现金结算	301	商业汇票
101	现金	302	银行汇票
2	支票	4	其他方式
202	现金支票	401	电汇
203	转账支票	402	内部转账
3	汇票	403	托收承付

四、总账

（一）设置期初余额

（二）填制凭证

业务如下，如有未预设科目，则需临时添加，并在填制凭证过程中，练习使用常用摘要和常用凭证（如提现摘要和凭证）。

下面是1～46笔业务：给出数字的可以直接填制凭证，没有给出数字的查询余额或辅助账类，然后进行填写。

（1）1日，用银行存款支付到期汇票。

借：应付票据　100 000

　贷：银行存款——工商银行（203—0001）　100 000

（2）2日，物资采购钢材15吨，单价10 000元，银行存款支付。

借：物资采购　150 000

　　应交税金——应交增值税（进项税额）　25 500

　贷：银行存款——工商银行（203—0002）　175 500

（3）2日，收料入库，钢材10吨，单价10 000元

借：原材料——原料及主要材料——钢材　100 000

　贷：物资采购　100 000

（4）3日，汇票付材料款，木材10方，单价9 980元。余款234元转回。

借：物资采购　99 800

　　银行存款——工商银行（401—4532）　234

　　应交税金——应交增值税（进项税额）　16 966

　贷：其他货币资金——银行汇票　117 000

（5）上笔购入原材料计划价入库（计划单价10 000元）。

借：原材料——原材料及主要材料——木材　100 000

贷：物资采购 99 800

贷：材料成本差异 200

（6）4 日，销售产品给湖北股份，业务员刘杨，票号 10 000，成本 18 000 元，已发出，款未收，价款 300 000 元。

借：应收账款 351 000

贷：主营业务收入 300 000

应交税金——应交增值税（销项税额） 51 000

（7）4 日，将短期投资兑现收到 16 500 元，股票 5 000 元，债券 10 000 元。

借：银行存款——工商银行（203—0101） 16 500

贷：短期投资——股票 5 000

短期投资——债券 10 000

投资收益 1 500

（8）5 日，购入价值为 101 000 元固定资产。

借：固定资产 101 000

贷：银行存款——工商银行（203—0003） 101 000

（9）6 日，购入材料，用于甲工程建设 100 000 元，乙工程 50 000 元。

借：在建工程 150 000

贷：银行存款——工商银行（203—0004） 150 000

（10）7 日，甲工程应付工资 120 000 元，福利费 18 000 元和应交税费 60 000 元，乙工程工资 80 000 元，福利费 10 000 元，固定资产投资调节税 40 000 元。（填制凭证时增加“应交税金——应交税费”科目）

借：在建工程——工资 200 000

在建工程——福利费 28 000

在建工程——税金 100 000

贷：应付工资 200 000

应付福利费 28 000

应交税金——应交税费 100 000

（11）7 日，计算工程应负担的借款利息 150 000 元，甲工程 102 000 元，乙工程 48 000 元，本息尚未支付。

借：在建工程 150 000

贷：长期借款 150 000

（12）7 日，甲工程完工，进行结算，交付生产使用。（根据查询结果，得出结算数字）

借：固定资产

贷：在建工程

（13）8 日，机床报废，转入清理。原价 200 000 元，折旧 180 000 元。

借：固定资产清理 20 000

累计折旧 180 000

贷：固定资产　200 000

（14）发生清理费用 500 元，银行存款支付。

借：固定资产清理　500

贷：银行存款——工商银行（203—0005）　500

（15）清理残值 800 元，存入银行。

借：银行存款——工商银行（203—0006）　800

贷：固定资产清理　800

（16）结转清理净损失。

借：营业外支出——处理固定资产净损失　19 700

贷：固定资产清理　19 700

（17）8 日，借款 400 000 元用于购建固定资产。

借：银行存款——工商银行（203—0007）　400 000

贷：长期借款　400 000

（18）9 日，销售产品实际成本 420 000 元，700 000 元价款。

借：银行存款——工商银行（403—3698）　819 000

贷：主营业务收入　700 000

应交税金——应交增值税（销项税额）　119 000

（19）9 日，汇票到期，办理转账。

借：银行存款——工商银行（301—1234）　200 000

贷：应收票据　200 000

（20）9 日，收到股息，存入银行。

借：银行存款——工商银行（202—9874）　30 000

贷：投资收益　30 000

（21）10 日，出售设备，已运走转入清理，原价 400 000 元，累计折旧 150 000 元。

借：固定资产清理　250 000

累计折旧　150 000

贷：固定资产　400 000

（22）收到价款 300 000 元。

借：银行存款——工商银行（203—0008）　300 000

贷：固定资产清理　300 000

（23）结转清理费用。

借：固定资产清理　50 000

贷：营业外收入——处理固定资产净收益　50 000

（24）11 日，归还借款本息，已预提利息，本金 250 000 元，利息 12 500 元。

借：短期借款　250 000

预提费用　12 500

贷：银行存款——工商银行（203—0009）　262 500

（25）12 日，提现，备发工资（并将此凭证作为常用凭证保存，以备后用）。

借：现金　　500 000
　贷：银行存款——工商银行（203—0010）　　500 000

（26）13 日，支付工资，包括在建工程人员的工资。

借：应付工资　　500 000
　贷：现金　　500 000

（27）13 日，分配工资，生产工人工资：铸钢车间 50W 发电机 100 000 元，80W 发电机 70 000 元，金工车间 50W 发电机 100 000 元，80W 发电机 5 000 元。车间管理人员工资：铸钢车间 6 000 元，金工车间 4 000 元。企业管理人员工资（非产品开发人员，计入“非产品开发管理费”项目，以后凡涉及“管理费用”均计入“非产品开发管理费”）15 000 元。

借：生产成本——基本生产成本——工资　　275 000
　　制造费用——工资　　10 000
　　管理费用　　15 000
　贷：应付工资　　300 000

（28）14 日，提取福利费（根据上项业务各分项的 14%）。

借：生产成本——基本生产成本——福利费　　38 500
　　制造费用——福利费　　1 400
　　管理费用——福利费　　2 100
　贷：应付福利费　　42 000

（29）15 日，提取利息。

借：财务费用　　21 500
　贷：预提费用　　11 500
　　　长期借款　　10 000

（30）15 日，基本生产领用钢材 73.5 吨，单价 10 000 元，铸钢车间：50W 发电机领用价值 300 000 元，80W 发电机领用价值 250 000 元，金工车间：50W 发电机领用价值 100 000 元，80W 发电机领用价值 85 000 元。

借：生产成本——基本生产成本——材料　　735 000
　贷：原材料——原料及主要材料——钢材　　735 000

（31）16 日，铸钢车间领用低值易耗品，用于修理。

借：制造费用——修理费　　52 500
　贷：低值易耗品　　52 500

（32）17 日，摊销无形资产。

借：管理费用——无形资产摊销　　60 000
　贷：无形资产　　60 000

（33）18 日，摊销印花税、铸钢车间修理费。

借：管理费用——印花税　　10 000
　　制造费用——修理费　　90 000
　贷：待摊费用　　100 000

（34）19 日，计提固定资产折旧，铸钢车间 55 000 元，金工车间 25 000 元。管理部门 20 000 元。

借：制造费用——折旧费　　80 000
　　管理费用——折旧费　　20 000
　贷：累计折旧　　100 000

（35）20 日，收湖北股份货款（业务员：刘杨，票号 10 000）。

借：银行存款——工商银行（203—0011）　　51 000
　贷：应收账款　　51 000

（36）21 日，按应收账款的 3%的提取坏账准备。

借：管理费用——坏账损失　　900
　贷：坏账准备　　900

（37）25 日，用银行存款支付产品展览费。

借：销售费用——展览费　　10 000
　贷：银行存款——交通银行（203—0001）　　10 000

（38）28 日，用银行存款支付广告费。

借：管理费用——广告费　　10 000
　贷：银行存款——交通银行（203—0002）　　10 000

（39）28 日，用汇票结算方式销售产品，实际成本 1 500 000 元。

借：应收票据　　292 500
　贷：主营业务收入　　250 000
　　　应交税金——应交增值税（销项税额）　　42 500

（40）28 日，将上述汇票贴现，贴现息 20 000 元。

借：财务费用　　20 000
　　银行存款——交通银行（203—0003）　　272 500
　贷：应收票据　　292 500

（41）28 日，提现，备付退休费（使用常用凭证）。

借：现金　　50 000
　贷：银行存款——交通银行（203—0004）　　50 000

（42）28 日，支付退休金。

借：管理费用——劳动保险费　　50 000
　贷：现金　　50 000

（43）29 日，计算应交纳的教育费附加 2 000 元。

借：主营业务税金及附加　　2 000
　贷：其他应交款　　2 000

（44）29 日，用银行存款交纳增值税和教育费。

借：应交税金——应交增值税（已交税金）　　100 000
　　其他应交款　　2 000
　贷：银行存款——交通银行（203—0005）　　102 000

（45）30 日，计算并结转产品销售成本。

借：主营业务成本　　750 000

　贷：库存商品　　750 000

（46）30 日，偿还长期借款。

借：长期借款　　1 000 000

　贷：银行存款——工商银行（203—0012）　　1 000 000

（三）审核凭证

对上述凭证逐张校核，确认无误后进行下一步。

（四）记账

（五）期末转账业务练习

下面给出的业务可考虑采用定义转账公式的方式填制（注意各笔业务之间的数字关系，有的业务在进行前，只有前面的凭证审核记账，从账簿中取得的数字才是正确的）。

（47）30 日，结转本期制造费用。说明：铸钢车间和金工车间的制造费用均按 50W 发电机分配 60%，80W 发电机分配 40%的比例。（提示：如不使用转账公式，输入过程中使用参照余额及查询辅助核算中的部门多栏账同样可以填写。参考数字：借方合计数为 233 900）参考公式如下表所示。

摘要	科目编码	部门	项目	方向	公式
结转制造费用	41010104	铸钢车间	50W 发电机	借	QM（4105，月，借，301）×0.6
结转制造费用	41010104	铸钢车间	80W 发电机	借	QM（4105，月，借，301）×0.4
结转制造费用	41010104	金工车间	50W 发电机	借	QM（4105，月，借，303）×0.6
结转制造费用	41010104	金工车间	80W 发电机	借	QM（4105，月，借，303）×0.4
结转制造费用	410501			贷	QM（410501，月，借）
结转制造费用	410502			贷	QM（410502，月，借）
结转制造费用	410503			贷	QM（410503，月，借）
结转制造费用	410504			贷	QM（410504，月，借）
结转制造费用	410505			贷	QM（410505，月，借）

借：生产成本——基本生产成本——制造费用

　贷：制造费用——工资

　贷：制造费用——福利费

　贷：制造费用——修理费

　贷：制造费用——折旧费

（48）30 日，假设产品全部完工入库，结转完工产品成本。（提示：即将生产成本科目全部结转至库存商品。参考数字：库存商品合计数为 1 282 400，如果数字不符，可能是 47 笔没记账）

借：库存商品

　贷：生产成本——基本生产成本——工资

　　　生产成本——基本生产成本——福利费

　　　生产成本——基本生产成本——材料费

　　　生产成本——基本生产成本——制造费用

参考公式如下表所示。

摘　　要	科目编码	方向	金额公式
结转完工产品成本	1243	借	QM（4101,月）
结转完工产品成本	41010101	贷	QM（41010101,月,借）
结转完工产品成本	41010102	贷	QM（41010102,月,借）
结转完工产品成本	41010103	贷	QM（41010103,月,借）
结转完工产品成本	41010104	贷	QM（41010104,月,借）

（49）30 日，有关收入类科目结转本年利润（参考数字：借方合计为 1 331 500）。

借：主营业务收入

　　营业外收入

　　投资收益

　贷：本年利润

有关费用类科目结转本年利润（本分录参考数字借方为：991200）。

借：本年利润

　贷：主营业务成本

　　　销售费用

　　　主营业务税金及附加

　　　管理费用

　　　财务费用

　　　营业外支出

提示：本笔业务采用期间损益方式结转。

（六）查询账簿填制凭证，然后审核记账

要求：对以上业务记账后，查询账务相关数字。利用查询结果直接填制凭证，然后记账。

另外，以下几笔业务也可以通过自定义转账公式填制凭证，因公式与上面所给公式相类似，后面几笔没有给出参考公式。

（50）30 日，计算并结转所得税（注意：从利润中减去投资转入的 30 000 元），税率为 33%（参考数字为 102 399）。

借：所得税

　贷：应交税金——应交所得税

参考公式如下表所示。

摘要	科目编码	方向	公式
转所得税	5701	借	[JE（3131,月）−30000]×0.33
转所得税	217105	贷	CE（）

（51）转入本年利润。

借：本年利润

　贷：所得税

参考公式如下表所示。

摘要	科目编码	方向	公式
所得税转本年利润	3131	借	JE（5701,月）
所得税转本年利润	5701	贷	JG（）

（52）30 日，提取法定盈余公积金（税后利润的 10%）（提示：查询税后净利润）

借：利润分配——提取法定盈余公积［参考公式：QM（3131,月,贷）×0.1，参考数字：23790.1］

　贷：盈余公积［参考公式：JG（）］

（53）30 日，提取公益金（税后利润的 5%）（提示：查询税后净利润）。

借：利润分配——提取法定公益金［参考公式：QM（3131,月,贷）×0.05，参考数字：11895.05］

　贷：盈余公积［参考公式：JG（）］

（54）30 日，结转利润分配（提示：将上两笔提取数结转）。

借：利润分配——未分配利润

　贷：利润分配——提取法定盈余公积

　　利润分配——提取法定公益金

（55）30 日，从本年利润向利润分配结转未分配利润。

借：本年利润

　贷：利润分配——未分配利润

（56）30 日，用银行存款交纳所得税 97 089 元。

借：应交税金——应交所得税　　97 089

　贷：银行存款——交通银行（203—0007）　　97 089

（七）银行对账

（1）工商银行 2 月份银行存款余额调节表与 3 月份银行对账单如下。

银行存款余额调节表

银行：工商银行　　　　　　　　　　　　　　　　　　　　　　　　　　　2月28日

单位日记账			银行对账单		
账面余额		800 000.00	账面余额		930 000.00
加：银行已收，企业未收	2.27	100 000.00	加：企业已收，银行未收	2.26	100 000.00
减：银行已付，企业未付			减：企业已付，银行未付	2.26	130 000.00
调整后余额		900 000.00	调整后余额		900 000.00

银行对账单

2018年3月　　　　　　　　　　　　　　　　　　　　　　　　　　　　工商银行

日期	结算方式	票号	借方金额	贷方金额
1日	203	0001		100 000
3日	203	0002		175 500
3日	401		234	
9日	203	0101	16 500	
10日	203	0003		101 000
12日	203	0004		150 000
12日	203	0005		500
15日	203	0006	800	
15日	203	0007	400 000	
18日	403	3698	819 000	
19日	202	9874	30 000	
20日	203	0009		262 500
21日	203	0010		500 000
30日	203	0015	20 000	
30日	203	1212		30 000

（2）本月交通银行对账，银行对账单与单位日记账调整前余额均为489 000元，没有未达账项。交通银行对账单如下表所示。

银行对账单

2018年3月　　　　　　　　　　　　　　　　　　　　　　　　　　　　交通银行

日期	结算方式	结算号	借方金额	贷方金额
18日	203	0001		10 000
19日	203	0002		10 000
28日	203	0003	272 500	
29日	203	0004		50 000
30日	203	0005		102 000
30日	203	0010	134 581	
30日	203	3211		25 879

（八）结账

（九）更正错误练习

第 38 笔广告费科目使用错误，将“管理费用”更正为“销售费用”
提示：可反结账—反记账—取消审核—更正凭证，然后再记账。

五、报表数据

（一）资产负债表

（1）设表尺寸，样表如下：行是 42，列为 8。
（2）设置行高和列宽，把第 1 行设为 10 mm。

A：60　B：10　C：35　D：35
E：60　F：10　G：35　H：35

（3）对 A4：H42 画网络线。
（4）将 B1：F1 设为组合单元。
（5）设置单元属性：
将 C6：D42，G6：H42 设为数值型，小数位数为零，对齐为居右；
将 B1：F1 设置字体为楷体，字号为 18，背景色为蓝，前景色为红，水平和垂直居中；
将 A4：H4 设为水平方向居中，垂直方向居中；
将 A5：A42，E5：E42 设为居左。
（6）输入表样文字。
（7）设置关键字：“单位名称”“年”“月”。
（8）设定公式，参考公式如下。
D6＝QM（“1001”,月,,,,）＋QM（“1002”,月,,,,）＋QM（“1009”,月,,,,）
H6＝QM（“2101”,月,,,,）
D7＝QM（“1101”,月,,,,）
H7＝QM（“2111”,月,,,,）
D8＝QM（“1111”,月,借,,,）
H8＝QM（“2121”,月,,,,）
D9＝ QM（“1121”,月,,,,）
D10＝QM（“1122”,月,,,,）
H10＝QM（“2151”,月,,,,）
D11＝QM（“1131”,月,,,,）- QM（“1141”,月,贷,,,）＋ QM（“1141”,月,借,,,）
H11＝QM（“2153”,月,,,,）
D12＝QM（“1133”,月,,,,）
D13＝QM（“1151”,月,,,,）
H13＝QM（“2171”,月,,,,）

H14＝QM（“2176”,月,,,,）

D15＝QM（“1201”,月,借,,,）＋ QM（“1211”,月,借,,,）＋ QM（“1221”,月,借,,,）＋ QM（“1231”,月,借,,,）- QM（“1232”,月,贷,,,）＋ QM（“1241”,月,借,,,）＋ QM（“1243”,月,借,,,）＋ QM（“1251”,月,借,,,）

H15＝ QM（“2181”,月,,,,）

D16＝ QM（“1301”,月,,,,）

H16＝ QM（“2191”,月,,,,）

D19＝PTOTAL（D6：D18）

D21＝QM（“1401”,月,,,,）

H21＝PTOTAL（H6：H18）

D22＝QM（“1402”,月,,,,）

D23＝PTOTAL（D21：D22）

H23＝QM（“2301”,月,,,,）

H24＝QM（“2311”,月,,,,）

D25＝QM（“1501”,月,,,,）

D26＝QM（“1502”,月,,,,）

D27＝D25-D26

D28＝QM（“1505”,月,,,,）

H28＝PTOTAL（H23：H27）

D29＝D27-D28

D30＝QM（“1601”,月,,,,）

D31＝QM（“1603”,月,,,,）- QM（“1505”,月,,,,）

H31＝H21＋H28＋H30

D32＝QM（“1701”,月,,,,）

D33＝D29＋D30＋D31＋D32

H34＝QM（“3101”,月,,,,）

D35＝QM（“1801”,月,,,,）

D36＝QM（.“1901”,月,,,,）

H36＝H34-H35

D38＝PTOTAL（D35：D37）

H38＝QM（“3121”,月,,,,）

H39＝QM（“312103”,月,,,,）

H40＝QM（“3141”,月,,,,）

H41＝H36＋H37＋H38＋H40

D42＝D19＋D23＋D33＋D38

H42＝H31＋H41

（9）输入关键字。

（10）录入审核公式，可参考以下公式录入。

D19＝PTOTAL（D6：D18）
MESS“流动资产不平”
D23＝PTOTAL（D21：D22）
MESS“长期投资不平”
D33＝D29＋D30＋D31＋D32
MESS“固定资产不平”
D38＝PTOTAL（D35：D37）
MESS“无形及其他资产不平”
D42＝D19＋D23＋D33＋D38
MESS“资产不平”
H21＝PTOTAL（H6：H18）
MESS“流动负债不平”
H28＝PTOTAL（H23：H27）
MESS“长期负债不平”
H31＝H21＋H28
MESS“负债不平”
H41＝H36＋H37＋H38＋H40
MESS“权益不平”
D42＝H42
MESS“资产不等于负债及所有者权益合计”

（11）用公式取出账务数据，并利用审核公式审核平衡。

资产负债表

会企 01 表

单位名称：　　　　　　　　　　＿＿年＿＿月　　　　　　　　　　单位：元

资产	行	年初数	期末数	负债和所有者权益	行	年初数	期末数
流动资产：				流动负债：			
货币资金	1			短期借款	68		
短期投资	2			应付票据	69		
应收票据	3			应付账款	70		
应收账款	6			应付工资	72		
其他应收款	7			应付福利费	73		
预付账款	8			应交税金	75		
存货	10			其他应交款	80		
待摊费用	11			其他应付款	81		
一年内到期的长期债权投资	21			一年内到期的长期负债	86		
其他流动资产	24			其他流动负债	90		
流动资产合计	31			流动负债合计	100		

续表

资产	行	年初数	期末数	负债和所有者权益	行	年初数	期末数
长期投资：				长期负债：			
长期股权投资	32			长期借款	101		
长期债权投资	34			应付债券	102		
长期投资合计	38			长期应付款	103		
固定资产：				专项应付款	106		
固定资产原价	39			其他长期负债	108		
减：累计折旧	40			长期负债合计	110		
固定资产净值	41			递延税项：			
在建工程	45			递延税款贷项	111		
固定资产清理	46			负债合计	114		
固定资产合计	50			所有者权益			
无形资产及其他资产：				实收资本	115		
无形资产	51			资本公积	116		
其他长期资产	52			盈余公积	119		
无形资产及其他资产合计	53			其中：法定公益金	120		
递延税项：				未分配利润	121		
递延税款借项	61			所有者权益合计	122		
资产总计	67			负债和所有者权益合计	135		

（二）制作利润表

利润表制作过程与资产负债表相似，利用公式从账务处理系统取数,公式参考如下。

C5＝FS（“5101”,月,“贷”,,,）

C6＝FS（“5401”,月,“借”,,,）

C7＝FS（“5402”,月,“借”,,,）

C8＝C5-C6-C7

C9＝FS（“5102”,月,“贷”,,,）- FS（“5405”,月,“借”,,,）

C10＝FS（“5501”,月,“借”,,,）

C11＝FS（“5502”,月,“借”,,,）

C12＝FS（“5503”,月,“借”,,,）

C13＝C8＋C9-C10-C11-C12

C14＝FS（“5201”,月,“贷”,,,）

C15＝FS（“5203”,月,“贷”,,,）

C16＝FS（“5301”,月,“贷”,,,）

C17＝FS（“5601”,月,“借”,,,）

C18＝C13＋C14＋C15＋C16-C17

C19＝FS（“5701”,月,“借”,,,）

C20＝C18-C19

利润表

会企 02 表

单位名称：　　　　　　　　　　　　_____ 年_____ 月　　　　　　　　　　　　单位：元

项目	行次	本月数	本年累计数
一、主营业务收入			
减：主营业务成本			
税金及附加			
二、主营业务利润			
加：其他业务利润			
减：销售费用			
管理费用			
财务费用			
三、营业利润			
加：投资收益			
补贴收入			
营业外收入			
减：营业外支出			
四、利润总额			
五、净利润			

（三）利用报表模板再次生成资产负债表

六、薪资管理

3 月 1 日启用“人力资源”下的“薪资管理”系统。

（一）业务控制参数

工资类别个数：1 个；核算币种：人民币 RMB；实行代扣个人所得税，进行扣零处理；人员编码长度 6 位。

（二）设置人员附加信息

增加“身份证号”“公积金账号”“性别”“技术职称”等。

（三）工资项目设置

工资项目表

项目名称	类型	长度	小数位	工资增减项
基本工资	N	10	2	增项
岗位工资	N	10	2	增项
奖金	N	10	2	增项
交补	N	6	2	增项
应发合计	N	10	2	增项
病假扣款	N	8	2	减项
事假扣款	N	8	2	减项
养老保险金	N	8	2	减项
扣款合计	N	8	2	减项
实发合计	N	10	2	增项
日工资	N	8	2	其他
事假天数	N	8	0	其他
病假天数	N	8	0	其他
工龄	N	3	0	其他

（四）人员档案及类别

与基础设置部分基本相同，部分数据参见“人员档案”表。

（五）计算公式设置

岗位工资：IFF（人员类别＝“管理人员”，600，iff（人员类别＝“车间管理人员”，700，750））

奖金：IFF（人员类别＝“管理人员”，150，200）

交补：IFF（人员类别＝“销售人员”，500，200）

日工资：（基本工资＋岗位工资＋奖金）/21.17

病假扣款：IFF（工龄>＝10,日工资×病假天数×0.2,IFF（工龄>＝5 and 工龄<＝10,日工资×病假天数×0.3,日工资×病假天数×0.5））

事假扣款：事假天数×日工资×0.8

养老保险金：（基本工资＋岗位工资＋奖金）×0.03

（六）输入工资变动数据

（七）工资分摊

1. 设置分摊类型

应付工资分摊设置

部门名称	人员类别	项目	借方科目	贷方科目
厂办，库房，运输科，供应一科，供应二科	管理人员	应发合计	管理费用	应付工资
总账组，资金组，成本组	财务人员	应发合计	管理费用	应付工资
铸钢车间，金工车间，机装车间，结构车间，动力车间	车间管理人员	应发合计	制造费用	应付工资
铸钢车间，金工车间，机装车间，结构车间，动力车间	50W 生产人员	应发合计	生产成本	应付工资
铸钢车间，金工车间，机装车间，结构车间，动力车间	80W 生产人员	应发合计	生产成本	应付工资
本地销售科，外地销售科	销售人员	应发合计	销售费用	应付工资

应付福利费分摊设置（按 14%比例计提）

部门名称	人员类别	项目	借方科目	贷方科目
厂办，库房，运输科，供应一科，供应二科	管理人员	应发合计	管理费用	2153
总账组，资金组，成本组	财务人员	应发合计	管理费用	2153
铸钢车间，金工车间，机装车间，结构车间，动力车间	车间管理人员	应发合计	制造费用	2153
铸钢车间，金工车间，机装车间，结构车间，动力车间	50W 生产人员	应发合计	生产成本	2153
铸钢车间，金工车间，机装车间，结构车间，动力车间	80W 生产人员	应发合计	生产成本	2153
本地销售科，外地销售科	销售人员	应发合计	销售费用	2153

2. 分摊工资和福利费，生成凭证

（八）查询凭证

（九）月末处理

七、固定资产管理

3 月 1 日启用“固定资产管理”系统。

（一）业务控制参数

按平均年限法（一）计提折旧，折旧分配周期为 1 个月；类别编码方式为 2112；固定资产编码方式：按“类别编码＋部门编码＋序号”自动编码，卡片序号长度为 3；要求与账务系统对账，固定资产对账科目：1501 固定资产，累计折旧对账科目：1502 累计折旧，在对账不平的情况下不允许月末结账；业务发生后要立即制单，月末结账前一定要完成制单登账业务；固定资产缺省入账科目：1501，累计折旧缺省入账科目：1502；

当月初已计提月份＝可使用月份－1 时，要求将剩余折旧全部提足。

（二）资产类别

资产类别表

编码	类别名称	净残值率	单位	计提属性
01	房屋及建筑物	4		总计提
011	房屋	4		总计提
012	建筑物	4		总计提
02	通用设备	4		正常计提
021	生产用设备	4		正常计提
022	非生产用设备	4		正常计提
03	交通运输设备	4		正常计提
031	生产用设备	4	辆	正常计提
032	非生产用设备	4	辆	正常计提
04	电子设备及其他通信设备	4		正常计提
041	生产用设备	4	台	正常计提
042	非生产用设备	4	台	正常计提

（三）部门及对应折旧科目

部门及对应折旧科目表

所在部门	对应折旧科目
1 职能科室	管理费用——折旧费　550 205
301 铸钢车间	制造费用——折旧费　410 505
303 金工车间	制造费用——折旧费　410 505
4 供应处	管理费用——折旧费　550 205

（四）增减方式设置

默认系统提供的常用增、减方式。

（五）原始卡片

固定资产名称	类别编码	所在部门	增加方式	使用年限	开始使用日期	原值	对应折旧科目
刨床	021	金工车间	直接购入	10	1998.10	20 000	制造费用
复印机	042	厂办	直接购入	5	2002.12	12 000	管理费用
专用量具	021	金工车间	直接购入	10	2002.10	15 000	制造费用
打印机	042	财务室	直接购入	5	2004.8	2 000	管理费用

续表

固定资产名称	类别编码	所在部门	增加方式	使用年限	开始使用日期	原值/元	对应折旧科目
办公楼	011	厂办	在建工程转入	30	2005.10	1 500 000	管理费用
厂房	011	铸钢车间	在建工程转入	30	2005.6	1 000 000	制造费用
车床	021	铸钢车间	直接购入	10	2005.3	100 000	制造费用

注：净残值率为 4%；使用状况均为“在用”；折旧方法均采用平均年限法（一）；卡片项目与卡片样式采用软件的标准设定

（六）本月增加

资产名称	类别编码	所在部门	增加方式	使用年限	开始使用日期	原值/元	对应折旧科目
磨床	021	铸钢车间	直接购入	10	当月当日	50 000	制造费用
吊车	021	金工车间	直接购入	10	当月当日	100 000	制造费用

（七）本月减少

资产名称	卡片编号	所在部门	减少方式	减少日期	清理收入/元	清理费用/元
专用量具	0003	金工车间	出售	当月当日	10 000	1 000
刨床	00014	金工车间	出售	当月当日	7 000	500

（八）计提本月折旧

（九）月末处理

八、应收款管理

（一）系统初始化

1. 实验要求

（1）设置系统参数。
（2）基础设置。
（3）设置科目。
（4）坏账准备设置。
（5）账龄区间设置。
（6）报警级别设置。
（7）设置允许修改“销售专用发票”的编号。
（8）设置本单位开户银行。
（9）录入期初余额。
（10）账套备份。

2. 实验资料

（1）账套应收款系统的参数。

应收款核销方式“按单据”，单据审核日期依据为“单据日期”，坏账处理方式为“应收余额百分比法”，代垫费用类型为“其他应收单”，应收款核算类型为“详细核算”，受控科目制单依据为“明细到客户”，非受控科目制单方式为“汇总方式”；启用客户权限，并且按信用方式根据单据提前 7 天自动报警。

系统参数

单据名称	方向	开票日期	票号	客户名称	销售部门	科目编码	货物名称	数量	无税单价/元	价税合计/元
销售专用发票	正	11.12	78987	北京天益公司（01）	销售部（302）	1131	甲产品（005）	3	2 000	7 020
销售专用发票	正	11.18	78988	明兴公司（04）	销售部（302）	1131	甲产品（005）	3	2 000	7 020
销售专用发票	正	11.22	78989	大地公司（02）	销售部（302）	1111	乙产品（006）	2	500	1 170
其他应收单	正	11.22	001	明兴公司（04）	销售部（302）	1131	运费			500
预收账单（银行汇票）	正	11.26	111	伟达公司（06）	销售部（302）	2131				30 000

（2）存货分类。

存货分类编码	存货分类名称
1	原料及主要材料
2	辅助材料
3	库存商品
4	应税劳务

（3）计量单位。

计量单位组	计量单位
基本计量单位	吨
	台
	桶
	千米

（4）存货档案。

存货编码	存货名称	所属分类码	计量单位	税率/%	存货属性
001	钢材	1	吨	17	外购、生产耗用
002	油漆	1	桶	17	外购、生产耗用
003	电动机	1	台	17	外购、生产耗用
005	甲产品	3	台	17	自制、销售
006	乙产品	3	台	17	自制、销售
007	运输费	4	公里	7	应税劳务

（5）基本科目。

应收科目为“1131 应收账款”，预收科目为“2131 预收账款”，销售收入科目为“5101 主营业务收入”，应交增值税科目为“21710105 应交税金——应交增值税——销项税额”，销售退回科目为“5101 主营业务收入”，银行承兑科目为“1111 应收票据”，商业承兑科目为“1111 应收票据”，现金折扣科目为“5503”，票据利息科目为“550205”，票据费用科目为“5503”，收支费用科目为“5501”。

（6）结算方式科目。

现金结算方式科目为“1001 现金”，现金支票结算方式科目为“1001 现金”，转账支票结算方式科目为“100201 工行存款”，银行汇票结算方式科目为“100201 工行存款”，信汇结算方式科目为“100201 工行存款”，电汇结算方式科目为“100201 工行存款”。

（7）坏账准备。

提取比率为“0.5%”，坏账准备期初余额为“0”，坏账准备科目为“1141 坏账准备”，坏账准备对方科目为“5503 管理费用”。

（8）账龄区间。

总天数分别为30天、60天、90天和120天。

（9）报警级别。

A级时的总比率为10%，B级时的总比率为20%，C级时的总比率为30%，D级时的总比率为40%，E级时的总比率为50%，总比率在50%以上为F级。

（10）本单位开户银行。

本单位开户银行为工行北京支行花园路办事处。账号为“001—34567”。

（11）期初余额（存货税率均为17%，开票日期均为2017年）。

（二）应收单据处理

1. 实验要求

（1）录入应收单据。

（2）修改应收单据。

（3）删除应收单据。

（4）2018 年 1 月 25 日，审核本月录入的应收单据。

（5）对应收单据进行账务处理。

（6）账套备份。

2. 实验资料

（1）2018 年 1 月 15 日，向“北京天益公司”，销售“甲产品”2 台，无税单价为 1990 元，增值税税率为 17%（销售专用发票号码：5678900）。

（2）2018 年 1 月 15 日，向“伟达公司”，销售“甲产品”5 台，无税单价为 1980 元，增值税税率为 17%（销售专用发票号码：5678988）。

（3）2018 年 1 月 16 日，向“上海邦立公司”，销售“乙产品”2 台，无税单价为 510 元，增值税税率为 17%（销售专用发票号码：5678901）。以转账支票代垫运费 120 元。

（4）2018 年 1 月 16 日，向“北京天益公司”，销售“乙产品”1 台，无税单价为 520 元，增值税税率为 17%（销售专用发票号码：5678902）。以现金代垫运费 120 元。

（5）2018 年 1 月 18 日，发现 2018 年 1 月 16 日所填制的向“上海邦立公司”，销售“乙产品”2 台，无税单价为 510 元，增值税税率为 17%的“5678901”号销售专用发票中的无税单价为 512 元。

（6）2018 年 1 月 18 日，发现 2018 年 1 月 15 日，向“北京天益公司”，销售“甲产品”2 台，无税单价为 1900 元，增值税税率为 17%的“5678900”号销售专用发票填制错误应删除。

（三）收款单据处理

1. 实验要求

（1）录入收款单据。

（2）修改收款单据。

（3）2018 年 1 月 25 日，审核本月录入的收款单据。

（4）核销收款单据。

（5）对收款单据进行账务处理。

（6）账套备份。

2. 实验资料

（1）2018 年 1 月 22 日，收到银行通知，收到“上海邦立公司”以信汇方式支付购买“乙产品”2 台，货税款及代垫运费款 1318.08 元。

（2）2018 年 1 月 22 日，收到“北京天益公司”交来转账支票一张，支付销售“乙产品”1 台的货税款及代垫费用款 668.4 元。

（3）2018 年 1 月 23 日，发现 2018 年 1 月 22 日所填制的，收到“上海邦立公司”

销售“乙产品”2 台的货税款 1318.08 元应为 1500 元，核销时按“1318.08”核销。

（4）2018 年 1 月 23 日，发现 2018 年 1 月 22 日所填制的收到“北京天益公司”交来转账支票款 668.4 元有错误，需删除该张收款单。

（四）票据管理

1. 实验要求

（1）增加结算方式。

（2）填制商业承兑汇票，暂不制单。

（3）商业承兑汇票贴现并制单。

（4）结算商业承兑汇票并制单。

（5）制单。

（6）账套备份。

2. 实验资料

（1）新增结算方式“商业承兑汇票”和“银行承兑汇票”。

（2）2018 年 1 月 2 日，收到“北京天益公司”签发并承兑的商业承兑汇票一张（No.345612），面值为 7020 元，到期日为 2018 年 3 月 2 日。

（3）2018 年 1 月 3 日，收到“明兴公司”签发并承兑的商业承兑汇票一张（No.367809），面值为 7020 元，到期日为 2018 年 1 月 23 日。

（4）2018 年 1 月 31 日，将 2018 年 1 月 2 日收到的“北京天益公司”签发并承兑的商业承兑汇票（No.345612）到银行贴现，贴现率为 6%。

（5）2018 年 1 月 23 日，将 2018 年 1 月 3 日收到的“明兴公司”签发并承兑的商业承兑汇票（No.367809）结算。

（五）转账处理

1. 实验要求

（1）应收冲应收暂不制单。

（2）预收冲应收暂不制单。

（3）红票对冲并制单。

（4）制单。

（5）账套备份。

2. 实验资料

（1）2018 年 1 月 31 日，经三方同意将 1 月 16 日形成的应向“北京天益公司”收取的货税款及代垫费用款 728.4 元转为向“明兴公司”的应收账款。

（2）2018 年 1 月 31 日，经双方同意，将“伟达公司”2018 年 1 月 22 日购买“甲产品”5 台的货税款 11 583 元用预收款冲抵。

（3）2018 年 1 月 31 日，经双方同意，将期初余额中应向“明兴公司”收取的运费

500 元用红票冲抵。

（六）坏账处理与单据查询

1. 实验要求

（1）处理坏账发生业务并制单。

（2）处理坏账收回业务并制单。

（3）查询发票。

（4）查询结算单。

（5）查询并删除凭证。

（6）账套备份。

2. 实验资料

（1）2018 年 1 月 24 日，将 1 月 16 日形成的应向“明兴公司”收取的应收账款 728.4 元（其中货款 608.4 元，代垫运费 120 元）转为坏账。

（2）2018 年 1 月 31 日，收到银行通知（电汇），收回已作为坏账处理的应向“明兴公司”收取的应收账款 668.4 元。

（七）账表管理与其他处理

（1）对全部客户进行包括所有条件的欠款分析。

（2）查询 2018 年 1 月的业务总账。

（3）查询应收账款科目余额表。

（4）取消对明兴公司的转账操作。

（5）将未制单的单据制单。

（6）结账。

（7）账套备份。

九、应付款管理

（一）系统初始化

1. 实验要求

（1）设置系统参数。

（2）基础设置。

（3）设置科目。

（4）账龄区间设置。

（5）报警级别设置。

（6）设置允许修改“采购专用发票”的编号。

（7）录入期初余额并与总账系统进行对账。

（8）账套备份。

2. 实验资料

（1）账套应付款系统的参数。应付款核销方式“按单据”，单据审核日期依据为“业务日期”，应付款核算类型为“详细核算”，受控科目制单依据为“明细到供应商”，非受控科目制单方式为“汇总方式”；启用供应商权限，并且按信用方式根据单据提前 7 天自动报警。

（2）基本科目。应付科目为“2121　应付账款”，预收科目为“1151　预付账款”，采购科目为“1201 在途物资”，采购税金科目为“21710101　应交税金——应交增值税——进项税额”，银行承兑科目为“2111　应付票据”，商业承兑科目为“2111　应付票据”，现金折扣科目为“5503”，票据利息科目为“5503”，票据费用科目为“5503”，收支费用科目为“5501”。

（3）结算方式科目。现金结算方式科目为“1001　现金”，现金支票结算方式科目为“1001　现金”，转账支票结算方式科目为“100201　工行存款”，银行汇票结算方式科目为“100903　银行汇票”，信汇结算方式科目为“100201　工行存款”，电汇结算方式科目为“100201　工行存款”。

（4）账龄区间。总天数分别为 30 天、60 天、90 天和 120 天。

（5）报警级别。A 级时的总比率为 10%，B 级时的总比率为 20%，C 级时的总比率为 30%，D 级时的总比率为 40%，E 级时的总比率为 50%，总比率在 50%以上为 F 级。

（6）期初余额（存货税率均为 17%，开票日期均为 2017 年）。

单据名称	方向	开票日期	票号	供应商名称	采购部门	科目编码	货物名称	数量	无税单价	价税合计
采购专用发票	正	11.15	33987	北京无忧公司（01）	供应部（301）	2121	钢材（001）	30	1 100	38 610
采购专用发票	正	11.18	34567	杰信公司（03）	供应部（301）	2121	油漆（002）	200	100	23 400
采购专用发票	正	11.23	32321	大为公司（02）	供应部（301）	2111	钢材（001）	22	1000	25 740
预付账单	正	11.23	111	北京无忧公司（01）	供应部（301）	1151				20 000

（二）应付单据处理

1. 实验要求

（1）录入应付单据。

（2）修改应付单据。

（3）删除应付单据。

（4）2018 年 1 月 31 日，审核本月录入的应付单据。

（5）对应付单据进行账务处理。

（6）账套备份。

2. 实验资料

（1）2018 年 1 月 15 日，从“北京无忧公司”，采购“钢材”10 吨，原币单价为 1200 元，增值税税率为 17%（采购专用发票号码：668800）。

（2）2018 年 1 月 15 日，从“杰信公司”，采购“油漆”20 桶，原币单价为 110 元，增值税率为 17%（采购专用发票号码：8908）。运费 80 元。

（3）2018 年 1 月 16 日，从“大为公司”，采购“钢材”50 吨，原币单价为 990 元，增值税税率为 17%（采购专用发票号码：3451）。

（4）2018 年 1 月 16 日，向“北京无忧公司”，采购“钢材”20 吨，原币单价为 980 元，增值税税率为 17%（采购专用发票号码：2302）。

（5）2018 年 1 月 18 日，发现 2018 年 1 月 15 日所填制的从“北京无忧公司”，采购“钢材”10 吨，原币单价为 1200 元，增值税税率为 17%的“668800”号采购专用发票中的无税单价为 1120 元。

（6）2018 年 1 月 18 日，从“北京无忧公司”，采购“钢材”12 吨，原币单价为 1200 元，增值税税率为 17%（采购专用发票号码：69900）。

（7）2018 年 1 月 18 日，发现 2018 年 1 月 16 日向“北京无忧公司”，采购“钢材”20 吨，原币单价为 980 元，增值税税率为 17%的“2302”号采购专用发票填制错误应删除。

（三）付款单据处理

1. 实验要求

（1）录入付款单据。
（2）修改付款单据。
（3）2018 年 1 月 25 日，审核本月录入的付款单据。
（4）核销付款单据。
（5）对付款单据进行账务处理。
（6）账套备份。

2. 实验资料

（1）2018 年 1 月 22 日，以转账支票支付向“北京无忧公司”购买“钢材”10 吨的货税款 13 104 元。

（2）2018 年 1 月 22 日，以转账支票支付向“大为公司”购买“钢材”50 吨的货税款 57 915 元。

（3）2018 年 1 月 22 日，以转账支票支付向“杰信公司”购买油漆的货税款及运费 2574 元。

（4）2018 年 1 月 23 日，发现 2018 年 1 月 22 日所填制的以转账支票支付向“北京无忧公司”购买“钢材”10 吨的货税款 13 104 元应为 15 000 元，余款作为预付款。

（5）2018 年 1 月 23 日，发现 2018 年 1 月 22 日所填制的以转账支票支付向“大为公司”购买“钢材”50 吨的货税款 57 915 元有错误，需删除该张付款单。

（四）票据管理

1. 实验要求

（1）填制商业承兑汇票，暂不制单。
（2）商业承兑汇票贴现并制单。
（3）结算商业承兑汇票并制单。
（4）制单。
（5）账套备份。

2. 实验资料

（1）2018 年 1 月 2 日，向“大为公司”签发并承兑的商业承兑汇票一张（No.56121），面值为 57 915 元，到期日为 2018 年 6 月 2 日。

（2）2018 年 1 月 3 日，向“杰信公司”签发并承兑的商业承兑汇票一张（No.56561），面值为 23 400 元，到期日为 2018 年 1 月 23 日。

（3）2018 年 1 月 23 日，将 2018 年 1 月 3 日向“杰信公司”签发并承兑的商业承兑汇票（No.56561）结算。

（五）转账处理

1. 实验要求

（1）应付冲应付暂不制单。
（2）预付冲应付暂不制单。
（3）制单。
（4）账套备份。

2. 实验资料

（1）2018 年 1 月 31 日，经三方同意将 2017 年 11 月 23 日形成的应向“北京无忧公司”支付的货税款 38 610 元转为向“大为公司”的应付账款。

（2）2018 年 1 月 31 日，经双方同意，将向“北京无忧公司”2018 年 1 月 18 日购买 12 吨钢材的货税款 16 848 元与预付款冲抵。

（六）账表管理与其他处理

（1）对供应商进行付款账龄分析。
（2）查询 2018 年 1 月的业务总账。
（3）查询应付账款科目余额表。
（4）取消对北京无忧公司的转账操作。
（5）将未制单的单据制单。
（6）结账。
（7）账套备份。